NEW VISION 新视野高等院校旅游专业教材

现代旅游经济学

学习指导、练习与案例

Modern Tourism Economics

Study Guides, Exercises and Cases

许南垣 主编 朱晓辉 副主编

云南大学出版社
YUNNAN UNIVERSITY PRESS

图书在版编目（CIP）数据

现代旅游经济学：学习指导、练习与案例/许南垣主编. —昆明：云南大学出版社，2010

新视野高等院校旅游专业教材

ISBN 978 -7 -5482 -0028 -4

Ⅰ. 现… Ⅱ. ①许… Ⅲ. ①旅游经济学—高等学校—教学参考资料 Ⅳ. ①F590

中国版本图书馆 CIP 数据核字（2010）第 026623 号

现代旅游经济学：学习指导、练习与案例

许南垣　主　编

朱晓辉　副主编

策划编辑：熊晓霞
责任编辑：石　可
封面设计：刘　雨
出版发行：云南大学出版社
印　　装：云南大学出版社印刷厂
开　　本：787×1092　1/16
印　　张：19.5
字　　数：382 千
版　　次：2010 年 3 月第 1 版
印　　次：2010 年 3 月第 1 次印刷
书　　号：ISBN 978 -7 -5482 -0028 -4
定　　价：35.00 元

社　　址：云南省昆明市一二・一大街 182 号云南大学英华园内（邮编：650091）
发行电话：0871 -5033244　5031071
网　　址：http://www.ynup.com
E - mail：market@ynup.com

前 言

《现代旅游经济学》（第四版）是由云南财经大学教授、博士生导师罗明义教授主持编写的，该书出版后得到了广大读者的厚爱，许多旅游院校把该书列为旅游专业指定教材及硕士研究生报考的主要学习书目，并被教育部列为“十一五”规划教材建设。为了帮助广大师生更好地学习《现代旅游经济学》（第四版），我们根据使用该教材的教学经验，以该教材为依据，以新的视野、新的标准编写与教材配套的《现代旅游经济学：学习指导、练习与案例》。

《现代旅游经济学：学习指导、练习与案例》在编排上与教材同步，每章节分为学习指导、练习题、经典案例和练习题参考答案等四个部分。“学习指导”包括总体要求、主要内容和知识点以及重点与难点，旨在使学生能够提纲挈领地了解每章的内容，明确每章的重点与难点，有针对性地进行学习把握；“练习题”目的在于学生通过大量的实际练习，加深对教材内容的理解，提高学习能力和技巧；“经典案例”通过引用国内外的经典旅游案例，使学生了解认识现代旅游经济学的前沿理论，掌握解决旅游经济问题的实际方法，提升学生解决问题的能力；“练习题参考答案”为学生提供了检查自己练习是否正确的答案，便于学生掌握各练习的完成情况。

《现代旅游经济学：学习指导、练习与案例》融现代旅游经济理论与实践为一体，努力吸收和反映现代旅游经济的最新研究成果，充分引用了国内外经典旅游案例，注重指导书的基础性、完整性、衔接性和实用性，因而既是高等院校旅游专业师生必备的学习指导书，对于从事旅游经济研究、旅游管理工作的有关人员也具有重要的参考价值。

《现代旅游经济学：学习指导、练习与案例》由云南财经大学党委书记、博士生导师罗明义教授担任顾问，云南财经大学旅游学院院长许南垣教授担任主编，朱晓辉副教授担任副主编。具体编写如下：朱晓辉（绪论、第13章）、李岚（第1、3、4章），阮东梅（第2、10章），普国安（第5、7章），许南垣、刘静霞（第6章），许南垣、王小会（第8章），许南垣、赵健（第9章），尹戟（第11、12章）。在编写中查阅并参考了许多书籍和报刊资料，特向作者表示谢意。

同时，特别感谢云南大学出版社和熊晓霞编辑长期以来的关心和支持，以及对本书的编辑出版所做的工作。由于作者水平有限，书中尚有疏漏和不足之处，恳请读者批评指正。

作　者

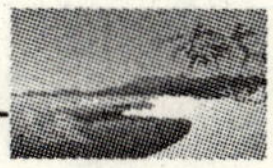

目 录

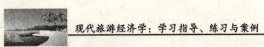

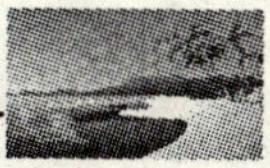

绪论　现代旅游经济学的研究对象和方法

一、学习指导

（一）总体要求

现代旅游经济学是伴随着旅游活动的产生及发展而逐渐形成的一门新兴学科，是对旅游经济实践所进行的理论概括和总结。我们对现代旅游经济学课程教学的基本知识、基本原理、基本方法的学习，要按照“了解、掌握、重点掌握”三个层次进行。

本章通过对现代旅游经济学绪论的学习，可以了解现代旅游经济学的产生和发展历史，掌握现代旅游经济学的学科特点、研究对象、研究内容和研究方法，实现旅游经济学学习的知识目标；可以区分旅游经济学的研究对象的不同表述及其内涵与区别，从总体上重点把握现代旅游经济学的理论体系和结构，有效指导旅游经济学的学习和研究，重点实现旅游经济学学习的技能目标；通过对列举的各种研究内容、方法、对象的案例分析，重点实现旅游经济学学习的能力目标。

（二）主要内容和知识点

1. 现代旅游经济学的产生和发展

现代旅游经济学的形成和发展历史，可以大致划分为三个主要阶段：

（1）现代旅游经济学萌芽阶段。

现代旅游经济学萌芽阶段大约是在19世纪后半期到20世纪初期。标志是19世纪中期英国人托马斯·库克创办了世界首家旅行社，从而拉开了现代旅游活动的帷幕。

（2）现代旅游经济学形成阶段。

现代旅游经济学形成阶段大约是从20世纪30年代到40年代末期。标志是1927年意大利罗马大学的马里奥特教授出版的《旅游经济讲义》，标志着现代旅游经济学的初步形成。

（3）现代旅游经济学发展阶段。

现代旅游经济学发展阶段从20世纪50年代开始，一直延续到现在。原南斯拉夫翁科维奇教授出版的《旅游经济学》是西方国家具有代表性和影响力的旅游经济学教材。

中国旅游经济学的研究与发展，可以大致划分为三个发展阶段：

第一，旅游经济研究兴起阶段，大约从20世纪70年代末期到80年代。

第二，旅游经济学研究发展阶段，大约从20世纪90年代到21世纪初。

第三，旅游经济学研究完善阶段，进入21世纪以后至今。

2. 现代旅游经济学的主要特点

（1）现代旅游经济学是一门应用性学科。

现代旅游经济学是以现代经济学的一般理论为指导，专门研究现代旅游活动中的特有经济现象及矛盾，揭示现代旅游经济发展的客观规律及其作用的条件、范围及表现形式，从而指导现代旅游经济健康地发展，具有较强的应用性，属于应用经济学的范畴。

（2）现代旅游经济学是一门产业经济学。

现代旅游经济是现代产业经济的一个组成部分，现代旅游经济学是把产业经济学的一般原理用于指导现代旅游经济的实践，促进现代旅游经济健康持续发展的科学，本质上是一门产业经济学。

（3）现代旅游经济学是旅游专业的基础学科。

现代旅游经济学是在旅游学的基础上，主要揭示现代旅游活动在经济领域中所发生的矛盾运动、经济关系和发展规律的科学。

（4）现代旅游经济学是一门边缘性学科。

现代旅游活动的综合性特点，使现代旅游经济学同其他学科相比较，是一门新兴的边缘学科。

3. 现代旅游经济学的研究对象

（1）研究现代旅游经济的形成过程及规律。

（2）研究现代旅游经济运行机制及实现条件。

（3）研究现代旅游活动的效益及实现状况。

（4）研究现代旅游经济的地位及发展条件。

4. 现代旅游经济学的研究内容

（1）现代旅游经济的形成及标志。

（2）现代旅游产品开发及供求关系。

（3）现代旅游市场开拓及策略。

（4）现代旅游经济运行与调控。

（5）现代旅游消费及旅游投资。

（6）现代旅游收入与旅游效益。

（7）现代旅游经济结构及可持续发展。

5. 现代旅游经济学的研究方法

（1）坚持理论联系实际的方法。

（2）坚持系统分析的方法。

（3）坚持定性分析与定量研究相结合的方法。

（4）坚持运用多学科知识的方法。

（5）坚持运用案例分析的教学方法。

（三）重点与难点

本章重点是掌握旅游学、经济学、现代旅游经济学、产业经济学等相关概念内涵；掌握现代旅游经济学的主要特点、研究对象、研究内容和研究方法。本章难点是对相关概念内涵的掌握以及对系统分析方法、定性分析方法、定量分析方法、案例分析法等的理解和运用。

二、练习题

（一）名词解释

1. 经济学
2. 旅游学
3. 现代旅游经济学
4. 产业经济学
5. 旅游管理学
6. 系统分析方法
7. 定性分析方法
8. 定量分析方法
9. 案例分析方法

（二）判断题

1. 旅游经济学属于理论经济学的范畴。（　）

2. 现代旅游经济虽然形成于19世纪中叶，但一直到20世纪50年代以后才进入一个快速发展时期。（　）

3. 1987年著名经济学家孙尚清主持了“中国旅游发展战略研究”的重大课题，把中国旅游经济的研究从理论推向实践。（　）

4. 现代旅游经济学是一门新兴的前沿性学科。（　）

5. 旅游经济运行的主要矛盾是旅游需求与旅游供给的矛盾。（　）

6. 案例分析和研究是现代旅游经济教学中一种新型的教学方法。（　）

（三）单项选择题

1. 以下的（　）是现代经济学的研究方法

A. 田野调查法　　B. 实证分析法

C. 头脑风暴法　　D. 专家调查法

2. 现代旅游经济学研究的首要任务是（　）

A. 旅游经济效益　　B. 旅游经济运行机制

C. 各种结构关系　　D. 旅游经济的形成基础和条件

3. 旅游经济学是（　）分支，是以经济学的理论为指标研究旅游经济中各种经济现象、经济关系和经济规律的科学

A. 旅游学　　B. 现代经济学

C. 经济　　D. 旅游管理学

4. 旅游经济运行是旅游活动在（　）的表现

A. 自然领域　　B. 军事领域

C. 社会领域　　D. 经济领域

5. 旅游经济学本质上属于（　）范畴

A. 制度经济学　　B. 理论经济学

C. 历史文化学　　D. 产业经济学

6. 旅游产品的（　）离不开旅游市场

A. 开发与评价的关系　　B. 需求与预测的关系

C. 供给和销售的关系　　D. 投资和决策的关系

7. 旅游消费必须研究旅游消费者的消费倾向、消费行为和（　）

A. 消费状况　　B. 消费结果

C. 消费结构　　D. 消费途径

8. 现代经济学的主要研究方法是（　）

A. 实证法、规范法　　B. 案例研究法

C. 系统分析法　　D. 深入调查法

9. 现代旅游经济学是对（　）的科学概括和总结，因此研究现代旅游经济学必须坚持实事求是的科学态度，把理论与实践相结合

A. 旅游者和旅游经营者关系　　B. 旅游产品开发和规划

C. 旅游企业经营活动　　D. 旅游经济活动实践

10. 探索和确定旅游经济活动的本质特征，并通过价值判断的方法，称为（　）法

A. 规范分析　　B. 定性分析

C. 定量分析　　D. 实证分析

（四）多项选择题

1. 现代旅游经济效益主要体现旅游活动是否满足（　）的需求

A. 旅游者　　B. 旅游目的地居民

C. 旅游经营者　　D. 旅游目的地政府

2. 现代旅游经济学的特点是（　）

A. 一门应用性学科　　B. 一门前沿性学科

C. 一门边缘性学科　　D. 一门产业经济学

E. 一门基础性学科

3.（　）等是现代旅游经济活动的研究内容

A. 旅游产品开发与供求关系　　B. 旅游收入与效益

C. 旅游消费与旅游投资　　D. 旅游市场开拓及策略

4. 现代旅游经济活动必然遵循（　）等商品交换规律

A. 价值规律　　B. 市场竞争规律

C. 供求规律　　D. 社会经济运行一般规律

5. 现代旅游经济学形成阶段的标志是（　）

A.《旅游经济讲义》　　B.《一般旅游论》

C.《旅游学导论》　　D.《旅游经济讲义续编》

6. 现代旅游经济学研究的基本方法包括（　）

A. 系统分析方法　　B. 定性分析与定量研究相结合的方法

C. 头脑风暴法　　D. 案例分析的教学方法

（五）简答题

1. 阐述旅游经济学的学科特点。

2. 旅游经济学的研究对象是什么？

3. 旅游经济学的研究内容有哪些？

4. 研究旅游经济学应坚持什么样的原则和方法？

5. 在现代旅游经济教学中，为什么要运用案例分析教学？

（六）论述题

1. 试分析国内旅游经济学的研究发展状况。

2. 阐述旅游经济研究中系统分析的方法。

三、经典案例

案例 1

西班牙旅游业发展的主要经验

20 世纪初，地中海沿岸度假胜地成为世界著名海滨旅游中心。以“灿烂阳光和金色海滩”享誉世界的西班牙也成了人们心目中的旅游胜地。自 20 世纪 70 年代中期西班牙实现民主过渡以来，旅游业上了一个新的台阶，进入了发展的黄金时期并占领了世界旅游高地，发展水平居世界前列。其旅游业迅速发展的主要经验如下：

一、注重创造品牌效应

“旅游王国”西班牙发展旅游业的首要经验就是重点打造海滨休闲度假产品，成功利用其天然“阳光海滩”优势，在竞争激烈的旅游市场始终坚持质量第一，从而创造品牌效应，达到公众对“西班牙品牌”的认可。总结西班牙开发海滨旅游、创造品牌效应的成功经验主要可以归纳为以下几点。

1. 统一科学规划

西班牙政府对海滨旅游开发规划高度重视，规定海滨旅游资源全部为国家所有，使用权划给地方，由地方政府控制使用。国家、省、市三级政府都编制了海滨开发的控制性规划，在土地利用、分区原则、度假设施、进出通道、环境保护等方面都有明确规定，各类开发必须符合统一规划。政府通过规划和基础设施建设来调控开发方向。西班牙还制定了《海滨法》，使海滨开发有法可依。

2. 坚持市场导向

准确的客源市场定位在度假区开发建设中具有引导和决定作用。海滨度假旅游市场既受空间距离制约，也受文化、心理等因素影响。西班牙政府注重市场细分，根据客源市场和规模确定开发建设战略，产品开发强调针对性和个性化。西班牙各度假地均有特定的目标群体，分别接待本国游客、其他国家游客，还有接待运动型、老年、青年和家庭度假者的度假区。

3. 严格规范管理

西班牙海滨的特点是：管理严格，卫生清洁，环境优美，设施配套。海滩属于政府管理的公共设施，为保护游人健康，有专门人员负责每天对海水取样监测，确保水质达标。海滨城市污水经净化处理达标才能入海。西班牙执行欧盟制定的“蓝旗计划”，在海水质量、海岸保护、服务水平、安全系数、环境意识等方面都有具体的标准。西班牙对旅游就业人员的素质也非常重视，有非常完善的三级旅游培训体系，即基础培训、中级管理培训和高级管理培训。培训不但注重质量，还根据旅游发展需要不断拓展新的领域。

二、旅游产品多样化

为增强海滨度假旅游的吸引力，在保持传统的“海水、阳光、沙滩”度假产品的同时，西班牙不断推出互补性产品，形成了由海滨浴场、高尔夫球、水上运动、文化观光、主题公园、民俗参与项目、城市旅游、乡村旅游、会展旅游、生态旅游、探险旅游等组成的多样化产品，逐步实现了旅游产品的非季节性。

在新老产品的结合上，一方面注重旅游与文化的结合，在旅游产品的开发中适度利用其历史文化资源，大力开发文化旅游。西班牙有世界人类遗产 38 处，居世界第二位。斗牛、弗拉门戈舞、民间节日活动等给所有游客留下难忘的印象；众多的博物馆、美术馆、教堂、古城是西班牙文化旅游的重要组成部分；饮食无疑也是西班牙最具吸引力的特色文化之一。利用这些丰富的历史文化资源，西班牙开发了可以满足游客个人喜好的多类文化旅游线路，如安达努西亚之旅（阳光和文化、古迹和美食）、塞法尔迪之旅（犹太文化）、城堡游、葡萄酒之旅、艺术之旅、民间建筑之旅、美食之旅等。西班牙还推出了圣地亚哥之路、白银之路、堂·吉诃德之路三条重要的文化旅游线路。尤其是朝圣旅游线路——“圣地亚哥之路”是西班牙开发非常成功的项目。35 年来，这条旅游文化线路年接待量从 200 万人次上升到 1 000 万人次。

亲自到过西班牙的人都会有这样的感受：旅游离不开文化，文化是旅游的灵魂，旅游业的持续发展要靠文化来支撑。另一方面，在保持传统阳光海滩旅游产品的同时，充分利用其优良的海域、港口及其资源，大力发展航海旅游、置业旅游，产生了很好的经济效应。

1. 航海旅游

西班牙的太阳海岸、马略卡岛等地分布着一连串的运动码头，这无疑为当地旅游业带来了更大的吸引力。由于游船客人的消费能力是享受阳光、沙滩客人的两倍，所以当地很注重发展航海旅游。另外，针对欧洲富裕阶层喜爱私人游艇的特点，马略卡岛开发了多个游艇码头，共有 2.4 万个游艇泊位，停泊费每船每夜 1 000 欧元，许多国家的王室成员、著名球星、影星、船王的私人游艇常年在此停泊。

2. 置业旅游

由于欧洲国家间便捷的交通、相似的文化和业主的规范管理，使得置业旅游的前景十分广阔。作为一种新兴的旅游消费方式，越来越多的家庭和个人在西班牙海滨地带，尤其是太阳海岸一带旅游区购置物业，每年都来住上一阵，第二居所市场就形成了。世界级的大明星及欧洲的一些贵族名流中的许多人在太阳海岸购置了度假房产，这对推动当地度假房产经济起到了积极作用。

三、强调环境保护与可持续发展

环境的可持续是促进西班牙旅游业长盛不衰的另一重要因素。自1987年联合国环境发展委员会首次提出“可持续发展”的概念以来，“可持续”在旅游业受到高度重视。为了使旅游政策和环境政策相互衔接，1998年，西班牙负责旅游管理的经济部和环境部合作起草了《可持续旅游业纲要》（以下简称《纲要》）。《纲要》认为，西班牙在游客人数和旅游收入方面位居世界第二，在被保护的自然空间方面位居欧洲第一。通过实施“旅游与规划”、“旅游与环境管理”、“可持续旅游业的培训”等项目，使旅游与环境更好地得到协调。此外，西班牙还于1997—1998年开始启动“可持续旅游城市”项目，在多个旅游目的地执行“欧盟环境管理与认证体系（E－MAS）”。通过1999—2000年的项目试点，不仅让人们意识到在城市活动和服务中出现的环境问题，而且确定了优先改善环境的项目和方案。按照欧盟的要求，西班牙在一个城市中建立E－MAS的基本步骤为：环境诊断，需求和旅游业分析，环境条件的确认，规划、组织和编排，提出实施计划，建立实施计划，环境审计，确定改进措施，撰写环境声明，提交环境声明。这几年，西班牙正在为该项目的实施作进一步的推广与宣传。

西班牙政府认为，旅游业的持续发展要在生态多样性、社会文化的持续性和经济的可持续性三个方面作出努力。在旅游资源开发和利用过程中，他们采取多种形式进行环境保护和治理，全社会参与环境保护的意识非常强。在旅游资源开发中，规划部门要进行定量环保研究，分析未来旅游活动可能对环境造成的影响和需要采取的对策。如前面提到的1994年制定的《海岸法》以及在海滩治理过程中严格执行欧盟“蓝旗计划”，以及“旅游质量总体规划（2000—2006年）”，都是西班牙政府重视环境保护，坚持旅游业可持续发展的具体例证。同时，这些措施也保证和强化了西班牙在国际旅游市场中高质量的旅游目的地地位。高质量的旅游产品成为西班牙旅游最突出的标志性要素。

四、重视旅游宣传推广

西班牙政府非常重视旅游宣传推广，设有专门的旅游宣传促销机构，即西班牙旅游促进会，其在国外设有31个驻外旅游办事处。政府对促销的投入很大，2003年，西班牙旅游局的预算为9 400万欧元，其中境外宣传促销费4 300万欧元，占预算的46.4%，2004年宣传促销经费比上年增加了12.2%。2005年，还投资400万欧元支持建设西班牙旅游门户网站。各大区政府也加大了旅游宣传的投入，如安达卢西亚大区2006年的旅游投入为1.31亿欧元，占大区总预算的2%，主要用于宣传推广、新产品开发、基础设施三部分，其中50%用于宣传推广。

西班牙非常注重宣传的实效，即对国家整体形象的宣传。从20世纪80年代以来，西班牙的宣传推广分为四个阶段。第一阶段为1982—1989年，口号为

"西班牙，一切都在阳光之下"，除重点宣传阳光、沙滩外，还根据客人的需求，介绍高尔夫、葡萄酒、传统节日等多样化的旅游产品；第二阶段为1989—1995年，口号为"西班牙——生活激情"，主要向游客介绍西班牙人开放、喜欢过节日、快乐的性格和直接的、自然的、不做作的特点；第三阶段为1995—1999年，口号为"西班牙真棒"，请了最出色的摄影师拍摄了许多很形象的给人留下深刻印象的图片来宣传这一主题；第四阶段为1999—2004年，口号为"西班牙品牌"。西班牙不仅根据不同阶段适时、针对性地提出全国整体性的主题营销口号，而且重视区域联合的宣传促销。此外，西班牙很重视网络技术在宣传促销中的应用，通过媒体、资料、展览会、邀请境外记者采访、在线等形式宣传促销，还实施"西班牙专家计划"，邀请业界人士赴西班牙培训和考察。为了方便散客问询、参团和购买机车票，每个城市都设有"旅游咨询中心"。有的旅游咨询中心就设在主要的旅游景点。西班牙旅游研究院研究表明，2003年到西班牙的游客，有38%查询过因特网。国家旅游局投入8 700万欧元用于旅游信息服务建设。西班牙旅游促进会与西班牙国家旅游信息运营公司，承担了西班牙旅游门户网站和"住宿技术更新计划"的实施任务。门户网站是西班牙庞大的旅游信息库，达4 000页，2003年点击率超过1 000万人次，客人在浏览过程中可以随时得到咨询和产品选择推介。"住宿技术更新计划"推出后，第一阶段覆盖网络预订、间接住宿预订系统就有4 500多家单位，以及其他旅游服务间接预订系统1.2万家单位。

（资料来源：张红颖：《西班牙旅游业发展经验对中国的启示》，《科协论坛》2008年第10期）

案例思考题：

1. 在旅游业发展中，如何努力实现社会效益、经济效益和生态效益的平衡。
2. 试分析旅游的产业连带效应。
3. 根据本案例的研究，分析影响旅游发展的因素和条件。

案例2

从《旅游学刊》看我国旅游经济的研究

随着我国改革开放的深入，旅游业的快速发展，现代旅游研究已成为一门相对独立的学科，在整个学科领域中逐渐确定了其应有的地位，并受到了社会各界的重视。《旅游学刊》是我国创刊最早的旅游类核心学术期刊，是我国旅游学科研究成果的重要载体。在此发表的论文，不论是选题、学术水准还是其本身所阐述的内容，在中国的旅游业和旅游研究界都有一定的代表意义，这一点在学术界已达成共识［罗明义等．我评《旅游学刊》．旅游学刊，2003，（6）］。为深入了解我国旅游经济的研究近况，本文从1997—2004年的《旅游学刊》中剔选出“旅游经济”方面的文章共34篇进行分类整理，分析我国旅游经济研究的现状和特点，有针对性地提出了加强我国旅游经济研究的对策。

一、在时空上分布不平衡

33篇文章涉及的地域空间和发表时间如表1所示。从中可以看出：

(1)《旅游学刊》在1997—2004年间发表的旅游经济类论文平均每年不到4篇，每期还不到1篇；而且发表的时间分布不均，最多时为每年5篇，最少时每年仅3篇。这说明旅游经济研究在我国还未得到足够的重视，对这一领域的研究还有待加强。

(2)《旅游学刊》中旅游经济类论文涉及的地域分布极为不平衡，表现为东多西少中部更少，尤其是进入2000年以来，在《旅游学刊》中，西部基本上没有旅游经济研究的文章发表。东部沿海一带是我国旅游发展最快的地带，自改革开放以来，我国东部沿海伴随着对外开放的深入，旅游进入快速发展阶段，旅游经济水平大大提高，旅游经济的研究得到重视是顺理成章的事。随着我国西部大开发战略的实施，西部旅游得到了长足的发展，旅游经济水平也日渐提高，但对旅游经济的研究却主要集中在较少的研究者身上。

表1　《旅游学刊》中旅游经济类研究论文的时空分布表

（单位：篇）

年份＼地域	东部	中部	西部	合计
1997	1	1	1	3
1998	2	1	2	5
1999	4	–	1	5
2000	6	–	–	6
2001	3	–	–	3
2002	3	–	–	3
2003	5	–	–	5
2004	3	–	–	3
合计	27	2	5	33

二、内容分布基本均衡但研究方法单一

33 篇文章的研究内容和研究方法如表 2 所示。

表 2　《旅游学刊》中旅游经济类研究论文的研究内容和方法分布表

（单位：篇）

内容＼方法	文字描述	模型分析	数量分析	合计
宏观旅游经济	8	1	2	11
中观旅游经济	6	1	–	7
微观旅游经济	7	–	1	8
其他（综述、教材、旅游统计等）	4	–	3	7
合计	25	2	6	33

从表 2 不难看出：《旅游学刊》中的旅游经济研究论文的内容分布还算均衡，但研究方法单一。

（1）着眼宏观对旅游经济进行研究的有 11 篇，其中的 73% 是采用文字描述的方法，仅有 9% 采用模型分析，18% 采用数量分析方法。在具体论述中，许多学者介绍了国内外有关研究状况，提出了一些新的或有代表性的观点。如余书炜介绍了国外在旅游经济影响的性质、内容、衡量方法和造成旅游经济的地区差异原因等方面的研究成果，主张寻找实现旅游经济影响最优化的措施，应该是以正确解释旅游经济影响地区差异现象的原因及内部机制为基础；厉以猷认为我国的旅游业，既是对风景资源和生态环境依赖性很强的产业，又是具有综合性的以“康乐休闲方式”体现的高度文明的产业，是发展势头最为强劲的产业之一，因此，可持续发展对于旅游产业具有极为现实而深远的意义；王娟认为政府主导型旅游发展战略是当今世界许多国家政府所采纳的战略，其核心是坚持政府对旅游经济起主导作用的同时，充分重视市场机制的作用，实现市场资源的合理配置和优化组合；戴斌认为旅游经济学不仅是研究旅游中的经济现象，还要以经济学的视角来关注包括非经济现象的整个旅游活动；王云才在探讨了旅游经济系统内在的因果关系、系统响应与过程的基础上，尝试性地建立了旅游经济系统运行的系统动力学模型等等。

（2）着眼中观对旅游经济进行研究的有 7 篇，其中有 86% 采用文字描述方法，仅有 14% 采用模型分析方法。主要观点有：周长军、周永明认为目前广西旅游业存在着开发程度低、基本设施缺乏、宣传促销不足等问题；厉新建等人认为在资金不足下发展西北旅游，应立足开发资金需求量小，但市场需求量大的旅游产品，同时要采取“非均衡协调发展”模式；陈礼、唐钟提出了建立资源、龙胜、兴安、全州、桂林四县一市旅游经济协作区的设想；王德利、冯国群认为在旅游经济日益走向集团化、网络化和国际化的今天，构建黄山大旅游圈显得至关重要；周明飞认为要使浙江海洋旅游地带经济、社会、环境、资源和科技协调发展，实现旅游业的可持续发展战略非常必要；王磐岩、王玉洁认为无论是在区域旅游发展战略规划中，还是在风景区、度假区、旅游区的规划中，旅游经济分析有三个问题——区域条件分析、旅游的游客人数预测和消费支出分析、投入产出分析必不可少；郭鲁芳阐述了影响县域旅游经济制度变迁和创新的因素，并指出了县域旅游经济制度变迁和创新的紧迫性和必要性等。

（3）着眼微观对旅游经济进行研究的有8篇，88%采用文字描述方法，只有12%采用数量分析方法。主要观点有：田贵君认为旅游企业要实施名牌战略，开发、建设名牌游览线，实现旅游产业结构和产品结构的优化；阎友兵、裴泽生认为工业旅游产品的开发应从参观游览企业的选择、科学合理地安排旅游线路、培训合格的工业旅游导游员等几方面入手；徐嵩龄认为风景名胜区股票上市并不是一个既有利于旅游业发展又有利于风景资源保护的市场化措施；赵全鹏指出三亚假日旅游市场的供需矛盾，必须立足于海南大旅游市场来考虑；周进步认为“旅游层次”是一个旅游经济概念而不是旅游一般概念，是旅游消费而不是旅游活动本身有高低上下之分，而目前不少地区开展的所谓“参与性旅游活动”正在严重破坏旅游环境并把旅游引向媚俗和庸俗，因而不利于旅游业的可持续发展；文彤认为家庭旅馆业在带动地方经济，尤其是扶贫脱困方面产生了明显的效果，但现在也出现了许多新的情况和问题，在一定程度上制约了家庭旅馆业的推广和普及；史晓玲认为景区作为旅游业中的主要产品之一，有必要遵循市场经济的运行规律，纳入市场机制的配置中，按照市场的价格机制、供求机制以及竞争机制来核算自己的成本收益，实现利润最大化。此外还有7篇与旅游经济相关的研究综述、教材建设、旅游统计研究等方面的文章。总之，旅游经济研究的面很广，同时旅游作为一门交叉学科，可以借助多种社会学科和自然学科的方法与理论进行研究，但因在《旅游学刊》上发表的旅游经济研究论文数量少，且研究方法大多采用文字描述，有些问题无法作深层次的研究。

三、论文作者绝大多数来自高校

33篇文章作者单位的性质如表3所示。

表3 《旅游学刊》中的旅游经济类研究论文作者单位分布表

作者单位性质	作者数量（人）	比重（%）
高等学校	21	64
旅游行政单位	10	30
旅游企业单位及其他	2	6
合计	33	100

由表3可见《旅游学刊》中旅游经济类研究论文的作者有64%来自高等学校，30%来自从事旅游政策研究的旅游行政单位，仅6%来自旅游企业及证券研究中心。这一比例反映了《旅游学刊》旅游经济研究文章的作者主要是高校学者。反映出旅游企业对旅游经济的研究重视不够。在我国，旅游经济研究毕竟还是一个年轻的课题，它对于政府旅游行业管理部门、旅游高等学府及旅游企业都有巨大的挑战，需要在实践和理论上不断地进行探索。旅游企业应及时总结旅游实践，与高校和行政部门密切配合，开展研究，把经验上升为理论，以指导旅游企业在未来的实践中健康发展。

四、加强我国旅游经济研究的对策

（1）健全我国各级旅游主管部门自身的组织机构，动员全国各地有关旅游的行政机构、高等学校和旅游企业，都来关注旅游业发展过程中出现的经济问题，并对其进行分析研究。使来自高等学校的旅游经济研究与旅游行政机构、旅游企业研究相结合，对最新的旅游实际案例加以分析，对未来的旅游实践加以指导。

（2）丰富我国旅游经济研究的内容。尽管我国旅游经济研究日趋深入，既有旅游产业特征、结构、战略、发展方向、旅游环境、旅游投资以及旅游经济影响等宏观旅游经济研究，也有一定区域内各旅游要素组合的中观旅游经济研究，还有旅游企业、旅游产品、旅游地、旅游市场以及旅游消费者方面的微观旅游经济研究。旅游市场已成为被关注的核心，分析旅游市场动态、研究旅游消费者需求、拓宽旅游促销手段、改善旅游服务质量、提高旅游企业经济效益等已成为旅游经济研究的热点问题，但旅游经济的研究还需进一步在旅游经济影响、出入境旅游、区域旅游合作、旅游消费者行为等研究方面进一步加强，这有待研究者对旅游经济涉及的内容做更为深入和广泛的研究。

（3）改进我国旅游经济研究的方法。数理统计和构造模型等方法在国外已得到了广泛的应用，学者们大都运用数学模型或分类模型、空间模型对收集的数据资料进行整理、分析，得到的结论具有现实意义，研究的问题也比较深入而且有代表性。而国内学者则主要习惯于运用描述性的研究方法进行研究，且侧重于理论上的论证和阐述，对研究课题应用数理统计和构造模型等方法进行分析研究的则比较少。这就要求我国的旅游经济研究者应及时了解旅游业的发展动态，敏锐地捕捉旅游业发展过程中值得深究的经济问题，努力运用数理统计和模型构建等定量方法对其进行深层次的研究分析，定性定量相结合，得出有现实意义的结论，以指导我国旅游业健康持续发展。

（资料来源：颜泳红：《从〈旅游学刊〉看近八年我国旅游经济的研究》，《株洲工学院学报》2006年第20卷第5期）

案例思考题：

1. 试分析旅游经济研究的主要内容和研究对象？
2. 通过对本案例的分析，试阐述现代旅游经济研究的方法和原则。

案例 3

我国旅游产业组织分析

“产业”是专业生产或者专业服务的集合，最初是指有形产品生产的专业领域，后来又扩展到商业、保险业、金融业、服务业等更大的范围。

一、我国旅游产业的市场结构

所谓市场结构，通常是指市场内竞争程度和价格形成等产生战略性影响的市场组织特征。决定我国旅游市场结构的因素主要是市场集中、规模经济和进入性壁垒。

1. 市场集中度分析

在西方，旅游业是一个市场进入性较为宽松的行业，先天具有开放特性，因而市场集中度一般都较低。改革开放以前，由于政治、经济、社会等方面的客观原因，我国的旅游业一直不是作为一个产业，而是作为一种事业，以宣传、接待为主要目的，是外事活动的一个组成部分，没有真正意义上的经济功能。因而，虽然高度集中，但是无市场可言。直到 20 世纪 80 年代中国旅游业才全面发展起来。在 1991 年《关于国民经济和社会发展十年规划和第八个五年计划刚要》中，中央把旅游业的性质确定为产业，并列为加快发展第三产业的重点。旅行社、旅游交通、旅游饭店作为旅游产业的三大支柱，开始迅猛发展，并形成入境旅游、出境旅游和国内旅游三个稳定的市场。旅行社从改革开放初期由国旅、中旅、青旅三大社的垄断经营发展到 2000 年的 8 993 家。旅游饭店由 1978 年的 137 座、客房 15 539 间发展到 2000 年的 10 481 座、客房 948 185 间。旅游业从业直接人员达到 564. 15 万人。旅游产业市场化程度不断提高，而相应的市场进入壁垒却不断降低。在“国际竞争国内化、国内竞争国际化”的市场格局中，中国旅游产业的集中程度呈分散化趋势，大部分旅游企业规模偏小，集团化、网络化水平低。

2. 规模经济分析

规模经济是影响市场结构的重要变量，规模经济的产量与市场需求的相对规模决定了市场所能容纳的厂商数量。规模经济越大，在一定的市场需求下，所能容纳的厂商数量就越少，市场集中程度就越高。中国目前的情况是，虽然其旅游接待人数位居世界第五，旅游创汇居世界第七，但由于不具有规模经济，因而只称得上是一个旅游大国而非旅游强国。从中国旅行社的经营规模来看，小规模的旅行社占绝大多数。2000 年，全国 8 993 家旅行社一年的总营业额为 174 亿美元，相当于 1 400 亿人民币。据《HOTELS》的统计，1998 年全球最大的一家饭店集团所属的客房数量比整个中国的星级饭店业的规模还要大。值得一提的是，旅行社的规模经济并不体现在单体上，而是体现在网络上，是小规模，大网络。中国现有的一些单体规模较大的旅行社，严格地说，是在计划经济时代、垄断经营条件下形成的旅行社规模，绝不是市场经济条件下形成的旅行社规模，不是真正形成网络的旅行社。规模经济决定了我国旅游业集中的趋势会不断加强，许多小规模的旅游厂商会不断被大企业兼并、收购、联合。

此外，旅游业具有产品的生产、交换和消费统一的特点，旅游消费者享受了所需的全部服务之后购买才完结。每个企业的产品对于企业本身来说，是最终的形态，但就整个旅游过程来说是中间形态。这就要求旅游行业内有良好的协作关系，每个旅游企业只有在与其他关联性行业的企业的企业建立其密切而有效的协作关系时，才能最大限度地利用规模经济效益。在这一点上，“粤、港、澳大三角旅游区”的建设是一个值得推广的典范，三地旅游界从规划、开发、促销、管理、信息等各方面进行全方位合作，被称为“一江珠水，三颗明珠”。中国加入 WTO 后明确开放的三个区域对旅游业的进一步发展都有直接的促进作用。金融业的扩大开放，将方便旅游支付，弥补旅游服务缺项，提高整体服务竞争力；电信市场的开放，将推动电子商务和销售网络的大发展，从而促进旅游方式的现代化；进口汽车关税的降低，将使多年来一直困扰旅游产业发展的旅游用车问题得到解决。总之，与旅游相关的产业部门加入 WTO 后相继开放，将为中国旅游业的快速发展提供产业环境支持。

3. 进入性壁垒分析

在关于市场结构的研究中，对集中度和规模经济的分析，是侧重于考察产业内已有的市场关系，而对进入性壁垒分析，则是从新企业进入市场的角度来考察市场关系的调整和变化以及市场潜在的竞争强度。在改革开放之初，我国实现政府主导型旅游发展战略，以“双重注册，水平分工”为中心的行业管制体系人为地提高旅游业进入壁垒，国有企业的运作机制保证其不会有倒闭之忧，企业之间不需要进行对抗性博弈。20 世纪 90 年代，国有旅游企业所面临的市场环境有了股份本性的变化。随着经济的发展，人民生活水平的提高以及假日经济的兴起，人民旅游需求和支付旅游开支的旅游经济能力日益上升。市场的扩大使得多种经济成分大规模的进军相对较少的旅游产业，从一开始就走在改革开放前列的饭店业到交通、餐饮，并扩展到旅游组合产品的中心产品——旅游景观，可以说，只要在行、食、住、游、娱、购的任何一点切入，就可进入市场，这样给中小型企业经营旅游业务提供了便利条件。国内崛起一批成功运作的民营旅游景点。此外，以往我国长期对旅行社采取高度保护政策，不允许办独资旅行社，不准外籍人员当导游，对合资旅行社审批条件也很苛刻。加入 WTO 以后，按照中国政府的承诺，不迟于 2003 年 12 月 31 日，取消对外国投资方在中国建设、改造和经营饭店、旅馆设立形式和股权方面的限制，不迟于 2003 年 1 月 1 日允许外商独资旅行社，并取消对合资旅行社设立分支机构的限制。随着政策瓶颈的逐步取消和民间资本的壮大，中国旅游业将成为一个高度开放的产业。因政策因素造成的进入壁垒会进一步降低，无论是国内旅游业务还是国际旅游经营，都将面临越来越国际化的竞争。

二、我国旅游产业的市场行为

市场行为是指产业内各企业根据市场供求条件，并在充分考虑与其他企业关系的基础上采取的各种决策行为。在我国旅游产业的市场行为主要涉及价格和非价格行为等两方面的内容。

1. 价格行为

在我国旅游市场的竞争行为中，价格行为是主要的竞争手段。由于旅游产品的价格需求弹性较大，旅游企业通常利用价格歧视政策，即实行数量差价、季节差价、地区差价等来调节供求关系，以实现利润最大化，此外，由于我国旅游管理体制不完善，各方面关系不协调，导致旅游项目建设和管理上的失控，旅游企业普遍“小、散、弱、差”，往往在重复的市场推销重复的产品，拉重复的客户，形成低层次的价格竞争。以旅行社为例，中国众多的小型旅行社都具有“小而全”的建制特点，而且除了国家政策和地理原因导致的市场差异以外，资源迥异、规模不等的旅行社之间并没有形成明确的专业分工，基本上都是以相似的方式参与市场竞争，因而大部分旅行社经营比较混乱，为争夺客源往往竞相压价。以价格行为为主的竞争形势导致我国旅行社缺乏代表企业信誉的市场品牌，整个行业的市场信誉不高。

2. 非价格行为

非价格行为是指除了价格手段以外的厂商行为，如产品多样化选择、拓宽产品的价值链及投资兼并与收购等。随着中国旅游市场的发育与完善，旅游厂商之间的竞争正在从以打价格战为中心的价格竞争向以质量、品牌、规模等非价格要素之间的竞争转变。这种转变的内在原因首先在于“国内竞争国际化”进程的加快，特别是国外旅游企业集团的介入，带来了国际上市场竞争的先进手段，如按适应市场经济内在要求的现代企业制度组织与管理运作旅游企业，建立以质量求生存、以品牌为媒介、以网络求发展的新型竞争战略体系，注重对市场的细分研究、对现代信息技术手段的应用，以及对人力资源的开发和利用，等等；其次中国旅游者消费行为不断成熟，不再单纯以旅游企业的服务价格作为决定自己

“货币选票”的投向，还要追求旅游产品的“价格性能比”，不仅关注“物有所值”的旅游产品与服务，更关注旅游企业的市场知名度和美誉度，不仅仅关注自身旅游需求的满足，还关注旅游者与目的地的社会、历史、文化与自然之间的协调发展。在这样的形势下，如果旅游企业还是以传统的观念指导企业的竞争行为，简单地依赖资源打价格战，而不是依托资源，以市场为导向努力创新，势必要失去相当多的市场份额，也会最终失去在市场上的生存与发展能力。中国旅游业的非价格行为主要表现在，一方面，以山水园林、文物古迹和民俗风情为主的传统旅游产品的深度开发越来越得到高度重视；另一方面，1992 年的中国旅游年活动作为第一次全国性的旅游促销活动，表明旅游推广的重要性，已得到国家和地方政府的重视。以后整个 90 年代的香港回归、澳门回归；'99 昆明世博会，建国五十周年大庆和新千年庆典等活动中，国家和地区整体的旅游目的地形象都通过规模空前的旅游市场促销活动得到了很好的提升，这样的旅游促销对中国的旅游市场开发起到了强大的作用。

三、我国旅游业的市场绩效

在 SCP 分析框架中，市场绩效是指在一定市场结构下，由一定的市场行为所形成的最终经济结果。我国旅游业市场绩效是指旅游产业市场运行的效率，它反映出旅游产业在消费者满意程度、市场效率、企业成长和利润分配水平等方面所达到的现实状况。

中国旅游产业属于快速增长的行业，就收入状况而言，2000 年度全国旅行社的营业收入总额为 469.95 亿元，其中国际旅行社为 319.24 亿元，国内旅行社为 150.71 亿元，分别比 1999 年增长 21.5%、18.9%、28.9%。就盈利状况而言，2000 年度全国旅行社的利润总额为 10.44 亿元，其中国际旅行社为 11.57 亿元，国内旅行社为 -1.13 亿元，分别比 1999 年增长 11.7%、40.9%、-197.5%。就上缴税利而言，2000 年度全国旅行社上缴税利总额为 8.00 亿元，其中，国际旅行社为 5.93 亿元，国内旅行社为 2.07 亿元，分别比 1999 年增长 43.2%、40.5%、51.6%。从以上数据可以看出，2000 年度全国旅行社业的营业收入等都有较大幅度的增长，但对于绝大多数国内旅游消费者来说，对旅行社还感到比较陌生和不信任，“要旅游，找旅行社”的国际旅游理念在我国远远没有形成，巨大流量的国内游客为了交通、住宿等而自行奔波，投亲靠友型的旅游在我国国内旅游中还占很大的比例。

从利润水平来看，中国旅游经济多年来一直停留在外延式扩大再生产的水平上，必然导致旅游企业的数量过多和过度竞争，利润率下降的结果。而且大量新设立的旅行社还处于初级阶段，需要经历一个市场探索和实践的过程。2000 年度全国旅行社利润总额为 10.44 亿元，但利润率仅为 2.2%。而且中国旅行总产出占 GDP 比例、居民旅游花费占总消费支出比例、旅游资本投资占全球资本投资比例等指标都还落后于世界水平。改革开放以后，中国实现了从“旅游资源大国”到“亚洲旅游大国”的历史性跨越，2000年国家旅游局又制定了“到2020年建成世界旅游强国”的奋斗目标，中国旅游业在从旅游大国向旅游强国跨越的路途上，还任重道远。

（资料来源：季玉群：《我国旅游业的产业组织分析》，《兰州学刊》2005年第6期）

案例思考题：

1. 根据本案例的分析，如何深刻理解“现代旅游经济学本质上是一门产业经济学”的含义？

2. 通过对中国旅游市场特点的分析，谈谈自己对“构建世界旅游强国”的看法。

案例4

我国旅游产业发展有机遇

旅游产业是当前全球经济中发展势头最强劲和规模最大的产业之一，它对经济的拉动、对社会就业的带动以及对文化与环境的促进作用日益显现。据预测，未来10年间，我国旅游产业将保持年均10.4%的增长速度，商务旅游的增长速度将达到10.9%。到2020年，我国将成为世界第一大旅游目的地国和第四大客源输出国。因此，作为六大新兴消费热点行业之一的旅游产业，在今后几年内必将保持蓬勃的发展势头。

一、外部经济环境

从全球经济发展的趋势来看，自进入新世纪以来，以信息化和知识经济为核心的新科技革命继续成为世界经济发展的引擎。即使面对利率上调和油价上涨，从经济运行的中长期趋势看，世界经济的走势依然看好，世界各主要经济体依然保持了稳定的增长。2005年我国经济增长9.9%，GDP突破18万亿元。经济的高速增长为旅游产业的发展提供了良好的支撑环境。

随着我国改革开放和环太平洋经济圈的崛起，我国和全球特别是亚太国家的经济联系不断加强，给旅游产业的发展带来了更多机遇。特别是我国加入世贸组织以后，各行业对外开放进一步提高带来的连动效应，不仅为旅游产业的发展提供了有利的环境，更为旅游产业的对外开放和发展提供了条件和动力。截至2005年9月15日，经国务院批准的我国公民出国旅游目的地的国家和地区，总数达到了109个，实施的有76个。另外，我国积极参与区域合作，也为旅游产业发展创造了有利环境。2001年，中国、俄罗斯、哈萨克斯坦等六国签订了上海合作组织成立宣言，宣布成立上海合作组织；2002年，我国和东盟十国共同签署了全面经济合作框架协议，确定到2010年建成中国东盟自由贸易区；2003年，我国中央政府与香港特别行政区政府签署了《内地与香港关于建立更紧密经贸关系的安排》，与澳门特别行政区政府也签署了《内地与澳门关于建立更紧密经贸关系的安排》。我国积极参与区域合作的举措，将十分有利于旅游产业的发展。

二、内部经济环境

从内部经济环境看，改革开放以来，随着我国产业优化升级、结构调整，旅游产业作为一项低耗能、高产出的“无烟产业”，在国民经济中的地位不断提升。2003年，温家宝总理、吴仪副总理强调要“把旅游产业培育成为中国国民经济的重要产业”，表明了党中央、国务院对旅游产业的高度重视和支持。目前，全国有24个省区市把旅游产业定位为支柱产业、先导产业或重要产业。“十五”期间，我国旅游产业实施“大力发展入境旅游、积极发展国内旅游、适度发展出境旅游”的市场战略，旅游产业得到了快速发展，已形成入境旅游、国内旅游、出境旅游三大市场并驾齐驱、齐头并进的发展格局。

三、旅游市场情况

在入境旅游方面，我国已成为世界上发展速度最快、最具生机活力的旅游目的地国家。2004年，我国入境过夜旅游人数4 176万人次，创汇257亿美元，分别居世界第四位和第七位。在国内旅游方面，我国已拥有世界上规模最大的国内旅游市场。2004年，我国国内旅游人数超过11亿人次，国内旅游收入4 711亿人民币，占我国旅游总收入的67%。

国内旅游产业的兴旺发达，有力地拉动了内需，促进了消费，带动了相关产业发展。在出境旅游方面，我国已成为世界上迅速崛起的新兴客源国。2004年，出境人数达2 885万人次，比2000年增长175.6%。我国出境旅游增长速度已大大高于世界平均水平，成为亚洲第一大客源市场。随着旅游三大市场的发展壮大，我国旅游产业已实现了由旅游资源大国向旅游经济大国的跨越。

我国旅游产业正面临着难得的历史发展机遇。全面建设小康社会为旅游产业发展开辟了广阔的空间，建设世界旅游强国的宏伟目标为我国旅游产业展现着诱人的前景。

（资料来源：《我国旅游产业发展迎来新战略机遇期》，《中国旅游指南》，2007年1月）

案例思考题：

1. 中国大力发展旅游的基础和条件是什么？

2. 谈谈你对“旅游合作”概念的理解，并请结合实例，分析开展“旅游合作”的重要性。

案例5

2007年香港旅游业发展形势分析

承接多年来旅游业的良好发展势头，2007年香港旅游业继续稳定发展，整体表现比较理想。访港旅客人次超过2 800万人次，较2006年的2 515.1万人次上升一成左右。香港依然是全球最受欢迎的旅游目的地之一，连续两年被英国的主要报刊《卫报》和《观察家报》等选为“最受欢迎海外城市”。尤为重要的是，特区政府为旅游业注入新的发展动力，加快香港旅游产品的多元化及升级，巩固了香港作为全球旅游胜地的地位。更值得指出的是，随着内地经济的进一步开放发展及与香港经济的日趋融合，国家因素在包括旅游业在内的香港社会发展中发挥原动力的作用。

一、访港旅客状况

2007年访港旅客超过2 800万人次。八大客源市场——中国内地（短途市场），南亚及东南亚（短途市场），中国台湾（短途市场），欧洲、非洲与中东（长途市场），北亚（短途市场），美洲（长途市场），澳洲、新西兰及南太平洋（长途市场），中国澳门（短途市场）均有增长。这反映出在整体经济形势和旅游发展环境不断改善的情况下，香港旅游业正进入新一轮的增长期。

二、旅游业收益及对香港经济的贡献

旅游业继续是香港经济的四大支柱产业之一；政府继续肯定旅游业能为香港带来可观的收益及提供大量就业机会。2007年，过夜旅客在港的人均消费约达5 100港元，较2006年的4 799港元上升6.3%。入境不过夜旅客在港的人均消费亦由2006年的1 015港元上升到2007年的1 100港元。这反映出旅客人数的上升也刺激经济收益的增加，旅游业的经济贡献更为突出。

三、旅游资源及设施的发展

1. 旅游资源

特区政府继续投放大量资源，用于新旅游景点建设与发展新旅游项目。这些新景点涵盖自然、人文、历史、生态等各方面，均有助于香港旅游资源的升级与多元化。

2. 酒店

由于访港旅客的强劲增长，香港酒店业供应方面相应有明显增长。酒店数目由2006年的126家增至2007年11月的140家；同期的房间数目也由47 128间增至51 892间；增幅均超过10%。酒店入住率则维持在2006年同等的86%水平上，2007年平均房价则为港币1 300元左右，比2006年上升12%。

3. 航空服务

在国泰航空与港龙航空合并后，香港作为地区航空枢纽的地位得以进一步巩固。这体现在两家航空公司的航班接驳时间缩短和客运数字上升等指标上。其中，国泰航空中经香港转机前往其他地方的乘客人数已升至50%。同时，两家航空公司分别进一步扩展机队，以积极迎接内地、美国和印度开放航空市场之后的新局面。

4. 旅行社

香港旅行社的数目由2006年的1 433家上升至2007年11月底的1 442家，升幅轻微。不过也反映出随着来港旅客人数的持续上升，旅游服务的供应正逐步随之增加。鉴于部分旅行社的不良违规行为，香港旅游业议会检讨现行监管服务质素措施，并考虑邀请其他不同界别人士参与。同时，政府旅游事务署和香港旅游业议会正考虑提供相应的持续进修课程，使旅游从业人员的专业知识可不断更新；这些课程可包括文物游、绿色旅游等等。

5. 会展业

面临区内的激烈竞争，香港会展业在2006年表现平稳。为进一步刺激会展业发展，香港旅游发展局在2007年安排45位国际主要协会组织或机构的高层人员来港参加名为“香港——最佳会议之选”的访港考察活动，亲身体验香港作为国际会议目的地的各种优势。考察团考察完毕后的整体反映良好，都加深了香港作为会议之都的印象，尤其是更进一步了解到香港拥有独特的地理优势，是各国人士进出内地和亚太地区的重要门户。

（资料来源：庄敬：《2007—2008年香港旅游业发展形势分析与展望》，选自张广瑞、刘德谦主编《旅游绿皮书2008年中国旅游发展分析与预测》，社会科学文献出版社2008年版）

案例思考题：

1. 试分析香港旅游业持续快速发展的原因。

2. 请对香港旅游市场特点及产品结构进一步分析，并谈谈对旅游经济结构合理化的理解。

四、练习题参考答案

（一）名词解释

1. 经济学是一门研究人类行为及如何将有限或者稀缺资源进行合理配置的社会科学。

2. 旅游学是以旅游活动为研究对象，重点研究旅游活动产生、发展及其运行规律的科学，目的是揭示旅游活动的内在性质、特点及发展趋势。

3. 现代旅游经济学是现代经济学的一个分支，是以经济学的理论为指导，研究旅游活动中各种经济现象、经济关系和经济规律的科学。

4. 产业经济学是针对产业部门及其领域的经济活动进行研究，从而揭示产业部门经济运行的内在规律及其外在形式的科学，是一门分析研究现实经济问题的应用经济学科。

5. 旅游管理学是在现代旅游经济学的理论指导下，重点研究旅游经济活动的合理组织及科学管理，以提高旅游经济运行效率和效益。

6. 系统分析方法是建立在系统论、信息论和控制论基础之上，是一种新型的、综合型的研究方法，它强调从系统、综合的角度研究事物运行的客观规律性，从而克服研究中的狭隘、片面、孤立、静止及封闭的观点和方法。

7. 定性分析方法是对研究对象进行“质”的方面分析的方法。具体地说是运用归纳和演绎、分析与综合以及抽象与概括等方法，对获得的各种材料进行思维加工，从而能去粗取精、去伪存真、由此及彼、由表及里，达到认识事物本质、揭示内在规律的一种方法。

8. 定量分析方法是对社会现象的数量特征、数量关系与数量变化进行分析的方法。其功能在于揭示和描述社会现象的相互作用和发展趋势。定量分析把事物定义在了人类能理解的范围，由量而定性。

9. 案例分析方法是一种新型的教学方式，是把职业经济学家、管理学家、咨询顾问赖以谋生的手段引入旅游经济学的教学中，其根本目的就是培养学习者自主的学习技能，独立分析和研究问题的能力，使学习者养成主动探求知识的兴趣和习惯，并把枯燥的专业知识学习变成一种寓教于乐的素质培养和能力训练，从而不断提高旅游人才培养的质量和水平。

（二）判断题

1. × 2. √ 3. √ 4. × 5. √ 6. √

（三）单项选择题

1. B 2. D 3. B 4. D 5. D 6. C 7. C 8. A 9. D 10. A

（四）多项选择题

1. ACD　2. ACDE　3. ABCD　4. ABC　5. AD　6. ABC

（五）简答题

1. 旅游经济学的学科特点：

（1）是一门应用性科学。

（2）是一门产业经济学。

（3）是旅游专业的基础学科。

（4）是一门边缘学科。

2. 旅游经济学的研究对象包括：

（1）研究旅游经济的形成过程及规律。

（2）研究旅游经济的运行机制及实现条件。

（3）研究旅游经济活动的成果及实现状况。

（4）研究旅游经济的地位及发展状况。

3. 旅游经济学的研究内容：

（1）现代旅游经济的形成及标志。

（2）现代旅游产品开发及供给关系。

（3）现代旅游经济市场及开拓策略。

（4）现代旅游经济运行与调控。

（5）现代旅游消费及旅游投资。

（6）现代旅游投入与旅游效益。

（7）现代旅游经济结构及可持续发展。

4. 研究旅游经济学应坚持以下原则和方法：

（1）坚持理论联系实际的方法。

（2）坚持系统分析的方法。

（3）坚持定性分析与定量研究相结合的方法。

（4）坚持运用多学科知识的方法。

（5）坚持运用案例分析的教学方法。

5. 在现代旅游经济教学中，案例分析和研究是一种新型的教学方式，是把职业经济学家、管理学家、咨询顾问赖以谋生的手段引入旅游经济学的教学中，其根本目的就是培养学习者的自主学习技能，独立分析和研究问题的能力，使学习者养成主动探求知识的兴趣和习惯，并把枯燥的专业知识学习变成一种寓教于乐的素质培养和能力训练，从而不断提高旅游人才培养的质量和水平。

（六）论述题

（1）中国旅游经济学的研究起步较晚。纵观中国旅游经济学的研究和发展，可以划分为三个发展阶段：

第一阶段，旅游经济研究兴起阶段。大约从20世纪70年代末期到80年代。1978年10月到1979年7月间，围绕如何把党和国家的工作重心转移到经济建设上来，邓小平同志就发展中国旅游业发表了五次重要讲话，从旅游业的性质定位、创汇功能、发展战略、发展目标、投资建设、资源管理、经营管理、体制改革等方面，提出了一系列重要的旅游经济思想，为中国旅游业的大发展指明了方向和目标，也引导和推动了中国旅游经济研究的起步与发展。在国家改革开放方针政策和邓小平旅游经济思想指导下，理论界展开了对旅游经济学的研究。1986年林南枝和陶汉军主编出版了《旅游经济学》，标志着我国旅游经济学研究的开始。1987年，孙尚清在主持的《中国旅游发展战略研究》中提出了中国旅游业要"适度超前发展"战略，促进了中国旅游经济学的理论研究，也进一步推动了中国旅游经济的实践。

第二阶段，旅游经济学研究发展阶段。进入20世纪90年代，中国旅游经济学研究进一步引起了学术界的高度重视，有学者相继出版了一批旅游经济学教材和发表了大量旅游经济研究论文。1993年魏小安、冯宗苏出版了《中国旅游业：产业政策与协调发展》；1994年罗明义主编出版了《现代旅游经济》，1996年出版了旅游经济管理重点学科研究文集《旅游经济研究》；1996年中国旅游协会区域旅游开发专业委员会出版了《区域旅游开发研究》一书。这些学术成果有力推进了中国旅游经济、区域经济的研究，也推动了旅游经济学教材的建设和发展。

第三阶段，旅游经济学研究完善阶段。进入21世纪以后，伴随着中国旅游业的快速发展以及中国政府明确把旅游业作为国民经济重要产业着力培育，使中国旅游经济的实践总结和理论研究进入了热潮，各种旅游经济学著作和研究为快速发展的中国旅游业提供了理论指导，为旅游经济学教材的完善提供了丰富的理论和实践内容，从而推动了中国旅游经济学研究的不断发展和完善。

（2）建立在系统论、信息论和控制论基础上的系统分析方法，是一种新型的、综合型的研究方法。现代旅游经济虽是从属于国民经济系统的一部分，但其本身也是一个系统，只有运用系统分析的方法，才能真正掌握现代旅游经济的整个理论体系和方法。

首先，坚持系统分析的方法，就是坚持全面分析的方法。现代旅游活动是经济社会活动的一个子系统，其本身又是由各种要素组成的系统。因此，现代旅游经济研究要着眼于旅游活动的全局，并以整个经济社会发展为背景，才能正确揭示和掌握现代旅游经济的客观规律性。

其次，坚持历史的观点和方法，根据历史唯物主义的原理，从旅游活动的起源、旅游活动的商品化过程开始研究，并把它置于经济社会发展的不同历史时期来分析，按照社会生产力及经济发展水平的差别，认识旅游经济在不同社会发展阶段的特点及作用，才能科学地预见现代旅游经济的发展趋势，有效地指导现代旅游经济的实际工作。

最后，坚持动态分析的方法。因为运动是客观世界永恒的规律，旅游活动也同样是动态发展的，这就要求运用动态发展的观点和方法来分析和研究旅游经济问题。在对大量旅游经济的资料、数据和信息进行客观静态分析基础上，再把旅游经济理论和方法运用于实践，还必须根据各种因素及条件的变化，对旅游经济作出动态的分析和运用，才能真正把握现代旅游经济的客观规律性。

第1章 现代旅游经济概述

一、学习指导

（一）总体要求

通过本章的学习，正确理解现代旅游和现代旅游经济的基本概念，了解现代旅游的形成及发展过程；掌握现代旅游经济的基本性质、发展特点和产业化标志；并从社会经济发展的角度，认识现代旅游经济在国民经济中的重要地位，掌握现代旅游经济对经济、社会、文化及生态环境的积极作用和影响；从总体上掌握旅游经济学的理论体系和结构，分析旅游经济学与其他有关学科之间的相互关系，为后面章节的学习奠定基础。

（二）主要内容和知识点

现代旅游是社会生产力发展到一定阶段的产物，是随着社会经济发展而发展的一种综合性社会经济活动；而现代旅游经济则是在现代旅游发展的基础上，伴随着商品生产和交换的长期发展而逐渐形成和发展的，已经成为现代国民经济的重要组成部分。

1. 现代旅游的形成与发展

（1）现代旅游的概念。

“现代旅游是人们为了特定的目的而离开他们通常的环境，前往某些地方并作短暂停留（不超过一年）的活动，其主要目的不是为了从访问地获得经济收益”（WTO，1991）。现代旅游活动是人们暂时离开居住地而到异地进行各种包含游览、度假在内的，有目的的全部活动的总称。如果从更广泛的角度看，凡是包含着游览、度假内容在内的各种旅行活动都可称之为现代旅游，诸如公务出差、参加会议、宗教朝拜、探亲访友、科学考察、康复疗养、体育竞赛等。

理解“现代旅游”的概念，可以与古代旅游对比，注意其显著特点及区别：

① 现代旅游是一种高层次的消费活动。

② 现代旅游是一种健康的文化审美活动。

③ 现代旅游是一种积极的社会交往活动。

④ 现代旅游是一种综合性的社会经济活动。

（2）现代旅游的形成。

现代旅游是伴随着社会生产力的发展和社会分工的深化，伴随着商品生产和交换的发展，伴随着人们物质文化生活水平的不断改善和提高，并具备了一定物质经济和技术条件的前提下才逐渐产生、形成和发展的。

具有现代意义的旅游活动大约兴起于 16 世纪，形成于 18 世纪的产业革命，到 20 世纪中期以后才有了快速的发展。尤其是 18 世纪的产业革命，以机器大工业代替了工场手工业，形成了以机器大工业为基础的社会化大生产，促使社会生产力得到了迅速的提高，促进了资本主义商品生产和交换的迅速发展，从而为现代旅游的形成和发展提供了物质技术基础、经济条件和产业条件。

（3）现代旅游的发展。

从 19 世纪中期开始，现代旅游逐步形成，欧洲和北美地区的国内旅游和区域旅游有了进一步发展。进入 20 世纪以后，随着汽车工业的迅速发展和汽车的被广泛使用，使国内旅游和国际旅游的交通运输条件更为便捷，促进了欧美主要经济发达国家的国内、国际旅游的进一步广泛发展。但是，由于当时资本主义经济尚处于由自由竞争向垄断竞争转变时期，再加上 20 世纪上半叶两次世界大战和 30 年代初全球经济危机的影响，使现代旅游一直在世界范围内发展缓慢。20 世纪 50 年代以后，随着第二次世界大战后世界经济的迅速发展，人口快速增加，人们的收入水平提高、闲暇时间增多，以及交通运输条件的不断改善，特别是民用航空的迅速发展，使人们对旅游活动的需求不断增加，出游的条件更加方便快捷，从而促进了现代旅游的快速发展。

2. 现代旅游经济的性质和标志

（1）现代旅游经济的性质特征。

① 现代旅游经济是旅游活动商品化的市场经济。

② 现代旅游经济是以旅游服务为主的综合经济。

③ 现代旅游经济是一个相对独立的产业经济。

④ 现代旅游经济是以市场为基础的法制经济。

（2）现代旅游经济的发展特点。

① 现代旅游经济活动的大众性。

② 现代旅游服务贸易的全球性。

③ 现代旅游经济运行的规范性。

④ 现代旅游经济发展的可持续性。

⑤ 现代旅游经济产业的敏感性。

（3）现代旅游经济的产业化标志。

现代旅游经济的产业化形成具有三个显著的特征。第一，旅游产业是派生的，是随着物质生产的发展和人民生活需要的扩大而逐渐从商业中派生出来的；第二，随着现代旅游业的快速发展，旅游业已具有相对独立的、相对集中的旅游需求和供给，并形成独立的产品生产、市场结构和生产经营体系，形成了自己的主体部门和产业结构体系，具有独立的分工领域，具备了成为一个经济产业的基础；第三，旅游产业作为一个特殊的经济产业，已发展成为相对独立的经济产业，并且正日益成为社会经济发展中的重要产业。

具体讲，旅游经济的产业化标志主要体现在以下几方面：

① 现代旅游消费需求的集中化。

② 现代旅游生产供给的专业化。

③ 现代旅游经济运行的规范化。

3. 现代旅游经济的地位及作用

（1）现代旅游经济在国民经济中的地位。

现代旅游经济是国民经济的重要组成部分。现代旅游经济在国民经济中的地位如何，主要取决于现代旅游业的性质、发展规模及运行状况。

① 从现代旅游业的性质看，旅游业是一个以提供服务为主的综合性服务行业。

② 从现代旅游业的发展规模看，随着社会生产力水平的提高和社会经济的发展，旅游业在国民经济中日益占据重要地位。

③ 从现代旅游业的运行状况看，当今世界上经济发达的国家，同时也是旅游经济发达的国家，即经济越发达，旅游业在国民经济中的地位就越高。

（2）现代旅游经济在国民经济中的作用。

现代旅游经济不仅在国民经济中占有重要地位，而且对国民经济的发展及促进以及对相关产业的带动、对经济结构的调整和改善等都具有十分重要的作用，具体表现在以下几方面：

① 增加外汇收入。

② 加快货币回笼。

③ 扩大就业机会。

④ 带动相关产业发展。

⑤ 积累建设资金。

⑥ 促进贫困地区脱贫致富。

（3）现代旅游经济对社会的作用及影响。

现代旅游经济发展对社会的影响，包括对国际社会和国内社会的影响，重点是对旅游目的地国家或地区社会的影响，主要表现在以下几方面。

① 现代旅游经济促进人类社会的进步。

② 现代旅游经济促进社会环境的改善。

③ 现代旅游经济促进世界和平与发展。

（4）现代旅游经济对文化的作用及影响。

文化是人类在社会发展过程中所创造的全部物质财富和精神财富的总和。文化作为一种社会现象，是以一定的物质基础为前提的，其内容随社会物质生产的发展而发展，具有很大的内涵性。因此，现代旅游经济的发展必然与文化产生密切的关联性，并对文化发展产生积极的作用和影响。

① 现代旅游经济与文化相互作用和相互影响。

旅游与文化是相互依存、相互作用和相互影响的。一方面，旅游经济活动中的各个过程及内容，无一不是与文化的接触，以至于有旅游就必然有文化，文化是旅游业发展的基础；另一方面，旅游活动是一种流动的活动，是一种文化与另一种文化的交流过程。随着旅游者的流动，就为不同的社会群体及民族文化的接触和交流创造了良好的条件，因而旅游经济的发展过程，也就是世界各个民族文化频繁交流的过程。

② 现代旅游经济促进传统文化得到发掘和光大。

③ 现代旅游经济促使民族文化的个性更加突出。

④ 现代旅游经济促进了人类精神文明的进步。

（5）现代旅游经济对环境的作用及影响。

从旅游的角度看，一方面任何旅游活动都离不开良好的环境，都是人类与周围环境进行物质和能量交换的过程，没有良好的环境就没有旅游活动；另一方面，旅游活动的开展有利于环境的保护，但若教育、管理滞后，也会带来一些对环境的消极影响。

① 环境是人们开展旅游活动的重要条件。

② 旅游活动促使人们对环境进行保护和美化。

③ 旅游开发促进人们加强对环境的保护。

但是，在看到旅游开发和旅游业发展对社会经济发展和环境保护的积极作用时，也不能忽视旅游开发和旅游业发展也会对生态环境产生消极影响，尤其是对旅游业的规划、旅游产品开发和旅游业管理不当，都会给生态环境及社会环境带来极为严重的消极影响。因此，现代旅游经济发展必须同保护环境协调起来。

（三）重点与难点

1. 教学重点

（1）掌握旅游经济、旅游经济学等概念。

（2）理解和分析对旅游经济运行的主要矛盾、旅游经济学研究对象和旅游经济学研究内容。

（3）对旅游经济活动各种现象进行分析和判断。

2. 教学难点

（1）对旅游经济运行主要矛盾的分析。

（2）对旅游经济学研究对象的理解。

二、练习题

（一）名词解释

1. 现代旅游
2. 现代旅游经济
3. 旅行社
4. 旅游饭店
5. 旅游景观
6. 旅游交通

（二）判断题

1. 现代旅游与古代旅行的区别主要在于现代旅游的主要目的是为了从访问地获得经济收益。（ ）

2. 现代旅游是随着近代产业革命的发生和资本主义市场经济制度的建立而逐渐形成的。（ ）

3. 在自然条件下，旅游活动主要表现为旅游者依靠自己的力量而满足自我需求的活动，一般不涉及旅游产品的生产和交换。（ ）

4. 服务经济活动通常不能借助物的形式提供，而只能通过活劳动本身的作用来提供。（ ）

5. 根据现代产业部门形成的机制和特点，现代旅游经济的产业化并无形成的标志。（ ）

6. 由于旅游业创汇能力强、换汇成本低，有很少受各国税制限制，因而大力发展国际旅游业已成为各国非贸易创汇的重要手段。（ ）

7. 现代旅游业相对于传统产业而言，是一个低投入，高产出、高创汇的产业，因此，不涉及太大的资金投入。（ ）

8. 现代旅游经济只会促进人类社会的进步、社会环境的改善和世界和平的发展，决不会产生任何消极的社会影响，因而各国都大力发展旅游经济。（ ）

9. 为了适应旅游经济发展的要求，就要使一些优秀文化的内容变成一种商业性的内容，只有这样才能使这些文化更具有特色和魅力，也才具有价值。（ ）

10. 旅游业是派生的，是随着物质生产的发展和人民生活需要的扩大而逐渐从商业中派生出来的，其经济活动内容及范围已超出服务与商业的范畴。（ ）

（三）单项选择题

1. 根据对旅游发展历史的研究，具有现代意义的旅游活动大约兴起于（　），形成于（　）

A. 16世纪　18世纪　　B. 17世纪　18世纪

C. 18世纪　19世纪　　D. 19世纪　20世纪

2. 旅游经济活动的需求主体是（　）

A. 旅游经营者　　B. 旅游产品生产者

C. 旅游者　　D. 旅游管理者

3. 旅游经济活动的供给主体是（　）

A. 旅游吸引物　　B. 旅游经营者

C. 旅游者　　D. 旅游管理者

4. 社会分工引起产业部门形成和发展主要是由于（　）

A. 文艺复兴和机械工业　　B. 经济全球化和旅游国际化

C. 文化进步与环境改善　　D. 社会生产力发展和科学技术的进步

5.（　）、（　）和（　）成为现代旅游经济的三大支柱，标志着现代旅游经济的成熟

A. 旅游景区　旅游酒店　旅游交通　　B. 旅游住宿　旅游餐饮　旅游娱乐

C. 旅行社　旅游饭店　旅游交通　　D. 旅游景区　旅游饭店　旅游娱乐

6. 在市场条件下，旅游经济运行实质上就是旅游者和旅游经营者之间的（　）交换过程

A. 旅游文化　　B. 旅游信息

C. 旅游空间　　D. 旅游产品

7. 现代旅游经济的产业化标志主要体现在（　），现代旅游生产供给的专业化，现代旅游经济运行的规范化

A. 现代旅游消费需求的集中化　　B. 现代旅游科技现代化

C. 现代旅游服务人性化　　D. 现代旅游市场国际化

8. 现代旅游经济具有大众性、全球性、规范性、（　）和（　）的发展特点

A. 持续性　敏感性　　B. 科学性　技术性

C. 信息性　文化性　　D. 资本性　资源性

9. 世界旅游组织的使命是把发展旅游业作为（　）、（　）、（　）的重要手段

A. 促进文化交流　增进各国友谊　维护各国利益

B. 促进经济发展　推动国际贸易　增进世界和平

C. 促进国际交流　尊重人权　维护主权

D. 促进经济发展　促进国际交流　维护各国利益

10. 现代旅游活动是建立在以旅游产品为对象，以旅游者和旅游经营者为主体，以（　）为交换媒介基础上的

A. 货币、信息　　B. 通信、交通

C. 需求、供给　　D. 资源、设施

（四）多项选择题

1. 现代旅游经济作为现代国民经济的重要组成部分，其具有以下主要的性质特征（　　）

A. 旅游活动商品化的市场经济　　B. 以旅游服务为主的综合经济

C. 相对独立的产业经济　　D. 以市场为基础的法制经济

2. 现代旅游经济在国民经济中的地位如何，主要取决于（　　）

A. 现代旅游业的性质　　B. 现代旅游经济的发展特点

C. 现代旅游业的发展规模　　D. 现代旅游业的运行状况

3. 旅游经济发展对社会文化有着一系列的积极影响，具体体现在（　　）

A. 大量传统优秀的文化伴随着旅游者的进入而发生改变，得到商业化的发展

B. 促进了传统文化的发掘与光大，民族文化的保护与发展

C. 促进人类精神文明的进步

D. 促使民族文化的个性更加突出

4. 现代旅游经济对环境的作用和影响表现在（　　）

A. 旅游的发展可以在一定程度上达到改善目的地物质环境的作用

B. 旅游活动促使人们对环境进行保护和美化

C. 旅游经济的发展必然给当地环境的保护带来消极影响

D. 旅游开发促进人们加强对环境的保护

（五）简答题

1. 现代旅游经济具有哪些性质特征？

2. 试述产业部门的分类和形成机制。

3. 阐述现代旅游经济在国民经济中的地位。

4. 简述现代旅游经济对经济发展的作用。

5. 现代旅游经济与文化有何相互联系和影响？

6. 现代旅游经济的发展主要有哪些特点？

（六）论述题

1. 阐述现代旅游形成的条件及过程。

2. 如何认识现代旅游经济的产业化标志？

3. 试分析和阐述现代旅游经济对环境的作用和影响。

三、经典案例

案例 1

黄山无序开发对环境的影响

黄山既是世界自然遗产，又是世界文化遗产，然而随着旅游业的不断发展和假日旅游的不断升温，黄山旅游开发逐渐出现了无序竞争的现象，对黄山的旅游资源和自然环境造成了严重的破坏。

在位于海拔 1 000 多米的黄山核心风景区，不仅拥有数量众多的楼堂馆所，而且其数量还在不断增加。这主要是因为黄山旅游发展股份公司麾下 7 家宾馆的盈利，吸引了更多的后来者跃跃欲试，争相修建楼、堂、馆、所对外营业。比如黄山市的一些政府部门，就纷纷在黄山核心风景区内修建自己的招待所，接待游客。

既然要修建楼堂馆所，首先不可避免的是开山炸石，伐木毁林。当楼堂馆所建好，紧随而来的是餐厅的油烟，宾馆的污水，还有遍地的生活垃圾。建筑使用的钢筋、水泥和碎石四处堆积，原来的植被已经荡然无存。

为了配合旅游饭店经营的需要，黄山的水通过管道输送给数量越来越多的宾馆和招待所。因为输水管道施工的需要，经过上亿年地质构造才形成的黄山岩体被凿开敲碎，输水管通到哪里，哪里就是碎石遍地。在半山腰、在游人步行道的两旁，管道、碎石随地可见。远远望去，秀美的黄山伤痕累累。据统计，黄山风景区内的输水管道长达 40 公里，一直通到了黄山的顶峰。

没有了水源的黄山，旅游景观大打折扣。如观瀑楼对面的瀑布叫“人字瀑”，往日一股瀑布飞流直下，在中途分为两股，像是在悬崖峭壁上写出的一个大大的“人”字。但今天，峭壁上只剩下瀑布曾经冲刷过的痕迹。而“梦笔生花”的真松树是一棵长在山峰顶端的黄山松，现在我们所能看到的只是一棵塑料树，真树已在几年前枯死。

北京大学世界遗产研究中心主任谢凝高教授说，黄山是世界自然与文化遗产，自然与文化遗产的保护宗旨是保护遗产的真实性、完整性，使之世代传承，永续利用。所谓完整性和真实性，主要保护黄山 154 平方公里范围以内的，完整的自然景观的综合体，使之世世代代都能享用，这是我们的历史责任。而现在黄山到处在搞水库、蓄水池，而且搞蓄水管道，这样大兴土木提高宾馆的品位、规格，都会破坏自然生态，破坏黄山的自然美，造成视觉污染，这都是非常严重的事情，如果这样继续下去，不立即停止，甚至撤除，那么黄山有被列入世界遗产濒危名录，甚至取消遗产称号的危险。

因此，在发展旅游经济的同时，应注重旅游规划，在规划与开发时应注重效益的评估，避免出现危害旅游地利益的情况。

（资料来源：李云霞等：《旅游学概论：理论与案例》，高等教育出版社2008年版）

案例思考题：

1. 结合案例，分析旅游开发与环境保护的关系。
2. 谈谈旅游规划在旅游开发中的重要意义。
3. 试举例说明我国目前的旅游规划存在哪些问题？

案例2

旅游业的发展对文化方面的影响

旅游业的发展能够促进旅游目的地社会经济的发展，并且能使旅游者增长见识，同时能使旅游目的地社会居民开阔眼界，了解外部世界，接受新鲜事物。在这一过程中，外来旅游者不可避免地会将自己的文化、价值观和生活方式带入旅游目的地，并通过其示范作用对当地的社会文化产生多方面的影响。这些影响有些是积极的，但众多人类学家和社会学家的有关研究结果表明，其中更多的是消极的部分。例如，东道社会中的价值观和生活方式可能会出现背离传统的畸变，当地文化被过度商品化，等等。这类变化对于那些原本以特色的民俗和地方社会风情民俗为基本旅游资源吸引旅游者来访的目的地将是致命的。它将会使这些目的地失去原有吸引力，失去其旅游业继续发展甚至维持生存的基础。

很多地区在旅游开发中常常不注重保护甚至摈弃珍贵的民族文化特色，忽视当地文化旅游资源特有的文化内涵和价值，古朴的民俗文化和民族风情往往受到过度商业化的侵蚀。如浙江普陀山旅游资源的灵魂在于佛教文化。但是自当地从20世纪80年代初开发旅游业以来，这一“海天佛国”圣地已经变成了拥有食、住、行、游、购、娱一条龙的综合性旅游城市，昔日“见屋皆寺庵，逢人尽僧尼”的宗教文化气氛已被今天喧嚣的商业气息所取代，以至于很多游客发出“此地不可不来，但不可再来”的感慨，使普陀山作为宗教文化圣地的形象受到了严重的损害，当地旅游业的长远发展也因此受到挑战。

还有一些地区为了发展旅游业，在开发民俗风情旅游的过程中，出现对纯朴民俗风情的亵渎和歪曲。有些过分夸大其词的渲染后，使旅游接待地区淳朴的民俗风情出现失真。例如，崇武惠安女的服饰本来具有深厚的民俗色彩和文化内涵，但经某些人为的肆意渲染后，竟然出现了诸如“节约衫，浪费裤”、“封建头，文明肚”等粗俗化的形容和描述，在很大程度上亵渎和歪曲了其原有的淳朴文化内涵。

（资料来源：李天元：《中国旅游可持续发展研究》，南京大学出版社 2004 年版）

案例思考题：

1. 结合案例，分析旅游业的发展对文化的影响。
2. 如何处理社会经济发展与文化保护、传承之间的关系？

案例 3

金融危机对我国旅游业的影响

2008 年下半年，美国次贷危机已全面爆发，不仅引发了全球金融动荡，而且开始对实体经济产生影响。随着股市暴跌和信贷收缩，投资者信心崩溃，许多发达国家和一些新兴市场国家纷纷陷入衰退，世界经济步入停滞甚至衰退的风险明显上升。金融危机及其所带来的经济衰退必然会对我国入境旅游收入、旅游企业投资和国内旅游消费产生不同程度的负面影响。

首先，入境旅游可能滑坡。我国入境旅游客源主要来自于中国香港、中国澳门、中国台湾和韩国、日本、俄罗斯等周边地区和国家。目前中国香港、中国台湾、韩国、日本等均已深受冲击，股市暴跌，经济放缓。此次金融危机，其破坏力的深度与广度都远远超过了 1997 年的亚洲金融风暴。作为我国第一大入境客源国，韩国的经济也受到显著影响——韩国财政部 10 月 6 日发表的一份报告说，此次金融危机可能使韩国 2008 年经济增长率降至 4.5% 以下（2008 年 2 月份就职的李明博政府在去年的竞选活动中表示要实现 7% 的经济增长率，但鉴于不利的经济形势，韩国政府不得不调低了目标）。我国第二大入境客源国——日本的景气指数也持续恶化，股市暴跌，经济下滑。在远程市场方面，我国入境客源的主体是“西方七国集团”中的美国、英国、德国、加拿大和法国等国。目前这些国家股市低迷，企业投资缺乏信心，私人消费普遍缩减。在此背景下，无论是公务旅游还是消遣旅游都将受到影响，而这会在一定程度上削弱奥运给我国旅游业带来的拉动效应，从而使得入境旅游增长放缓，甚至出现绝对量的减少。

其次，价格优势受到削弱。在国内经济持续衰退的情况下，美国政府大量发行美元借以刺激经济，从而导致美元大幅贬值。与此同时，金融危机使信贷紧缩问题严重危及欧洲，并拖累各国经济步入衰退，欧元、英镑贬值压力加大，人民币升值加速。根据中国外汇交易中心公布的数据，人民币兑英镑汇率中间价继8月14日首次升破1比13整数关口之后，于9月11日再破1比12关口，并在10月10日创出1比11.63的新高；人民币兑欧元也在不断升值，10月7日创出汇改以来的新高，达到1比9.328。此外，人民币兑日元、港元等其他货币也呈现不断升值态势。尽管我国的金融体系所受影响相对较小，但人民币对美元及其他货币的持续升值，将削弱我国入境旅游长期以来所保持的价格优势。

再次，国内旅游支出消减。一方面，金融危机加剧了我国A股市场的下滑，使投资者资产缩水，减弱了部分居民的实际购买力。有人称“中国的中产阶级几乎在股市中被一网打尽”，股市调整的财富“负效应”将前所未有地显现，旅游、汽车等以中产阶级为主体的消费热点必将随之降温。另一方面，金融危机存在的诸多不确定因素和潜在风险，也使得人们风险厌恶程度普遍上涨，对未来的就业状况和收入预期不甚乐观，当居民收入预期不佳时，首先压缩的就是旅游等非必需性消费。因此，国内旅游也会受到一定影响。

最后，旅游企业融资趋于困难。目前全球金融体系处于动荡之中，银行不良资产大幅上升，为避免风险，银行普遍惜贷。与此同时，金融危机使“华尔街模式”受到严峻挑战，暴露了现代金融业在产品创新和市场监管等方面存在的严重漏洞，有鉴于此，我国政府必然会进一步加强金融监管，紧缩银根。在宏观经济政策方面，为防止经济过快下滑和物价过快上涨，中央提出了“一保一控”的宏观调控政策，一“控”就决定了货币政策短期内不可能明显放松。即使不久前出台的“两率”下调，也仅仅是为了解决中小企业资金困难问题，对解决度假村、主题公园、旅游房地产等大型项目建设融资的影响极为有限。因此，受金融危机影响，此类企业融资将趋于困难。

总体来说，在消费方面，此次金融危机将给我国入境旅游和国内旅游带来一定的负面影响。具体到不同的行业和市场，其影响程度可能有所不同：就行业而言，酒店业、航空业受到的影响更大一些；就分层而言，定位于中、高端市场的企业所受影响更大，而低端市场所受影响相对较小；在投资方面，将导致大型旅游项目的融资更加困难。

尽管旅游业具有一定的恢复能力，但其敏感性有目共睹。从“9·11”、“SARS”到海啸、地震，皆是如此。一个值得注意的现象是，上述事件所影响的只是部分国家和地区，而且主要源于心理上的恐惧，而此番金融危机则是全球性的，而且主要是经济上的冲击。因此，相比前者而言，这一次金融危机给旅游业带来的负面影响也许会更加深刻、广泛和持久。

（资料来源：搜狐网）

案例思考题：

1. 结合实际，分析金融危机对旅游业的影响。
2. 如何提高旅游业的危机应对和防范能力？

案例4

两岸“大三通”将促进我国旅游市场发展

两岸“大三通”（通航、通邮、通商）的实现，除了对海峡两岸电子商务有巨大的促进作用外，对旅游业来说，也拓宽了市场。根据协议内容，以后海峡两岸将每天都有“直飞”的航班，这为我国旅游市场的发展带来了新的活力。

对商旅市场而言，“大三通”实现后，两岸的航班频率将增加至每周不超过108个往返班次，周末包机的航点城市也在原先5个城市的基础上又增加了16个。航班频率的提高和通航城市的增加为两岸的商务旅游往来奠定了良好的基础，能够促进两岸商务旅游往来的增多。

对个人旅游市场来说，两岸客运实现直航后，两岸间的旅游价格将会下降，从而吸引更多的两岸游客到对方城市旅游；另外两岸包机常态化，一方面为两岸居民的出行提供了方便，另一方面能够使旅游行程的安排更加灵活。

（资料来源：艾瑞网）

案例思考题：

1. 两岸“大三通”对我国旅游市场的发展会有哪些方面的影响？
2. 旅游企业应如何抓住两岸“大三通”的机遇，拓宽市场业务范围，促进旅游经济发展？

四、练习题参考答案

（一）名词解释

1. 现代旅游是人们为了特定的目的而离开他们通常的环境，前往某些地方并作短暂停留（不超过一年）的活动，其主要目的不是为了从访问地获得经济收益，也就是人们暂时离开居住地而到异地进行各种包含游览、度假在内的，有目的的全部活动的总称。

2. 现代旅游经济是以现代旅游活动为前提，以市场经济为基础，依托现代科学技术，反映旅游活动过程中旅游者和旅游经营者之间，进行经济交往的各种经济活动和经济关系的总和。

3. 旅行社是指依法成立并具有法人资格，在旅游经济活动中从事招徕、接待旅游者，组织旅游活动，获取经济收入，实行独立核算、自负盈亏的旅游企业。

4. 旅游饭店是为旅游者的活动提供旅游住宿、餐饮、娱乐和其他服务的企业。

5. 旅游景观是对旅游目的地的自然和人文旅游资源进行开发和建设，提供旅游者消费并满足旅游者需求的各种旅游景区景点的统称。

6. 旅游交通是现代旅游经济的重要组成部分。是因旅游需求而伴随着旅游全过程的交通路线、工具、设施以及服务的总和。

（二）判断题

1. × 2. √ 3. √ 4. × 5. × 6. √ 7. × 8. × 9. × 10. √

（三）单选题

1. A 2. C 3. B 4. D 5. C 6. D 7. A 8. A 9. B 10. A

（四）多项选择题

1. ABCD 2. ACD 3. ABCD 4. BCD

（五）简答题

1. 现代旅游活动发展成为旅游经济活动，并成为社会经济的重要组成部分，是现代科学技术进步、社会生产力水平提高和商品生产与交换长期发展的结果。因此，现代旅游经济是以现代旅游活动为前提，以商品经济为基础，依托现代科学技术，反映旅游活动过程中旅游者和旅游经营者之间，按照各自利益而发生经济交往所表现出来的各种经济活动和经济关系的总和。现代旅游经济作为社会经济的重要组成部分，具有以下主要的性质特征：

（1）现代旅游经济是旅游活动商品化的市场经济。

（2）现代旅游经济是以旅游服务为主的综合经济。

（3）现代旅游经济是一个相对独立的产业经济。

（4）现代旅游经济是以市场为基础的法制经济。

2. 现代旅游经济产业的形成是与社会化大生产的发展相适应的，而社会化大生产是现代各种产业部门形成和发展的前提条件。因此，掌握现代旅游经济的产业化标志必须了解产业部门的分类和形成机制。

根据现代经济学理论和国际标准产业分类规定，所谓产业部门是指国民经济内部按照一定的社会分工，专门从事同类经济活动的企业和事业单位的总称，如农业部门、工业部门、交通运输部门、商业部门和建筑部门等。每一产业部门内部又可以进一步划分为若干“子部门”，如工业部门内部可进一步划分为冶金、机械、电子、化工、纺织工业等部门。因此，在国民经济管理中，为了区别不同层次的部门，通常把较高层次的部门称为“产业部门”，如第一、第二、第三产业，农、工、商、建筑、交通五大产业部门；而把较低层次的部门称为“行业部门”，如机械行业、电子行业、纺织行业等。

现代产业部门的形成，是由于社会生产力水平提高而引起社会分工的必然结果。现代科学技术的进步和社会生产力的不断发展，促进了社会生产的分工专业化，而社会分工和专业化又促进社会生产向集中化、协作化和联合化发展，从而促使各种产业部门不断形成和发展。因此，社会分工引起产业部门形成和发展的机制主要是两方面：一方面，随着社会生产力发展而导致分工深化，促使个别分工日益普遍并逐渐独立为新的分工领域，从而形成新的产业部门，如工业是从农业中的个别分工基础上逐步发展而形成的独立产业部门，而商业又是在工业中的个别分工基础上分化成的新的产业部门；另一方面，由于现代科学技术的进步，使各种新技术、新材料、新工艺、新产品不断涌现和广泛应用，逐渐独立为新的分工领域而形成新的产业部门，如化学工业部门的形成是由于化学科技成果在生产领域中广泛应用的结果，而现代集成电路及微电子技术的广泛应用，则推动了现代计算机产业部门的迅速形成。

3. 现代旅游经济是国民经济的重要组成部分。现代旅游经济在国民经济中的地位如何，主要取决于旅游业的性质、发展规模及运行状况。

从现代旅游业的性质看，旅游业是一个以提供服务为主的综合性服务行业。

从现代旅游业的发展规模看，随着社会生产力的提高和社会经济的发展，旅游业在国民经济中日益占据重要地位。

从现代旅游业的运行状况看，旅游业不仅是一个“无烟工业”，符合当今世界经济发展的总潮流，与发展“绿色产业”相适应；而且旅游业还是一个“朝阳产业”。正展现着良好的发展势头。

综上所述，旅游经济在国民经济中占有越来越重要的地位，尤其是随着经济全球化、区域一体化的发展，旅游经济以其特有的开放性、全球性特征，必将在各国经济社会发展和世界经济发展中发挥更加重要的作用。

4. 现代旅游经济不仅在国民经济中占有重要地位，而且对国民经济的发展及促进以及对相关产业的带动、对经济结构的改善等都具有十分重要的作用，具体表现在以下几方面：

(1) 增加外汇收入。

(2) 加快货币回笼。

(3) 扩大就业机会。

（4）带动相关产业发展。

（5）积累建设资金。

（6）促进贫困地区脱贫致富。

5. 现代旅游经济对文化有以下积极影响：

（1）现代旅游经济与文化相互作用，相互影响。一方面，旅游经济活动中的各个过程及内容，无一不是与文化的接触，以至于有旅游就必然有文化，文化是旅游业发展的基础；另一方面，旅游活动是一种流动的活动，是一种文化与另一种文化的交流过程。随着旅游者的流动，就为不同的社会群体及民族文化的接触和交流创造了良好的条件，因而旅游经济的发展过程，也就是世界各个民族文化频繁交流的过程。

（2）现代旅游经济促进传统文化得到发掘和光大。

（3）现代旅游经济促使民族文化的个性更加突出。

（4）现代旅游经济促进了人类精神文明的进步。

但是，经济发展对文化也有一定的消极影响。一方面，随着大量旅游者的进入和外来文化的冲击，可能使旅游地优秀珍贵的民族文化发生蜕变、甚至消退，从而使民族文化的健康发展受到冲击；另一方面，适应旅游经济发展的要求，会使许多优秀文化的内容变成一种商业性的娱乐内容，从而失去其原有文化蕴涵的特色。

6. 现代旅游经济的发展呈现出以下方面的特点：

（1）现代旅游经济活动的大众性。

（2）现代旅游服务贸易的全球性。

（3）现代旅游经济运行的规范性。

（4）现代旅游经济发展的可持续性。

（5）现代旅游经济产业的敏感性。

（六）论述题

1. 现代旅游是随着近代产业革命的发生和资本主义市场经济制度的建立而逐渐形成的。尤其是18世纪的工业革命，以机器大工业代替了工场手工业，形成了以机器大工业为基础的社会化大生产，促使社会生产力得到了迅速的提高，促进了资本主义商品生产和交换的迅速发展，从而为现代旅游的形成和发展提供了物质技术基础、经济条件和产业条件。

（1）现代旅游形成的技术条件。18世纪的产业革命促进了生产手段，特别是轮船和火车等交通运输工具的改善，使社会化大生产的规模扩大、市场空间范围扩展；而以汽轮机为动力的轮船和火车的产生和应用，为人们进行有目的的、大规模、远距离的旅游活动提供了方便、快捷的交通条件。正是由于交通运输工具的技术革命和迅速发展，为现代旅游的形成提供了重要的物质技术基础条件。

（2）现代旅游形成的经济条件。产业革命还促进了资本主义制度的形成和发展，随着资本主义制度的形成和商品经济的发展，使资本主义社会生产力有了迅速的提高；而商品经济的繁荣兴旺和迅速发展，也使人们的生活水平不断改善和提高，从而为现代旅游的产生创造了大量的社会需求。于是，伴随着社会经济的迅速发展和人们可支配收入的增加，伴随着交通运输条件的不断改善和现代工厂化制度的建立，旅游活动逐渐成为人们物质文化生活的重要组成部分，从而为现代旅游的形成和发展提供了重要的需求前提和经济条件。

（3）现代旅游形成的产业条件。在产业革命为现代旅游的产生奠定物质技术基础，资本主义经济发展为现代旅游创造大量需求的同时，建立各种专门从事旅游服务的机构并提供相应的旅游供给服务，标志着现代旅游的形成。特别是1845年，英国的托马斯·库克成立了第一家包括提供食、住、行、游等旅游服务在内的旅行社，开创了有组织地提供旅游活动的各种专门性服务，为现代旅游的发展提供了重要的服务保障。以后，诸如旅行社、旅游饭店、旅游交通等各种以经营旅游业务为主的企业纷纷建立，各种旅游住宿、餐饮接待设施的不断建设和完善，逐渐形成以提供旅游服务为主的旅游产业部门，从而使现代旅游成为一种商品化的社会经济活动，成为现代社会经济活动的重要组成部分。

2. 现代旅游经济的产业化形成具有三个显著的特征。第一，旅游产业是派生的，是随着物质生产的发展和人民生活需要的扩大而逐渐从商业中派生出来的，其表面上虽仍属于服务业，但其经济活动的内容及范围已经超出服务业和商业的范畴。第二，随着现代旅游业的快速发展，旅游业已具有相对独立的、相对集中的旅游需求和供给，并形成独立的产品生产、市场结构和生产经营体系，形成了自己的主体部门和产业结构体系，具有独立的分工领域，具备了成为一个经济产业的基础。第三，旅游产业作为一个特殊的经济产业，已发展成为相对独立的经济产业，并且正日益成为社会经济发展中的重要产业。具体来讲，旅游经济的产业化标志主要体现在以下几方面：

（1）现代旅游消费需求的集中化。随着人们从注重物质生活的需求向更注重精神方面满足的转变，旅游活动越来越成为人们生活中必不可少的内容。据有关研究表明，随着人们收入水平的不断提高和生活条件的改善，人们对于休闲、娱乐、观光、游览、度假等旅游需求日益增长，从而为旅游经济的发展提供了广泛的市场需求。

（2）现代旅游生产供给的专业化。随着旅游消费需求的不断增长，旅游业逐渐从一般服务业中分化出来，形成以旅游经济活动为中心，根据旅游者需求，把多个企业和行业集合起来，向旅游者提供食、住、行、游、购、娱等综合性服务的新兴产业。而这些专门经营旅游产品和服务的企业，尤其是旅行社、旅游饭店和旅游交通，不仅对旅游产业的形成和发展具有十分重要的作用，而且成为现代旅游经济的三大支柱，标志着现代旅游经济的成熟。

（3）现代旅游经济运行的规范化。在市场经济条件下，旅游经济的运行实质上就是旅游者和旅游经营者之间的旅游产品交换过程，其包括旅游产品的购买与销售两个对立统一的活动过程。

3. 旅游与环境是紧密联系在一起的。从旅游的角度看，一方面任何旅游活动都离不开良好的环境，都是人类与周围环境进行物质和能量交换的过程，没有良好的环境就没有旅游活动；另一方面，旅游活动的开展有利于环境的保护，但若教育、管理滞后，也会带来一些对环境的消极影响。

（1）环境是人们开展旅游活动的重要条件。环境作为一种舒适性资源，是人们观光、游览、休闲等旅游活动的主要对象和客体，尤其是自然环境对人们的旅游活动具有重要的影响。人类的生存和发展中客观上存在着自然美，存在着人们对自然美的眷恋和追求。因此，环境成为有效开展旅游活动的必要条件，环境越优美，对旅游者的吸引力越强，旅游活动就越广泛地进行。

（2）旅游活动促使人们对环境进行保护和美化。旅游活动是以旅游资源为对象，以环境为条件的游览活动，除了旅游资源的特色与品位对旅游者有较强吸引力外，环境对旅游者的旅游动机及行为也有十分重要的激发和维持作用。通常，旅游者在旅游活动中，总是要追求优美的环境氛围和舒适的环境条件，而许多旅游景观特点也是由环境所决定的。因此，为了满足旅游者的旅游需求，为了适合旅游者的行为目的，为了开发出更多有特色的旅游景点，就促使旅游目的地国家和人民提高环境保护意识，重视生态环境平衡，注意旅游目的地、旅游景区和景点的美化，从而推动了环境保护活动的顺利开展。

（3）旅游开发促进人们加强对环境的保护。从环境保护角度看，旅游开发的实质就是利用优美的自然环境条件，按照人们视觉美感要求对旅游资源进行整修和提高，从而形成各种各样的风景区，满足人们的旅游需求。同时，对旅游资源的开发和旅游景区、景点的建设不仅要有科学、合理的规划、开发和管理，还必须加强对生态环境的保护。因此，随着旅游开发和旅游业的发展必然对环境保护产生积极的作用。但是，在看到旅游开发和旅游业发展对社会经济发展和环境保护的积极作用时，也不能忽视旅游开发和旅游业发展也会对生态环境产生消极影响，尤其是对旅游业的规划、旅游产品开发和旅游业管理不当，都会给生态环境及社会环境带来极为严重的消极影响。因此，现代旅游经济发展必须同保护环境协调起来。通过对环境的保护，为发展旅游业创造更好的条件；通过大力发展旅游经济，改善环境，提高环境的美感，从而把发展旅游经济和保护环境有机统一起来，达到既发展旅游经济，又保护环境的目的，真正实现现代旅游经济的可持续发展。

第2章　现代旅游产品与开发

一、学习指导

（一）总体要求

通过本章的学习和相关典型案例的学习及配套练习训练，要求学习和掌握作为现代旅游经济存在和发展基础的旅游产品的相关理论和知识体系，正确认识和理解现代旅游产品的概念，掌握现代旅游产品的内涵、经济性质和基本特点；熟悉旅游产品的一般构成、需求构成和供给构成；了解现代旅游产品的不同分类和方法；通过对旅游产品生命周期的分析，掌握旅游产品生命周期不同阶段的特点，以及旅游产品的开发原则、开发内容及开发策略，并能结合旅游业实际进行分析和运用。

（二）主要内容和知识点

1. 旅游产品的概念及特征

（1）旅游产品的概念主要有如下几种：

从旅游市场角度所定义的旅游产品，是指旅游者和旅游经营者在市场上交换的、主要用于旅游活动中所消费的各种物质产品和服务的总和；从旅游者角度所定义的旅游产品，是指旅游者花费一定的时间、精力和费用所获得的一段旅游经历和感受；从旅游经营者角度所定义的旅游产品，是指旅游经营者凭借一定的旅游资源、旅游设施和其他媒体，向旅游者提供的、以满足旅游者需求的各式各样的物质产品和劳务的总和。

国内外文献目前对旅游产品的定义大致有三种不同的代表性观点：经历说定义、交换说定义和组合说定义。

（2）旅游产品的经济性质。

旅游产品具有一般商品所具有的基本属性，也是使用价值与价值的统一。旅游产品价值量的确定主要以质量为标准，旅游产品价值量的确定具有垄断性，旅游产品的价值量随旅游产品组合而变化。

（3）旅游产品的基本特点。

旅游产品的基本特点包括旅游产品的综合性；旅游产品的无形性；旅游产品的同一性；旅游产品的依赖性；旅游产品的固定性；旅游产品的敏感性。

2. 旅游产品的构成

（1）旅游产品的一般构成。

根据现代市场营销理论，旅游产品的一般构成由以下三部分组成：

旅游产品的核心部分，通常是指旅游吸引物和旅游服务，是满足旅游者从事旅游活动最基本的需要，也是整个旅游产品的基本部分。

旅游产品的形式部分，通常是指旅游产品的载体、质量、特色、风格、声誉及组合方式等，是旅游产品核心价值部分向满足人们生理或心理需求转化的部分，属于旅游产品向市场提供的物质产品和劳务的具体内容。

旅游产品的延伸部分，是指旅游者购买旅游产品时获得的优惠条件、付款条件及旅游产品的推销方式等，是旅游者进行旅游活动时所得到的各种附加利益的总和。

（2）旅游产品的需求构成。

旅游产品按旅游者的需求偏好分析，可分为游览观光旅游产品、休闲度假旅游产品、特种旅游产品；按旅游者的需求程度分析，可分为基本旅游产品和非基本旅游产品；按旅游者的消费内容分析，旅游产品主要由食、住、行、游、购、娱等组成。

（3）旅游产品的供给构成。

从旅游供给角度，旅游产品由以下几部分构成：

旅游资源是指在自然和人类社会中一切能够吸引旅游者进行旅游活动，并为旅游业所利用而产生经济、社会、生态效益的事物。

旅游设施是实现旅游活动必须具备的各种设施、设备和相关的物质条件，也是构成旅游产品的必备要素。

旅游服务是指旅游经营者向旅游者提供的各种各样的接待、导游等服务。

旅游购物品是指旅游者在旅游活动中所购买的，对旅游者具有实用性、纪念性、礼品性的各种物质形态的商品。

旅游便捷性是指旅游者进入旅游地的难易程度和时效标准。

3. 旅游产品的类型

（1）按旅游产品的组合形式分类：

观光旅游产品是指以观赏、游览自然风光、名胜古迹等为目的的旅游产品。

度假旅游产品是指旅游者利用假期进行休养和消遣的旅游方式。

文化旅游产品是指包括学习、研究及以了解异国他乡文化为目的的旅游产品。

公务旅游产品是指人们以出差、参加会议、经营洽谈、商务活动或交流信息等为目的的旅游活动。

生态旅游产品是指以注重生态环境为基础的旅游。

(2) 按旅游产品的基本功能分类：

康体旅游产品是指能够使旅游者身体素质和体能得到不同程度改善的旅游活动。

享受旅游产品是指随着人们物质生活水平的提高，为满足人们物质和精神上的享受而提供的旅游产品。

探险旅游产品是指旅游者从未见过、听过或经历过，既标新立异又使人特别兴奋或惊心动魄的旅游活动。

特种旅游产品是指旅游者在外出旅游的同时，把学习和探求专业知识、技能作为旅游的主要目的的旅游产品。

(3) 按旅游产品的开发程度分类：

全新旅游产品是指为了满足旅游者新的需求，运用新技术、新方法、新手段或对新的旅游资源进行创新开发而形成的旅游产品。

换代旅游产品是指对现有旅游产品进行较大的改造而形成的旅游产品。

改进旅游产品是指对原来的旅游产品通过局部的改变或添加部分内容以增强旅游产品的吸引力，从而巩固和拓展客源市场。

(4) 按旅游产品的销售方式分类：

团体包价旅游产品、散客包价旅游产品、自助旅游产品。

4. 旅游产品的开发

(1) 旅游产品的生命周期。

旅游产品的生命周期是指一个旅游产品从进入市场到最后退出市场的全部过程。这一周期包括以下四个阶段：

旅游产品的推出期是指各种新的旅游景点、旅游饭店、旅游娱乐设施建成后，与旅游服务组合成新的旅游线路并正式推向旅游市场。

旅游产品的成长期是指旅游景点、旅游设施及旅游地开发粗具规模，旅游服务逐步配套，使旅游产品基本定型并形成一定的特色。

旅游产品的成熟期是指旅游市场上的潜在顾客逐步减少，大多数旅游者属于重复性购买，市场需求量已达饱和状态，旅游产品的销售额达到最高点，增长幅度越来越小，趋于零或略有下降。

旅游产品的衰退期是指旅游产品进入更新换代阶段，大多数旅游产品销售增长率日益下降，价格不断下跌而使利润迅速减少，甚至出现亏损。

（2）旅游产品开发的原则。

市场导向原则，以旅游市场需求作为旅游产品开发的出发点。

效益观念原则，在讲求经济效益的同时，讲求社会效益和环境效益，谋求综合效益的提高。

产品形象原则，根据市场需求进行开发、加工和再创造，树立良好的旅游产品形象。

可持续发展原则，科学论证，制订科学、合理、超前及可持续发展的规划。

（3）现代旅游产品开发的内容。

单项旅游产品开发、组合旅游产品开发、旅游目的地产品开发。

（4）现代旅游产品开发的策略。

市场型组合策略，是针对某一特定旅游市场而提供其所需要的产品。

产品型组合策略，是指以某一种类型的旅游产品去满足多个目标旅游市场的同一类需求。

市场—产品型组合策略，是指旅游企业开发、经营多种旅游产品，并推向多个不同的旅游市场。

（三）重点与难点

1. 教学重点

现代旅游产品的概念、内涵、经济性质和基本特点；旅游产品的一般构成、需求构成和供给构成；现代旅游产品的不同分类和方法；旅游产品生命周期不同阶段的特点，以及旅游产品的开发原则、开发内容及开发策略。

2. 教学难点

旅游产品的经济性质和基本特点；旅游产品的开发原则、开发内容及开发策略。

二、练习题

（一）名词解释

1. 单项旅游产品
2. 组合旅游产品
3. 整体旅游产品
4. 旅游资源
5. 旅游购物品
6. 旅游服务
7. 旅游设施

8. 旅游地开发

9. 旅游线路开发

10. 旅游产品生命周期

（二）判断题

1. 旅游产品的深层开发对旅游市场的需求的满足较多地依赖于有形产品的开发，也就是不断提高旅游服务的质量和水平。（ ）

2. 现代旅游活动是一种综合性的社会经济活动，其要满足旅游者物质和精神等多方面的需求，从而要求旅游产品的内涵也必须是丰富多样的。（ ）

3. 旅游产品可以先生产后消费。（ ）

4. 游览、娱乐和购物存在着一定的消费极限，增加消费的途径是提高质量、增加服务内容和多档次经营；饮食、住宿和交通的消费弹性较大，增加消费的方式是增加消费数量和消费项目。（ ）

5. 基础设施不直接对旅游者提供服务，因而不包括在旅游产品的供给构成里面。（ ）

6. 海滨旅游是一种典型的观光旅游产品。（ ）

（三）单项选择题

1. （ ），主要指旅游者在旅游活动中，所购买和消费的有关住宿、餐饮、交通、游览、娱乐等内容的物质产品和服务

A. 单项旅游产品　　B. 组合旅游产品

C. 整体旅游产品　　D. 现代旅游产品

2. 旅游产品的价值是由转移价值、补偿价值和剩余价值所组成（$C+V+m$），其中（ ）是旅游产品的新增价值

A. $C+m$　　B. $V+m$　　C. $C+V$　　D. V

3. （ ）是旅游产品的核心，因而其质量的好坏直接影响旅游产品价值的实现

A. 旅游资源　　B. 旅游设施　　C. 旅游服务　　D. 旅游购物品

4. 现代旅游产品具有生产与消费的高度（ ），即旅游者必须进入旅游目的地后，旅游产品才开始生产，旅游消费也同时进行。一旦旅游者离开旅游目的地，则旅游生产与消费也立即终止

A. 综合性　　B. 无形性　　C. 依赖性　　D. 同一性

5. 购买旅游产品时所获得的优惠条件、付款条件等属于旅游产品的（ ）

A. 核心部分　　B. 形式部分　　C. 延伸部分　　D. 关键部分

6. （ ）是旅游业赖以存在和发展的基础

A. 旅游资源　　B. 旅游便捷性　　C. 旅游产品　　D. 旅游购物品

7. 按照旅游产品的基本功能划分，工业旅游属于（ ）产品的范畴

A. 康体旅游　B. 享受旅游　C. 探险旅游　D. 特种旅游

8. 按照旅游产品的形式划分，宗教旅游属于（ ）产品的范畴。

A. 观光旅游　B. 度假旅游　C. 文化旅游　D. 生态旅游

9. 在旅游产品的（ ），市场上一般还没有同行竞争，企业销售水平低，利润极少，甚至亏损

A. 推出期　B. 成长期　C. 成熟期　D. 衰退期

10. （ ），是指以某一种类型的旅游产品去满足多个目标旅游市场的同一类需求

A. 市场型组合策略　B. 产品型组合策略

C. 市场—产品型组合策略　D. 资源型组合策略

（四）多项选择题

1. 根据旅游市场中旅游者和经营者所交换的情况，现代旅游产品包括（ ）

A. 单项旅游产品　B. 基本旅游产品

C. 整体旅游产品　D. 组合旅游产品

E. 非基本旅游产品

2. 旅游产品的价值是由（ ）组成

A. 转移价值　B. 新增价值　C. 剩余价值　D. 使用价值

E. 补偿价值

3. 以下属于旅游产品的形式部分的有（ ）

A. 旅游服务　B. 文物古迹

C. 旅游产品的特色风格　D. 旅游产品组合方式

E. 旅游产品购买优惠条件

4. 旅游吸引物按属性可划分为（ ）等类型

A. 自然旅游吸引物　B. 人文旅游吸引物

C. 特产旅游吸引物　D. 社会旅游吸引物

E. 民族节庆旅游吸引物

（五）简答题

1. 简述旅游产品的概念及其特征。

2. 简要说明旅游产品的构成。

3. 简要说明旅游产品分类方法及其类型。

4. 结合实际说说旅游产品开发的原则有哪些？

5. 旅游产品开发的策略有哪些？

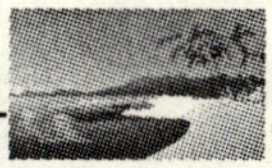

（六）论述题

1. 试论旅游产品生命周期及不同生命周期阶段的特点。

2. 试论旅游产品的经济价值及其产品价值量的确定。

三、经典案例

案例 1

近代旅行代理业的产生折射出旅游产品的最初形态

什么是旅游产品？我们可以通过近代旅行代理业的产生来认识旅游产品的最初形态。

在旅游史前期，那些开创旅行历史先河的早期探险者、传教士、朝圣者和商人在外出旅行时是没有什么人帮助他们克服旅途中的种种困难的，也没有媒体为他们提供相关的信息，一切要靠自己的勇气、智慧和信心，这个时期没有旅游产品的存在。

19 世纪的产业革命带来了社会经济的繁荣，加之铁路的廉价运费，使更多的人开始有能力支付旅行费用。长期劳资斗争的结果，也使得某些传统假日带薪休假的权利最终得以确认。所有这一切为更多的人外出旅行提供了机会，用经济学的语言来说就是市场出现了潜在的获利机会。这种潜在的获利机会向市场发出“信号”：这些有外出旅行动机的潜在消费者需要有人为其提供专业化的旅行服务。正是在这样的背景下，一批具有创新意识的革新者很快就意识到了旅行服务的重要性，开始创办旅行社。英国人托马斯·库克（Thomas Cook）就是其中的典型代表之一。

1841 年 7 月 5 日，托马斯·库克采用包租火车的方式成功组织了一次从英国的莱斯特前往拉夫伯勒的团体旅行。参加这次旅行活动的人数达 570 人之多，每人交 1 个先令，往返全程 24 英里，除交通费以外，还包括乐队演奏赞歌和一次野外午餐及午后茶点，旅行团的目的是参加该地举行的一次禁酒大会。这次旅行活动由于具备以下特点被认为是近代旅游的开端：第一，这次活动的参加者来自各行各业，具有规模性和较为广泛的公众性；第二，托马斯·库克本人不仅发起、筹备和组织这一活动，而且自始至终随团陪同照顾，这是现代旅行社全程陪同的最早体现；第三，组织这个旅游团体虽然在当时是非商业性的，旅游目的也是非观光消遣性的，但却为托马斯·库克正式创立专门的旅行代理机构打下了基础。1845 年，托马斯·库克以企业家的眼光看到了产业革命后旅游需求发展变化的新趋势，正式开办了商业性的旅行代理业务。当年夏季，托马斯·库克首次组织团体消遣旅游。这次旅游是从莱斯特出发，最终目的地是利物浦，参加人数350人。与1841年的那次团体旅行相比，本次活动由于具有以下特点而标志着近代旅行社业务的正式开始：第一，组织这次活动不再是过去的“业余活动”，而是纯粹商业性的活动；第二，此前托马斯·库克组织的旅游活动都是当日往返的一日游，而这一次则是在外过夜数天的长途旅游；第三，库克在这次活动前沿途做了大量的考察，并预先确定了参观游览的地点和入住的廉价饭店，首创了低价的团体旅行；第四，库克为这次旅游专门编写并出版了《利物浦之行手册》；第五，库克本人不仅担任了旅行团的陪同和导游，而且在沿途一些地方还另外聘请了一些地方导游。分析以上活动，我们可以发现现代包价旅游产品的雏形。

在组织国际、国内各类旅游经营活动的过程中，托马斯·库克的专业经验得到越来越多的积累，托马斯·库克于1865年正式在伦敦开设了“托马斯·库克父子公司”，标志着世界上第一个以盈利为目的，向普通公众提供专门化旅游服务的机构正式成立。

（资料来源：杜江、戴斌：《旅行社管理比较研究》，旅游教育出版社2006年版。）

案例思考题：

1. 结合本案例说说你对旅游产品的理解和认识。
2. 结合本案例分析旅游产品的构成（一般构成、消费构成、供给构成）。
3. 结合本案例分析旅游产品的开发原则和开发策略。

案例 2

胡同里的老北京

1992年以前，凡到北京旅游的海外旅游者都被带往长城、故宫、颐和园、天坛等景点，谁也没有想到那迂回曲折的古老胡同对欧美旅游者竟有这么大的吸引力。

早在1989年，专职摄影师徐勇拍摄了一系列以胡同为题材的作品并编辑成册，出版了《胡同一百零一》这本摄影集。许多外国人被照片中胡同的文化氛围深深感染，对胡同产生了浓厚的兴趣。徐勇本人也被请去向他们介绍胡同的更多细节。一日，徐勇陪同来自英国的几位游客在胡同游览，他看到外国游客极希望从胡同了解中国的古老文化，这一切启发了他的灵感：我可以成立一家公司，以旅游的形式，帮助外国人了解胡同这种代表老百姓，反映百姓生活的文化。

首先，徐勇对胡同游的景点进行了认真的选择。北京什刹海地区成了最终目标：这里的胡同迂回曲折，闹中有静，又比邻碧波荡漾的什刹海，其间又有名人故居、帝王花园点缀；这里众多的四合院被砖墙包围，自成一道亮丽的风景；与前两处风景形成对比的是附近的贵族大宅院——恭王府，在这里游客可以在戏楼里看戏，进一步体会中国文化的底蕴。舒适的环境和有节奏的韵律变化使人可以尽情领略独特风采。

其次，选择了具有老北京特色的交通工具——人力三轮车。徐勇没有考虑选择展现北京现代特点的旅游车或小型汽车，出人意料地选择了人力三轮车，三轮车轻巧、流动性强，可以营造独具一格的乘坐体验，与胡同游形成绝好的搭配，选择的人力车夫也十分具有中国特点：朴实、稳重、友善。

最后，徐勇创建的北京胡同旅游公司打出“不去胡同，不知北京”，“到胡同去，了解老北京，理解新北京”的响亮广告语，该广告语已为常住北京的数千海外人士所熟知。

公司自创建至今，接待了近 34 万游客，他们中有政府首脑、美中关系协会主席、比尔·盖茨等。公司还接受了英国广播公司（BBC），德国电视台的采访。胡同旅游产品瞄准欧美旅游者，充分利用西方人对中国文化的好奇心，打破了几十年来外国人在北京旅游以帝王生活为中心的模式，将游客带入寻常百姓家，成功地迎合了西方人了解中国文化的猎奇心理，取得了巨大的成功。胡同旅游产品的成功还在于深入挖掘旅游吸引物的文化内涵，打造旅游产品独特的文化魅力。北京胡同游旅游产品运用逆向思维，当大多数人把注意力放在与古代帝王有关的建筑、生活与文化上时，徐勇却把自己的关注点集中在表现平民生活的胡同上。胡同旅游产品与众不同，唯我独有，选择了正确的目标市场，它的成功就在意料之中了。

（资料来源：沈祖祥：《世界著名旅游策划实战案例》，河南人民出版社 2004 年版）

案例思考题：

1. 试分析“胡同游”旅游产品取得市场成功的原因是什么？

2. 结合本案例分析旅游产品开发的原则和策略。

3. 本案例的“胡同游”旅游产品是什么类型的旅游产品，结合本案例分析开发这种类型旅游产品的要点是什么？

案例3

打造旅游产品的内核——旅游体验

旅游体验是旅游活动最本质的特征。围绕如何打造旅游者独特的旅游体验，旅游专家匠心独运，策划了异彩纷呈的体验式旅游产品，以下几个实例是该类旅游产品的典型代表：

湖南衡山“做一天和尚念一天经”的宗教文化体验游。宗教具有神圣的感召力、神秘的吸引力和神奇的诱惑力，因其强烈的新奇感而吸引着无数的旅游者。旅游策划专家刘汉洪等为南岳衡山策划了“做一天和尚念一天经”或“做几天和尚撞几天钟”的宗教文化旅游产品。例如：为突出文化旅游的参与性、知识性、神秘性，游客可以到驰名中外的衡山南台寺聆听高僧大师讲经，同僧侣一道做晚课，到寺庙餐馆品尝久负盛誉的“南岳佛菜”，体验静心凝神的暮鼓晨钟，亲身体验一番“出家”的滋味。组织者同时在南岳大庙组织佛教、道教音乐和宗教仪式表演。通过特别的视、听、品、做等行为打造不一样的宗教旅游体验，让游客印象深刻。

“住网师别院，做苏州名士”的专题旅游产品。网师园作为古典园林中的“小园极则”，精致小巧，处处皆可入画。网师园逐步对其旅游产品进行更新换代，丰富其传统古典园林观光旅游产品，推出各种主题文化体验产品，满足现代人多样化的旅游需求。“住网师别院，做苏州名士”产品的基本内容是：建设带有浓郁苏州风格并与网师园总体氛围相协调的传统民居，独门别院，可以出租给有兴趣的人来此小住度假。园中活动按照过去苏州名士在园林中的生活内容和文化线索来编组，以古代名士所崇尚的“渔樵耕读，琴棋书画”为主题，区内设立各项与网师园文化内涵相协调的高品位文化休闲活动场所，如学习和了解中国的非物质文化遗产——昆剧的“昆剧传习所”，学习中国传统书法绘画艺术的“丹青养气斋”，学习中国传统音乐的“山水知音室”，以围棋为主要活动内容的“坐隐手谈苑”，针对度假家庭小孩的“木雕工艺场”。同时开辟道路与网师园花圃直接相通，在花圃开辟园艺场，让游客参加种花、锄草、整地、浇水等园艺活动，达到园艺健身的目的。区内定时播放《渔舟唱晚》等古乐，以增加其浓郁的文化氛围。

“红色瑞金”文化体验旅游产品。北京绿维创景规划设计院用情境化体验模式，打造“红色瑞金”旅游产品，成为该设计院的经典旅游产品设计案例之一。“当一天红军、过一天苏区生活”是该产品的响亮口号。红军村是典型的红色原生态情境体验村，设红小鬼哨卡，坐畜力车，使用革命语言，使用红军路条，用红军钱币，用红军小号和敲钟来报时，穿红军服装，扮演成各种革命角色，经历红色革命情景，还可以将这段难忘之旅拍摄制作成光盘留念。全部居民及服务人员穿着红军装及中式旧服装。旅游项目主要包括：（1）红军训练场：大型土草坪军事训练场，设点兵台，设部分军训设施，游客在此可以体验打靶、刺刀、掷手榴弹等军事项目；也可作为省内大中学生的军训基地。（2）警卫营：为一民居改造的红军营房。（3）司令部：由大地图，指挥所通讯、会议室等构成，有五次反围剿的展示。（4）红军学校：由标语、黑板报、壁报、简陋课桌等构成，有红军课程表。（5）红军食堂：长板凳、长桌子、标语等构成，有红军食谱。（6）军民鱼水池：将某池塘改建为鱼池，池中放养大量红色鲤鱼；寓民为水、军为鱼、军民鱼水一家亲之意，游客可购买鱼食喂鱼和观鱼。（7）宗祠大戏台：新建或搬迁一家大型宗祠作为客家文化陈列及客家人参加支持红军的展览。（8）炮兵营：安排老式大炮、小炮、土炮等展示，举办关于中国炮兵的寻根展览，设计可以实际操作的现代高射炮等参与性游乐项目。（9）阵地：由壕沟、碉堡、断墙、地道等共同构成，设立野战游戏场。（10）医院：为红军医院恢复，设野战医院游戏。（11）红军兵工厂：恢复红军武器制造军工厂，通过铸模、木刻等工艺，游客可参与旧式手枪、步枪、手榴弹、土雷等的DIY制作，并可作为纪念品留念。（12）苏区红军生活体验基地（党政机关干部吃苦教育培训基地）：客源以党政机关干部为主，其他普通游客也可参加。游客在此基地可参加短期苏区红军生活体验项目，恢复苏区红军生活方式，以粗茶淡饭、自耕自织、农活、旧址前或旧址内的纺线体验、军训、帮老乡收割庄稼为主，意在培养党政机关干部的艰苦奋斗和廉政为民精神。（13）若干民居：利用现有四分之一的民居作为民俗文化展示和茶坊、小吃、商铺等小型游乐场所。（14）水车：在池塘边放置小水车等情趣化小品。（15）中央工农戏剧社和工农红军学校俱乐部：仿照原物比例和建筑形式，修建中央工农戏剧社和工农红军学校俱乐部。以古樟树、竹林、绿地等自然环境为背景，演出红色原生态歌舞和红色戏剧。

（资料来源：沈祖祥《世界著名旅游策划实战案例》，河南人民出版社2004年版；王衍用、曹诗图《旅游策划理论与实务》，北京大学出版社2008年版；北京绿维创景规划设计院）

案例思考题：

1. 结合本案例试从旅游消费者角度分析旅游产品的含义。

2. 结合本案例说说你对旅游体验内涵的理解和认识。

3. 通过以上案例，结合旅游产品开发的相关原理，试述如何打造旅游者的独特旅游体验。

案例4

澳大利亚葡萄酒旅游产品深度开发

伴随着全球农业产业化发展趋势，农业旅游（乡村旅游）应运而生，发展势头强劲。澳大利亚是世界著名的旅游发展强国，也是世界上开展农业旅游最早、最成功的国家之一。其开发的葡萄酒旅游产品吸引了大量世界各地的游客，为地区带来了巨大的综合效益。澳大利亚在葡萄酒旅游产品开发不仅充分依托自身的葡萄酒特色资源优势，而且深度挖掘葡萄酒文化底蕴，开发了许多具有差异性、创新性的特色产品项目。葡萄酒旅游产品作为澳大利亚吸引国际游客的市场亮点与卖点，取得了良好的市场效果。

1. 葡萄酒科技旅游产品

葡萄酒科技旅游指以葡萄酒工业厂区、农业园区的各种科技旅游资源（例如酒厂布局、生产设备、罐装线等）为吸引物，以满足旅游者增长知识、开拓视野、丰富阅历等旅游需求为目的，融参观、考察、学习、娱乐、购物等活动于一体的一种专项旅游。2004 年澳大利亚共有 1 798 家酿酒厂，其中 78% 涉及旅游业务；酒厂普遍对公众开放，通过向公众展示其高新技术设备及产品、现代化生产流程、高效的经营管理模式，以树立企业品牌形象，具有代表性的知名葡萄酒厂有 Southcorp、Tyrells、McWilliams、Rosemount、Rothebury 等。开发的具体旅游项目包括：组织游客深入生产一线参观葡萄酒厂现代化的生产设备，例如罐装车间、库房、储藏运输罐；观看葡萄酒酿造工艺生产线，了解葡萄酒制作的全部过程，从葡萄的接收与处理、发酵、勾兑酒的澄清、过滤等具体生产流程；各种品牌、不同年代葡萄酒样品的展览与品尝；等等。

2. 葡萄酒体验旅游产品

葡萄酒体验旅游指以乡村葡萄资源为旅游吸引物，以形式多样的参与性旅游活动为主要内容，以满足游客休闲娱乐、身心健康、自我发展等需求的旅游形式。葡萄酒体验旅游在产品特色上更加强调形式的创新、互动以及知识性。澳大利亚的许多庄园将当地的葡萄资源优势与旅游有机结合，策划开发出了许多融参与、知识、娱乐于一体的特色旅游项目。每年有数百万游客到澳大利亚远离城市的偏远酒庄，住进条件简陋的农舍，品尝葡萄酒产地的特色饮食，欣赏诗情画意的田园风光，参观各种具有特色的农业生产设施；旅游者可以自由参观园内的葡萄作物；参与各种农业健身运动，例如用机械或手工采摘葡萄，用简单的酿酒工具自酿葡萄酒；品尝甜美的葡萄和葡萄酒，还可以学习品酒知识；葡萄酒浴则是美容健身的特色项目；专人授课的农场学校能够让游客在轻松舒适的学习环境中学到很多葡萄及葡萄酒知识。

3. 葡萄酒节庆旅游产品

葡萄酒节庆旅游指以各种葡萄酒主题节庆活动为核心旅游吸引物的一种特殊旅游形式。在澳大利亚的主要葡萄产地，葡萄收获季节和葡萄酒装瓶的日子都是当地重要的节日。在葡萄酒节期间，政府和商家会策划举办一系列的庆祝活动、旅游活动以吸引游客，扩大地区知名度。例如举办集文化展示、产品推介、销售于一体的葡萄酒会、品酒会、评酒会和传统歌舞表演、音乐、佳肴、烟火等大型庆祝活动。澳大利亚最著名的葡萄酒节是每年 2 月在玛格丽特河区卢因葡萄酒庄园举办的卢因音乐节。

4. 葡萄酒文化旅游产品

葡萄酒文化旅游是以葡萄酒文化、葡萄酒历史、葡萄酒产地的地域民族风情为主题的旅游产品形式。在澳大利亚，很多葡萄酒产地和葡萄庄园都建有葡萄酒博物馆。参观者可以通过观看文字材料、图表图片、工具器皿以及品尝不同品牌的陈年酒和新酿酒来感受葡萄酒酿制文化发展，了解酿酒、葡萄种植历史以及地域历史文化的演绎。在葡萄庄园，星级酒店往往是古建筑式样的民居；葡萄酒专卖店、酒吧、餐馆在店内装饰、服务礼仪、员工服饰等方面都极具地域特色和文化内涵；游客在品尝美酒、美食的过程中可以聆听当地酒窖典故和奇闻趣事。总之，丰富多彩的葡萄酒文化旅游产品不仅丰富了澳大利亚的旅游产品类型，提升了产品附加值，而且满足了旅游者高层次的文化旅游需求。

（资料来源：中国葡萄酒旅游网）

案例思考题：

1. 结合本案例分析旅游产品的类型及其主要特征。
2. 结合本案例分析旅游产品开发的原则和主要策略。
3. 本案例所述澳大利亚葡萄酒旅游产品的亮点是什么，试结合旅游经济学有关理论进行分析。

案例 5

见微知著——以旅游线路透视旅游产品

旅游线路是旅游产品最主要的表现形式，通过对旅游线路的解读，我们可以对旅游产品的诸多特性形成更为深刻的认识，以下旅游线路是云南滇西北旅游路线中的经典旅游线路之一。

大理、丽江、香格里拉、泸沽湖经典双卧九日游

[行程特色]

独立成团，保证您的游览时间，少进购物点或者不进店；按贵宾 VIP 的标准接待，保证您的云南之旅游览质量。

[行程安排]

第 1 天

抵达城市：昆明

交通：火车卧铺

住宿：空调火车卧铺

行程安排：昆明机场或者火车站接团，然后往公司签订旅游合同。晚上乘空调火车卧铺赴大理。(注：由于本条线路是云南高品质旅游，到昆明后我们将根据您的需要赠送云南各地的旅游地图，还有精美的旅游包、旅游帽)

第 2 天

抵达城市：大理

交通：空调专车

用餐：早、中、晚

住宿：大理最好三星级酒店

行程安排：大理一日游（洱海、苍山、三塔、蝴蝶泉)。早餐后乘船游洱海(不含船上包厢费用)，在船上品大理正宗白族“一苦二甜三回味”的三道茶，观白族歌舞表演，远观具有“西南览胜无双的苍洱驰名第一山”之称的苍山。游览大理名胜蝴蝶泉。参观古代南方丝绸之路的门户——大理古城及独具特色的洋人街，城周苍山带雪，洱海如玉，景色绝佳。最后参观大理标志性景点——崇圣寺三塔。

第 3 天

抵达城市：丽江

交通：空调专车

用餐：早、中、晚

住宿：丽江官房酒店别墅 B 区

行程安排：丽江古城半日游。早餐后乘车前往丽江（180KM，3 小时车程)，游览世界历史文化遗产大研古镇，古镇街区居民建筑多为“三坊一照壁、四合五天井”的传统布局。三条从玉龙雪山流下的清溪穿城而过，给古城带来勃勃生机。

第 4 天

抵达城市：香格里拉

交通：空调专车

用餐：早、中、晚

住宿：香格里拉最好三星级酒店

行程安排：香格里拉、长江第一湾、虎跳峡。早餐后乘车至香格里拉（180KM，约5小时车程）。途中参观长江第一湾以及天下第一奇峡虎跳峡。游览当地最大的草原纳帕海（国家一级保护动物黑颈鹤的栖息地）。游览月光古城。

第5天

抵达城市：丽江

交通：空调专车回丽江

用餐：早、中、晚

住宿：丽江官房酒店别墅B区

行程安排：碧塔海、属都湖、霞给民族文化村。早餐后普达措国家森林公园一日游（碧塔海、属都湖、霞给民族文化村）。碧塔海，位于香格里拉县城东25公里处，四周群山环抱，林木苍翠，雪峰连绵；它由雪山溪流汇聚而成，湖水碧蓝，雪山树影倒映湖中，清丽醉人。湖四周生长着浓密的杜鹃花林，每年杜鹃花开的季节，花瓣落入湖水，被鱼误食，不时一条条被醉倒，白色鱼肚皮飘浮在杜鹃花之中，随波荡漾，形成“杜鹃醉鱼”的奇观。属都湖，湖水清澈透亮、气势壮观，四周青山郁郁，原始森林遮天蔽日。湖东面是成片的白桦林，秋天一片金黄。山中云杉、冷杉高大挺拔，直指云宵，树冠浓绿繁密，可遮风避雨。林中栖息着麝、熊、藏马鸡、猞猁等多种珍禽异兽。

第6天

抵达城市：宁蒗

交通：空调专车

用餐：早、中、晚

住宿：泸沽湖特色酒店

行程安排：泸沽湖。早餐后乘旅游专车前往高原湖泊——泸沽湖（约5小时车程），晚上同当地摩梭人进行篝火晚会。

第7天

行程安排：泸沽湖、丽江。乘船游览泸沽湖。泸沽湖清澈宁静，自然脱俗，湖畔为摩梭人聚居区。当地保留有传统的母系社会生活方式，其独特的“阿注”（意为“朋友”或“伴侣”）走婚习俗为国内各民族所少见。拜访当地摩梭人，了解摩梭人的风土人情。后乘车返丽江（约6小时车程）参加篝火晚会。

第8天

抵达城市：丽江

交通：空调专车

用餐：早、中、晚

住宿：空调火车卧铺

行程安排：乘云杉坪索道（海拔3 200米）观赏终年积雪不化的玉龙雪山，沿途游览雪山脚下的牧场甘海子及有“仙人遗田”美称的白水台，晚乘火车回昆明。

第9天

抵达城市：昆明

行程安排：早到昆明火车站，由您自己回温暖的家，结束愉快行程！

[费用包含]

1. 双程空调旅游专列火车卧铺、豪华空调旅游汽车。

2. 大理最好三星级酒店标准间、丽江官房酒店别墅区B区住宿、香格里拉最好三星级酒店住宿、泸沽湖特色酒店住宿。

3. 正餐7早14正，赠送大理一个风味餐，丽江一个风味餐。

4. 景点门票。

5. 签订云南省标准旅游合同。

（资料来源：云南康辉旅行社旅游线路资料）

案例思考题：

1. 结合本案例分析旅游产品的构成和特征。

2. 运用旅游产品生命周期理论分析普通观光型旅游产品所处的生命周期及其特点。

3. 结合旅游经济学相关理论，试分析云南旅游产品的主要类型及其优缺点。

四、练习题参考答案

（一）名词解释

1. 单项旅游产品主要指旅游者在旅游活动中，所购买和消费的有关住宿、餐饮、交通、游览、娱乐等内容的物质产品或服务。

2. 组合旅游产品主要指旅游经营者根据旅游者需求，把食、住、行、游、购、娱等多种要素组合而成的产品，又称为旅游线路产品。

3. 整体旅游产品主要指旅游经济活动中，某一旅游目的地能够提供并满足旅游者需求的全部物质产品和服务，又称为旅游目的地产品。

4. 旅游资源是指在自然和人类社会中一切能够吸引旅游者进行旅游活动，并为旅游业所利用而产生经济、社会、生态效益的事物，它既是一个地区能否进行旅游开发的前提条件，也是吸引旅游者的决定性因素，旅游资源按其属性一般分为自然旅游资源和人文旅游资源两大部分。

5. 旅游购物品是指旅游者在旅游活动中所购买的，对旅游者具有实用性、纪念性、礼品性的各种物质形态的商品，亦称为旅游商品。

6. 旅游服务是指旅游经营者向旅游者提供的各种各样的接待、导游等服务。旅游服务是旅游产品的核心，旅游产品的无形性主要是由它的服务性质决定的。旅游服务的内容主要包括服务观念、服务态度、服务项目、服务价格、服务技术等。

7. 旅游设施是指实现旅游活动而必须具备的各种设施、设备和相关的物质条件，也是构成旅游产品的必备要素，旅游设施一般分为专门设施和基础设施两大类。

8. 旅游目的地产品开发是在旅游经济发展战略指导下，根据旅游市场需求和旅游产品特点，对某一区域内旅游资源进行开发，通过建造旅游吸引物、建设旅游基础设施、完善旅游服务，使之成为旅游者集散、停留、活动的目的地产品。

9. 旅游线路开发即组合旅游产品开发，就是把旅游资源，旅游设施和旅游服务综合地联系起来，并与旅游者的期望相吻合，与旅游者的消费水平相适应的旅游产品。

10. 旅游产品生命周期是指一个旅游产品从它进入市场开始到最后退出市场的全部过程。这个过程大体要经历推出、成长、成熟、衰退的周期性变化。一项旅游活动、一个旅游景点、一条旅游线路、一个旅游目的地等，经历的这一由兴至衰的过程就是旅游产品的生命周期。

（二）判断题

1. × 2. √ 3. × 4. × 5. × 6. ×

（三）单项选择题

1. A 2. B 3. C 4. D 5. C 6. A 7. D 8. C 9. A 10. B

（四）多项选择题

1. ACD 2. ACE 3. ACD 4. ABCD

（五）简答题

1. 旅游产品的概念：

（1）从旅游市场角度看，旅游产品是指旅游者和旅游经营者在市场上交换的、主要用于旅游活动中所消费的各种物质产品和服务的总和。

（2）从旅游者的角度来看，旅游产品是指旅游者花费一定的时间、精力和费用所获得的一段旅游经历和感受。

（3）从旅游经营者角度看，旅游产品是指旅游经营者凭借一定的旅游资源、旅游设施和其他媒体，向旅游者提供的、以满足旅游者需求的各式各样的物质产品和劳务的总和。

旅游产品的特征：旅游产品的综合性；旅游产品的无形性；旅游产品的同一性；旅游产品的依赖性；旅游产品的固定性；旅游产品的敏感性。

2. 旅游产品的构成可以从旅游产品的一般构成、旅游产品的需求构成、旅游产品的供给构成三个角度进行分析：

（1）旅游产品的一般构成：旅游产品的一般构成由核心部分、外形部分和延伸部分所组成。现代旅游产品的核心部分，通常指旅游吸引物和旅游服务，它是旅游者从事旅游活动最基本的条件，是旅游产品的基本组成部分。现代旅游产品的形式部分，通常是指旅游产品的载体、质量、特色、风格、声誉及组合方式等，是旅游产品核心价值部分向满足人们生理或心理需求转化的部分，属于旅游产品向市场提供的物质产品和劳务的具体内容。现代旅游产品的延伸部分，是指旅游者购买旅游产品时获得的优惠条件、付款条件及旅游产品的推销方式等，是旅游者进行旅游活动时所得到的各种附加利益的总和。

（2）旅游产品的需求构成：从消费需求角度出发，可以从旅游者的需求偏好、旅游者需求程度和消费内容三方面来分析旅游产品的构成。按旅游者的需求偏好分析，一般可以将旅游产品分为观光旅游产品、休闲度假旅游产品和特种旅游产品三大类。按旅游者的需求程度分析，旅游产品可分为基本旅游产品和非基本旅游产品。基本旅游产品是指旅游者在旅游活动中必须购买的，而且需求弹性较小的旅游产品，非基本旅游产品是指旅游者在旅游活动中不一定购买的，而且需求弹性较大的旅游产品。按旅游者的消费内容分析，旅游产品主要由食、住、行、游、购、娱等组成，即要求旅游经营者分别向旅游者提供饮食、住宿、交通、游览、购物、娱乐等方面的消费内容。

（3）旅游产品的供给构成：从旅游供给的角度看，现代旅游产品是由旅游资源、旅游设施、旅游服务、旅游购物品和旅游便捷性等多种要素所构成的。旅游资源是指在自然和人类社会中一切能够吸引旅游者进行旅游活动，并为旅游业所利用而产生经济、社会、生态效益的事物。旅游设施是实现旅游活动而必须具备的各种设施、设备和相关的物质条件，也是构成旅游产品的必备要素，旅游设施一般分为专门设施和基础设施两大类。旅游服务是旅游经营者向旅游者大量提供的是各种各样的接待、导游等服务。旅游购物品，是指旅游者在旅游活动中所购买的，对旅游者具有实用性、纪念性、礼品性的各种物质形态的商品，亦称为旅游商品。旅游便捷性具体表现为进入旅游目的地的难易程度和时效标准。

3. （1）旅游产品按旅游产品的组合形式分类可以分为：观光旅游产品，是指以观赏、游览自然风光、名胜古迹等为目的的旅游产品；度假旅游产品，是指旅游者利用假期进行休养和消遣的旅游方式；文化旅游产品，是指包括学习、研究及以了解异国他乡文化为目的的旅游产品；公务旅游产品，是指人们以出差、

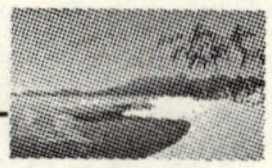

参加会议、经营洽谈、商务活动或交流信息等为目的的旅游活动；生态旅游产品，是指以注重生态环境为基础的旅游产品。

（2）旅游产品按旅游产品的基本功能分类可以分为：康体旅游产品，是指能够使旅游者身体素质和体能得到不同程度改善的旅游活动；享受旅游产品，是指随着人们物质生活水平的提高，为满足人们物质和精神上的享受而提供的旅游产品；探险旅游产品，是指旅游者从未见过、听过或经历过，既标新立异又使人特别兴奋或惊心动魄的旅游活动；特种旅游产品，是指旅游者在外出旅游的同时，把学习和探求专业知识、技能作为旅游的主要目的的旅游产品。

（3）旅游产品按旅游产品的开发程度分类可以分为：全新旅游产品，是指为了满足旅游者新的需求，运用新技术、新方法、新手段或对新的旅游资源进行创新开发而形成的旅游产品；换代旅游产品，是指对现有旅游产品进行较大的改造而形成的旅游产品；改进旅游产品，是指对原来的旅游产品通过局部的改变或添加部分内容以增强旅游产品的吸引力，从而巩固和拓展客源市场。

（4）旅游产品按旅游产品的销售方式分类可以分为：团体包价旅游产品，是指旅行社根据旅游市场需求，把若干旅游者组成一个旅游团体，按照统一价格、统一行程、统一内容所进行的旅游活动；散客包价旅游产品，是指旅游者不参加旅游团体，而是以一个人或一家人向旅行社购买某一旅游产品的包价旅游活动；自助旅游产品，是指旅游者不通过旅行社组织，而是自己直接向航空公司、车船公司、旅游饭店、旅游景区预订或购买单项旅游产品，按照个人需求及偏好所进行的旅游活动。

4. 在旅游产品开发中必须遵循下述开发原则：

（1）市场导向原则。旅游产品的开发必须以市场为导向，牢固树立市场观念，以旅游市场需求作为旅游产品开发的出发点。坚持市场导向原则，要根据社会经济发展及对外开放的实际状况，正确进行旅游市场定位，以确定客源市场的主体和重点，明确旅游产品开发的针对性，把握目标市场的需求特点、规模、档次、水平及变化规律和趋势，从而开发出适销对路、具有竞争力的旅游产品，确保旅游产品的生命力经久不衰。

（2）效益观念原则。旅游业是一项经济产业，因而必须始终把提高经济效益作为现代旅游产品开发的主要目标；同时，旅游业又是一项文化事业，要求在讲求经济效益的同时，还必须讲求社会效益和环境效益，也就是从整个旅游产品开发的总体水平考虑，谋求综合效益的提高。

（3）产品形象原则。必须根据市场需求进行开发、加工和再创造，从而组合成特色鲜明、适销对路的旅游产品，树立良好的旅游产品形象。

（4）可持续发展原则。要充分考虑旅游资源开发中度的问题，在开发中重视可持续发展，科学论证，制订科学、合理、超前及可持续发展的规划，产品开发在强调经济效益的前提下，充分考虑社会效益和环境效益。

5. 常用的旅游产品开发策略主要有以下几种：

（1）市场型组合策略。市场型组合策略，是针对某一特定旅游市场而提供其所需要的产品。本策略的优点是有利于旅游企业集中力量对特定的目标市场进行调研，充分了解其各种需求，开发满足这些需求的多样化、多层次的旅游产品。缺点是由于这种策略所选择的目标市场较单一，市场规模有限，会使旅游企业的旅游产品销售受到限制。

（2）产品型组合策略。产品型组合策略，是指以某一种类型的旅游产品去满足多个目标旅游市场的同一类需求。但是，采取这种策略使旅游企业产品类型单一，增大了旅游企业的经营风险。

（3）市场—产品型组合策略。市场—产品型组合策略，是指旅游企业开发、经营多种旅游产品，并推向多个不同的旅游市场。采取市场—产品型组合策略，可以满足不同旅游市场的需要，扩大市场占有份额，减少经营风险等。但由于同时开发多种旅游产品，会使企业经营成本高。因此，要求旅游企业具备较强的实力，才能有效地采用市场—产品型组合策略，推进旅游产品的开发。

（六）论述题

1. 产品生命周期是指一个产品从它进入市场开始到最后退出市场的全部过程，这个过程大体要经历推出、成长、成熟、衰退的周期性变化。旅游产品亦是如此，也有推出期、成长期、成熟期、衰退期四个阶段的生命周期变化。一项旅游活动、一个旅游景点、一条旅游线路、一个旅游目的地等，都将经历一个由兴到衰的过程。旅游产品生命周期的各个阶段通常是以销售额和利润额或累计增长率来衡量的，通常旅游产品处于不同生命周期阶段具有不同的特点。

（1）旅游产品的推出期。

旅游产品的推出期是指各种新的旅游景点、旅游饭店、旅游娱乐设施建成后，与旅游服务组合成新的旅游线路并正式推向旅游市场。这一阶段，由于旅游产品尚未被旅游者了解和接受，销售量增长缓慢而无规律，增长率也起伏波动；旅游企业的接待量很少，投入费用较大，经营单位成本较高。因此，为了使旅游者了解和认识旅游产品，旅游企业需要做大量的广告和促销工作。在这一阶段内，旅游者的购买很多是实验性的，几乎没有重复购买；旅游企业通常也采取试销态度，从而使企业销售水平低，利润极少，甚至亏损。但处于这一阶段，市场上一般还没有同行竞争。

（2）旅游产品的成长期。

旅游产品的成长期是指旅游景点、旅游设施及旅游地开发已粗具规模，旅游服务逐步配套，使旅游产品基本定型并形成一定的特色。由于前期宣传促销开始体现效果，这时旅游产品在市场上开始有一定知名度，产品销售额增长迅速，增长率一般在10%以上。旅游者对产品有所熟悉，越来越多的人购买这一旅游产品，重复购买的选用者也逐步增多；旅游企业的广告费用相对减少，销售成本大幅度下降，利润迅速上升。处于这一阶段，其他旅游企业看到该旅游产品销售很好，就有可能组合相同的旅游产品进入，使市场上开始出现竞争。

（3）旅游产品的成熟期。

旅游产品的成熟期是指旅游市场上的潜在顾客逐步减少，大多数旅游者属于重复性购买，市场需求量达到饱和状态，旅游产品的销售额达到最高点，增长幅度越来越小，一般在1%～10%之间。在成熟期，由于很多同类旅游产品进入市场，扩大了旅游者对旅游产品的选择范围，使市场竞争十分激烈，加上新产品对原有旅游产品的替代性，差异化成为旅游市场竞争的核心。通常，在成熟期的前期销售量可能继续增加，增长率保持在5%～10%之间；中期处于增减幅度较平衡状态，增长率一般在1%～5%之间；后期则销售增长率趋于零或略有下降；利润增长也将达到最高点后转呈下降趋势。

（4）旅游产品的衰退期。

旅游产品的衰退期是指旅游产品进入更新换代阶段。在这一阶段，新的旅游产品已进入市场并逐步代替老产品。旅游者或丧失了对老产品的兴趣，或由新产品的兴趣所取代。除少数名牌产品外，大多数旅游产品销售增长率日益下降，价格不断下跌而使利润迅速减少，甚至出现亏损。这时若不能采取有效措施使旅游产品进入再成长期，以延长旅游产品生命周期，则旅游产品将由于销售和利润的持续下降而逐渐退出旅游市场。

根据以上对旅游产品生命周期的分析，可以看出旅游产品都有一个类似于S形的生命周期规律性。由于旅游产品在不同生命周期阶段中具有不同的特点，因而必须针对旅游市场需求及时进行旅游产品的更新换代，适时开发旅游新产品或改造过时的旅游产品，才能保持旅游业持续、稳定的发展。

2.（1）旅游产品的经济价值也和其他产品一样，具有一般商品所具有的基本属性，是使用价值与价值的统一。

旅游产品的使用价值除了能满足人们在物质或者精神方面的某种需求具备这种属性外，还具有区别于其他产品的特殊性质。这种特殊性具体表现在以下几方面。第一，旅游产品使用价值的多效用性，一般物质产品只能满足人们的某种需要，而旅游产品能满足旅游者从物质到精神方面的多种需要，从提供基本的食、住、行等物质生活需要，到能满足人们更高层次的观光、游览、娱乐的需要。第二，旅游产品使用价值的多功能性，一个完整的旅游产品应根据旅游者的需要、旅游产品的成本及旅游市场的供求状况等，制定出高、中、低等若干档次的产品规格及相应的价目表，无论是哪一规格档次和价格的旅游产品，其使用价值都必须是综合性的，并能满足不同消费层次的旅游者的需求。第三，旅游产品使用价值的多层次性，在旅游产品的使用价值构成中，既有构成旅游产品使用价值中必不可少的基本部分，如食、住、行、游、购、娱等内容，又有构成旅游产品使用价值中可有可无的附属部分，如旅游者在旅途中突发疾病，旅游经营者及时提供了医护条件及相应服务。

旅游产品的价值和其他任何产品的价值一样，都是无差别的、人类的一般劳动，是旅游产品所凭借的实物劳动产品的价值和服务所创造价值的总和，其价值同一般产品相同，基本也由三个部分组成：第一，转移价值（C），是指旅游经营者向旅游者提供旅游服务时，所凭借的各种服务设施和设备的折旧，提供餐饮、住宿、娱乐等旅游活动所耗费的各种原材料、辅助材料消耗等，它们是旅游行业劳动者过去所创造价值的转移，属于社会总产品中的不变部分（C）的转移。第二，补偿价值（V），是指劳动者所创造的新增价值的一部分，即用于补偿旅游经营者和服务人员劳动支出的工资与福利，是由旅游从业人员所创造的，用以维持劳动力再生产所消耗的物质资料的价值，其形成旅游产品价值中的变动部分（V），是社会总产品中满足劳动者需求的个人消费品。第三，剩余价值（m），是指旅游从业人员超过社会必要劳动时间，而为社会所创造的新增价值部分，其形成旅游产品价值中的剩余价值部分（m），是满足社会扩大再生产及其他公共消费需求，并以积累基金和社会消费基金等形式所表现出来的社会总产品中的公共必要产品。

（2）旅游产品价值量的确定。

旅游产品价值量的确定具有不同于其他产品的特殊性，主要表现在以下几方面：

第一，旅游产品价值量的确定主要以质量为标准，旅游服务是旅游产品的核心，因而旅游服务质量的好坏直接影响旅游产品价值的实现。在服务设施和服务条件相同的情况下，高质量的旅游服务反映旅游产品的质量好、价值大；低水平的旅游服务反映旅游产品的质量差、价值小；旅游服务质量的优劣主要与从业人员的文化素质、业务能力、职业道德水平密切相关，而与劳动量投入的多少无直接相关关系。第二，旅游产品价值量的确定具有垄断性，旅游资源是旅游产品构成的重要内容，旅游资源的种类和特色，决定了在价值量的计算上存在较大差异。如人文景观中的历史文物古迹，除了是前人劳动的结晶外，历代人们的维修保养也付出了大量劳动，故其价值难以估量，从而使这些旅游资源具有无法替代的历史价值，这种价值不能以消耗多少劳动量去衡量，因而这种价值的不可估量性反映在价格上即为垄断性。第三，旅游产品的价值量随旅游产品组合而有变化，旅游产品中的旅游设施，同市场上的其他物质产品一样，其价值也是由凝结于其中的社会必要劳动量来决定。但是，由于这些设施受旅游经济活动的特点所影响，因而在旅游产品的组合过程中其价值量也会发生变化而产生新的附加值。

第3章 现代旅游需求与预测

一、学习指导

（一）总体要求

通过本章的学习，使学生正确理解现代旅游需求的概念和基本特征，了解现代旅游需求产生的主观因素及客观条件，分析现代旅游需求的各种影响因素及其在市场经济中的客观规律性，掌握现代旅游需求的价格弹性、收入弹性及交叉弹性，熟悉旅游需求的衡量指标及需求调查和预测的方法。

（二）主要内容和知识点

本章的中心是旅游需求的相关概念、旅游需求的调查和预测的方法。围绕这一中心，可分为以下几个问题：

1. 现代旅游需求的概念及特征

（1）现代旅游需求的概念。

现代旅游需求是指人们为了满足不断变化和增强的旅游欲望，在一定的时间和价格条件下，具有一定支付能力的可能购买的旅游产品的数量。这里的旅游需求指的是旅游市场中的有效需求，也就是既有购买欲望，又有购买能力的需求，两个条件缺一不可。

（2）现代旅游需求的产生。

现代旅游需求的产生，既有主观因素，也有客观条件。从主观上看，旅游需求是由人们的生理和心理因素所决定的；从客观上讲，旅游需求是科学技术进步、生产力水平提高和社会经济发展的必然产物，影响旅游需求产生和变化的客观因素，主要是人们可支配收入的提高、闲暇时间的增多及交通运输条件的现代化三个重要因素。

（3）现代旅游需求的特征。

①现代旅游需求是一种高层次的需求。现代旅游需求表现为人们追求更好的物质和精神享受方面的满足。

②现代旅游需求是一种多样性的需求。由于人们的个性差异、生活条件的不

同、经济收入的差别，以及所处社会环境的影响不同，使人们往往因人而异，产生各种各样的旅游需求。

③现代旅游需求是一种主动性的需求。随着人们收入增加、生活水平的提高和生活质量的改善，现代旅游需求已成为人们积极主动追求的一种重要的消费需求。

④现代旅游需求是一种复杂性的需求。旅游需求的复杂性，一方面是受人的心理活动的复杂性所决定；另一方面，是受旅游环境的复杂性所影响，通常旅游者的旅游活动是不断运动和变化的。

2. 现代旅游需求规律

（1）现代旅游需求的影响因素。

现代旅游需求除了受到旅游者的主观因素和收入水平、闲暇时间及交通条件的直接作用外，还是在政治、经济、文化、法律、自然、社会等各种外在因素影响下而形成的一种复杂的社会经济现象。因此，要很好地了解和掌握旅游需求规律，首先必须对影响旅游需求的各种因素进行分析和研究。通常，影响旅游需求的主要因素有人口、经济、社会文化、政治法律、旅游资源等因素。

（2）现代旅游需求量变化规律。

旅游需求量变化的规律性主要反映为旅游需求与价格、收入和闲暇时间的相关性和变动关系。

①旅游需求量与旅游产品价格成反向变化。

②旅游需求量与人们收入成同方向变化。

③旅游需求量与人们的闲暇时间成同方向变化。

（3）现代旅游需求水平变化规律。

在旅游产品价格既定条件下，由于其他因素的变动而引起的旅游需求变化，称为旅游需求水平的变化。

在这里要注意区分旅游需求量和旅游需求的概念及其变化规律的不同。在旅游需求曲线上，旅游需求量的变化主要表现为同一条需求曲线上的点的位移；而旅游需求变化则表现为整条需求曲线的平移。

3. 现代旅游需求弹性

这部分是本章的难点和重点。主要掌握以下问题：

（1）弹性与旅游需求弹性。

①弹性：就是指两个经济变量中作为因变量的经济变量 Y 的相对变化对于作为自变量的经济变量 X 的相对变化的程度。可以用弹性系数来表示如公式(3－1)表示：

$$\text{弹性系数}=\frac{\text{因变量的变动比例}}{\text{自变量的变动比例}} \qquad (3-1)$$

②旅游需求弹性：是指旅游需求对各种影响因素变化的敏感性，即旅游需求量随其影响因素的变化而相应变化的状况。旅游需求弹性一般可划分为旅游需求价格弹性，旅游需求收入弹性和旅游需求交叉弹性。

A. 旅游需求价格弹性反映旅游需求量对价格变动的敏感程度。

B. 旅游需求收入弹性反映旅游需求量对收入变动的敏感程度。

C. 旅游需求交叉弹性则反映某一旅游产品需求量对另一旅游产品价格的敏感程度。

（2）旅游需求的弧弹性与点弹性。

在经济学中，弹性一般可分为弧弹性和点弹性。

①需求的弧弹性：需求曲线上两点之间的需求量相对变动对自变量相对变动的反映程度，表示需求曲线上两点之间的弧弹性，可以用公式（3－2）表示：

$$E_a = \frac{\dfrac{Y_1 - Y_0}{(Y_1 + Y_0) \div 2}}{\dfrac{X_1 - x_0}{(X_1 + X_0) \div 2}} \tag{3-2}$$

（E_a—— 弹性，Y_0，Y_1——变化前后的因变量，X_0，X_1——变化前后的自变量）

在计算旅游需求弧弹性时，分别以旅游需求量和影响因素在某一区间的平均数为计数基数。

②需求的点弹性：点弹性是指当自变量变化幅度很小（即趋近于一点）时，所引起的因变量的相对变化。用公式表示为：

$$E = \frac{\dfrac{\Delta Y}{Y}}{\dfrac{\Delta X}{X}} \tag{3-3}$$

（E——旅游需求点弹性，Y——旅游需求量，X——影响因素，ΔY——旅游需求增量，ΔX——影响因素增量）

（3）旅游需求价格弹性。

① 含义：旅游需求价格弹性是指旅游需求量对旅游产品价格的反应及变化关系。通常用旅游需求价格弹性系数表示，即旅游产品价格变化的百分数与旅游需求量变化的百分数的比值。

其计算公式如下：

设：Ed_p—— 旅游需求价格弹性系数

P_0，P_1—— 变化前后的旅游产品价格

Q_0，Q_1—— 变化前后的旅游需求量

则旅游需求价格点弹性公式为：

$$Ed_p = \frac{\frac{Q_1 - Q_0}{Q_0}}{\frac{I_1 - I_0}{I_0}} \tag{3-4}$$

旅游需求价格弧弹性公式为：

$$Ed_p = \frac{\frac{\Delta Q}{\frac{Q_1 + Q_0}{2}}}{\frac{\Delta P}{\frac{P_1 + P_0}{2}}} = \frac{\Delta Q}{\Delta P} \cdot \frac{P_1 + P_0}{Q_1 + Q_0} \tag{3-5}$$

由于旅游产品价格与旅游需求量成反向关系，因而旅游需求价格弹性系数为负数，为了使其为正值，前面加一个负号。

② 类型：

A. 当 $|EdP|>1$ 时，表明旅游需求量变动的百分比大于旅游产品价格变动的百分比，这时称旅游需求富于弹性，旅游产品价格和旅游总收益成反向变动。

B. 当 $|EdP|<1$ 时，表明旅游需求量变动的百分比小于旅游产品价格变动的百分比，因此称旅游需求弹性不足，旅游产品价格和旅游总收益成同向变动。

C. 当 $|EdP|=1$ 时，表明旅游需求变动的百分比与旅游产品价格变动的百分比相等，旅游需求价格弹性为单位弹性，旅游需求价格的变化对旅游经营者的收益影响不大。

（4）旅游需求收入弹性。

① 含义：旅游需求收入弹性就是指旅游需求量与人们可支配收入之间的反应及变化关系，用旅游需求收入弹性系数表示，即人们可支配收入变化的百分比与旅游需求量变化百分比的比值。其计算公式如下：

设：Ed_i—— 旅游需求收入弹性系数

Q_0，Q_1—— 为变化前后的旅游需求量

I_0，I_1—— 为变化前后的可支配收入量

则有旅游需求收入弹性计算公式：

$$Ed_i = \frac{\frac{Q_1 - Q_0}{Q_0}}{\frac{I_1 - I_0}{I_0}} \tag{3-6}$$

由于旅游需求量随人们可支配收入的增减而相应增减，因而旅游需求收入弹性系数始终为正值。

② 类型

A. 当 $Ed_i > 1$ 时，表示旅游需求量变动的百分比大于人们可支配收入变动的百分比，因此人们可支配收入发生一定的增减变化，会引起旅游需求量发生较大程度的增减变化。

B. 当 $Ed_i < 1$ 时，表示旅游需求量变动的百分比小于人们可支配收入变动的百分比，因而人们可支配收入发生一定的增减变化，只能引起旅游需求量发生较小程度的增减变化。

C. 当 $Ed_i = 1$ 时，表示旅游需求量变动的百分比与人们可支配收入变动的百分比相等，因此旅游需求收入弹性为单位弹性，即旅游需求量与人们可支配收入按相同比例变化。

从经济学的角度看，通常高级消费品的需求收入弹性都较大，而旅游活动正是满足人们高层次生活的需求，并逐渐成为人们必不可少的生活消费品，所以旅游需求收入弹性一般都比较大。

(5) 旅游需求交叉弹性。

① 含义：旅游需求的交叉弹性就是指某一种旅游产品的需求量对其他旅游产品价格变化反应的敏感性，通常用旅游需求交叉弹性系数表示，其计算公式如下：

设：Ed_c—— 旅游需求交叉弹性系数

Qx_0，Qx_1—— 变化前后 x 旅游产品需求量

Py_0，Py_1—— 变化前后 y 旅游产品的价格

则

$$Ed_c = \frac{\dfrac{Qx_1 - Qx_0}{Qx_0}}{\dfrac{Py_1 - Py_0}{Py_0}} \qquad (3-7)$$

② 类型：

A. 如果旅游产品 x、y 互为替代品，那么旅游产品 y 的价格和旅游产品 x 的需求量呈同方向变动。因此，其旅游需求的交叉弹性系数 Edc 必然是正值。

B. 如果旅游产品 x、y 互为互补品，那么旅游产品 y 的价格和旅游产品 x 的需求量呈反方向变动。因此，其旅游需求的交叉弹性系数 Edc 必然是负值。

但是，从旅游经济运行的实际看，旅游产品的替代性与互补性并不是绝对的。在一定条件下，两者之间可能出现互相转化。

4. 现代旅游需求衡量和预测

(1) 现代旅游需求的衡量。

旅游需求的变化状况及水平，可通过旅游需求指标来反映和衡量。现代旅游

需求指标，是旅游经济指标体系中的有机组成部分，其主要通过一套经济指标来综合反映旅游需求的状况，并可以通过它预测旅游需求的发展趋势。现代旅游需求指标具体包括旅游者人数、旅游消费支出、旅游出游率等指标。

①旅游者人数指标是反映旅游需求总量的主要指标，通过该指标可以了解和掌握旅游需求的总规模及水平状况，还可以进一步分析旅游者的需求构成、需求内容、需求时间及需求趋势等。旅游者人数指标通常有两个：旅游者出游人数指标和旅游者接待人数指标。

②旅游出游率和旅游重游率指标是从相对数角度来反映旅游客源国在一定时期内出游的旅游者人数的规模和水平。

③旅游消费支出指标是从价值形态反映旅游需求的综合性指标，是指旅游者在旅游活动过程中所支出的全部费用。反映旅游消费支出的指标主要有：旅游者支出总额、人均旅游支出额和旅游支出率。

（2）现代旅游需求的调查。

旅游需求调查，是通过对旅游客源国的综合性调查，了解和掌握旅游需求的产生及发展状况，为科学的旅游需求预测和分析提供依据。

①旅游需求调查的内容。

旅游需求调查的内容很多，其中最重要的是对旅游客源地的旅游需求调查。通常，对旅游客源地的旅游需求调查主要包括旅游客源地概况调查、旅游者的综合性调查和旅游经营信息调查三部分。

②旅游需求调查的方法。

旅游需求调查常用的方法有问卷调查、统计调查、专题调查、销售调查等。

（3）现代旅游需求的预测。

旅游需求预测，是在旅游需求调查的基础上，运用科学的分析方法和手段对旅游需求的变化特点及趋势作出判断和推测。

①旅游需求预测的内容。

从预测的角度看，凡是影响旅游需求变化的因素都可纳入旅游需求预测的范围。但通常主要对影响旅游需求的直接因素及重要相关因素进行分析和预测，包括旅游需求的变化趋势预测、旅游需求的构成变化预测和旅游需求的发展环境预测。

②旅游需求预测的方法。

可运用于旅游需求预测的方法很多，既有定性方法又有定量方法，既有短期预测方法又有长期预测方法，既有趋势预测方法又有结构预测方法，概括起来比较常用的旅游需求预测方法有统计分析预测法、问卷调查预测法和数学模拟分析法三类。

（三）重点与难点

1. 教学重点

（1）掌握现代旅游需求、现代旅游需求规律、现代旅游需求弹性、旅游需求价格弹性、旅游需求收入弹性、旅游需求交叉弹性、现代旅游需求指标等概念。

（2）了解现代旅游需求的影响因素、现代旅游需求的特征、现代旅游需求量变化规律和现代旅游需求衡量指标。

（3）学会运用现代旅游需求衡量指标；掌握现代旅游需求预测、现代旅游需求调查的方法；会对旅游需求的产生、发展和变化趋势进行调查分析和预测。

2. 教学难点

（1）影响现代旅游需求因素的分析。

（2）现代旅游需求规律的理解。

（3）现代旅游需求弹性的理解及计算方法。

（4）现代旅游需求的衡量指标的理解及运用。

二、练习题

（一）名词解释

1. 现代旅游需求
2. 可支配收入
3. 旅游需求规律
4. 旅游需求弹性
5. 点弹性
6. 弧弹性
7. 旅游需求价格弹性
8. 旅游需求收入弹性
9. 旅游需求交叉弹性
10. 旅游产品的替代性
11. 旅游产品的互补性
12. 旅游需求指标
13. 旅游需求预测
14. 旅游需求调查

（二）判断题

1. 闲暇时间的增多是产生现代旅游需求必不可少的条件。　（　）

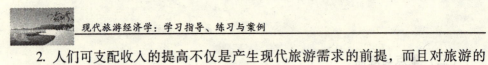

2. 人们可支配收入的提高不仅是产生现代旅游需求的前提，而且对旅游的出行距离及内容等也是有决定性影响作用。（ ）

3. 运用旅游需求指标体系，可对旅游需求的产生、发展和变化趋势进行调查分析和预测。（ ）

4. 掌握旅游需求弹性的计算公式和方法，对于正确理解和运用旅游需求弹性不太重要。（ ）

5. 旅游需求量变化的规律中旅游需求与旅游产品价值量正向变化。（ ）

6. 旅游需求与旅游产品价值量呈反向变化，与人们的可支配收入和闲暇时间也呈反向变化。（ ）

7. 现代旅游需求具有高层次性、多样性、主动性和复杂性的基本特征。（ ）

8. 旅游者人数指标是反映旅游目的地国家和地区在一定时期内外出旅游的总人数，它直接反映了客源市场上旅游需求的总规模和水平。（ ）

9. 人们对新鲜的空气、洁净的水、高质量的食品、良好的环境、舒适的住所及健康的体质等方面的追求，促使人们产生了休闲、度假、疗养、健身等旅游需要和动机。（ ）

10. 从心理因素看，现代旅游需求的产生实质上是人们对自然、社会和文化环境的一种反映和适应的过程。（ ）

（三）单项选择题

1.（ ）是对各种旅游数据资料进行数学分析，建立模型，运用现代电子计算机手段进行模拟分析、计算求解来预测旅游需求发展趋势的方法

A. 问卷调查预测法　　B. 统计分析预测法

C. 数据模拟分析法　　D. 定性分析法

2.（ ）是在旅游需求调查的基础上，运用科学的分析方法和手段对旅游需求的变化特点及趋势作出判断和推测

A. 旅游需求预测　　B. 旅游需求规律

C. 旅游需求调查　　D. 旅游需求弹性

3.（ ）主要包括对旅游者的国别、性别、年龄构成的变化，旅游目的、旅游消费结构的变化，旅游方式及使用交通工具的变化等，以便为旅游供给进行数量和结构的调整提供科学依据

A. 旅游需求的构成变化预测　　B. 旅游需求的发展环境

C. 旅游需求的变化趋势　　D. 旅游需求预测

4. 旅游需求调查是对（ ）的综合性调查

A. 旅游需求　　B. 旅游发展状况

C. 旅游客源国和地区　　D. 旅游需求预测

5. 旅游出游率是指一定时期内某一国家或地区外出旅游人数与（　）的比率，它反映了该国家或地区在一定时期内产生旅游需求的能力

A. 总支出　　B. 总收入

C. 重游人数　　D. 总人口数

6. （　）是指旅游需求对各种影响因素变化的敏感性

A. 旅游价格弹性　　B. 旅游需求弹性

C. 旅游收入弹性　　D. 旅游交叉弹性

（四）多项选择题

1. 在现代旅游经济发展中，影响旅游需求产生和变化的主观因素有（　　）

A. 旅游产品的吸引力　　B. 生理性因素

C. 心理性因素　　D. 人们可支配收入的提高

2. 人口是影响旅游需求的最基本因素之一，（　　）都对旅游需求产生着重要的影响，从而形成不同的旅游需求规模和结构

A. 人口数量及其变化　　B. 人口素质及其变化

C. 人口分布的城乡状况　　D. 人口的年龄、性别及职业构成

3. 反映旅游需求的变化状况及水平的指标是通过旅游需求指标来反映和衡量的，这些指标主要包括（　　）

A. 旅游经济指标　　B. 旅游消费支出指标

C. 旅游人数指标　　D. 旅游出游指标

4. 旅游经营信息调查主要是通过对（　　）进行调查，以了解和掌握国内外旅游需求及旅游者的满足状况，并及时调整旅游目的地的发展战略，满足国内外旅游者的旅游需求

A. 国内外旅游业的发展状况　　B. 旅游企业的经营状况

C. 旅游合作情况　　D. 旅游客源地概况

（五）简答题

1. 何为旅游需求？何为潜在旅游需求？

2. 旅游需求产生的主观因素和客观条件是哪些？

3. 影响旅游需求变化的因素有哪些？

4. 现代旅游需求的特征有哪些？

5. 预测旅游需求有哪些基本方法？

6. 衡量旅游需求可使用哪些指标？

7. 分析和比较旅游需求弹性的三种情况。

(六)论述题

1. 试用图示说明旅游需求的规律性。

2. 分析和讨论旅游的需求弹性。

3. 如何确定旅游产品的替代性和互补性?

三、经典案例

案例1

统计显示假日旅游需求有所转变

2007年“十一”黄金周长假结束后，全国纳入监测的119个直报景区统计显示，我国假日旅游需求和经济增长方式已经发生明显转变。

全国假日旅游部际协调会议办公室2007年“十一”黄金周第7号旅游信息通报显示，本次黄金周最后一天，游客集中返程，未出现大规模游客滞留现象。截至10月7日18时，全国纳入监测的119个直报景区点共接待游客106.13万人次，比10月6日下降36.6%，比2006年同期减少14.6%，收入同比减少0.3%。

全国假日办有关负责人说，2007年“十一”黄金周在出游人数基本持平的情况下，旅游收入实现了较大幅度增长。全国纳入监测的119个直报景区共接待1 655.3万人次，同比下降0.5%，收入增长13.5%，我国假日旅游需求和经济增长方式已经明显转变。假日出游方式更趋多样，一是散客出游规模较大，二是自驾车旅游成倍增加，三是中短线旅游进一步升温。在国家旅游局近两年推出“乡村游”及“和谐城乡游”主题宣传年活动引导下，乡村旅游持续火暴。

(资料来源：新华网)

案例思考题：

1. 结合实际，试比较分析近年来国内外旅游需求的变化。

2. 假日旅游有哪些特点?

3. 旅行社在制定假日旅游线路和旅游方式时，应着重考虑哪些因素作出怎样的调整?

案例2

经济走弱对旅游消费支出的影响

近年来国内旅游收入的快速增长主要来自于城乡居民出游率的上升，观光游特征明显。虽然随着经济的快速增长，我们城乡居民的收入水平大幅上升，但城乡居民的个人旅游消费支出却并没有出现同步增长，城乡居民出游率的迅速上升是国内旅游收入快速增长的主要动力。

目前市场最大的担忧在于2009年经济走弱对旅游消费需求造成抑制。但旅游消费作为增广见闻、扩大社交圈、舒缓压力、调节身心的发展型消费已经成为现代人生活必不可少的部分。即使在较为悲观的经济预期之下，人们缩不缩减旅游支出对自身财富储蓄的意义并不大。我们不应过分夸大旅游消费因可选性必然伴随较大需求弹性的说法。发达国家的经验告诉我们经济衰退之时，人们可以通过长途变短，降低交通、住宿、餐饮等标准，调整出游次数来保证自己的旅游需求。

2008年“十一”黄金周也表明我国居民的旅游消费需求非常旺盛，全国出游率的上升依旧可以保证行业收入的快速增长。2007年我国城乡居民出游率为每人每年1.2次，属较低水平。2009年经济下行对国内游客来讲更可能影响的是个人消费支出，而非出游率。初步预计2009年我国旅游总收入同比增长15%～18%，高于2008年10%～15%的预期水平。旅游需求缩减导致旅游业受冲击顺序为：旅行社→酒店→景区。景区资源垄断性强，可替代性差；高星级酒店需求将受抑制，经济型酒店更受追捧；传统旅行社毫无资源优势，处境更加艰难，但在线服务商和商务会展旅游值得看好。2009年存在的利好因素包括：突发事件多于2008年概率极低、奥运广告效应将从2009年得到体现、公费支出预算缩减5%的规定得以取消、逐渐适应新的休假制度等。因此旅游业可针对旅游需求，适时调整旅游线路和旅游方式，仍可使旅游经济持续增长。

（资料来源：金棕榈博客网）

案例思考题：

1. 经济走弱会使旅游消费需求减少吗？为什么？
2. 我国旅游业在经济走弱时，应如何调整旅游线路和旅游方式，使旅游经济可持续发展？

案例3

旅游需求个性化呼唤旅游市场细分终极化和定制营销

在传统的大众旅游时期，旅游者的需求表现为“我要参加旅游”，即愿意参加任何大规模旅游团队，进行标准化、同一化的旅游活动。旅游企业仅需制作大批量、易于操作的旅游产品，提供统一的规范化服务，即可满足大多数旅游者的需要。此时，旅游者的个性化需求由于经济技术条件、旅游业发展水平及旅游者自身成熟程度的限制而受到严重抑制，以至呈隐性状态。

而新时期的旅游者需要的是“参与体验满足个性需要的旅游经历”。他们从被动的服从者转为主动的参与者，不仅要求享受到高质量的旅游产品和服务，而且要参与到旅游产品的设计制作和信息服务中，获得“我喜欢的”或“单独为我定制的”产品与服务，从而使自身的个性化需要得到最大限度满足。这种个性需求反应了现代旅游者对传统的模式化旅游方式的厌倦和反叛，也体现了随着消费水平提高旅游需求趋向高级化的发展趋势。

旅游者需求的上述变化呼唤着旅游市场营销思路与营销方式的转变。显然，按照具有同质需要的旅游者群体细分市场，并据此选定目标市场，制定营销组合的传统方式，已经无法适应旅游者各个相异的需要。只有在现有细分市场的基础上进行再细分，直至细分至旅游者个体，并为其专门定制旅游产品和服务，才能真正满足每个旅游者的个性化需求。

（资料来源：邹统钎：《旅游景区开发与经营经典案例》，旅游教育出版社2003年版）

案例思考题：

1. 中国旅游者需求的变化是否将推动旅游分销业的变革，为什么？
2. 旅游企业可以采取哪些策略，以适应旅游者的个性化需求？

案例4

碧峰峡：针对市场需求定制旅游开发目标

随着旅游消费的日趋成熟，市场需求也在不断变化。就我国而言，从20世纪七八十年代的观光旅游一统天下，到90年代度假旅游、休闲旅游、生态旅游的异军突起，再到现在的个性化旅游渐成时尚，旅游市场需求正随着人们生活水平的提高和旅游经历的丰富而向多样化的方向发展。这从我国各年的旅游主题上也可见一斑，2001 年的中国体育健身游，2003 年的中国烹饪王国游，2004 年的中国百姓生活游，2006 年的中国乡村游，2008 年的中国奥运游，2009 年的中国生态游。可以看出，21 世纪是休闲旅游、绿色旅游、生态旅游、度假旅游、参与性旅游等旅游项目的天下。雅安市政府在开发碧峰峡旅游景区时，充分利用了其所拥有的自然资源，以休闲、度假旅游作为开发的主要方向。但由于开发的旅游产品缺乏特色、宣传力度不够、配套设施较低、开发资金不足等原因，碧峰峡一直未有大的发展，直至 1998 年万贯集团投资开发碧峰峡景区。在此之前，万贯集团曾就旅游需求委托权威机构对城市居民作了市场调查。调查结果表明：游客最希望在景区获得的是舒适快乐（占被调查居民的 56%）；具备出游条件的人为 68%，而只有 8% 的人选择了节日出游，原因在于现代的观光旅游产品因一日多游的特点使人疲于从一个景点至另一景点，从而使游客产生不如在家待着的想法，通过调查还发现，居民最理想的回访率高的景区是距离适中、消费一般、生态环境好、感觉不累的休闲度假型景区。根据调查结果，万贯集团确定了产品开发方向，即推出适合休闲度假特点的新型旅游产品。据此，万贯集团在对碧峰峡进行包装的基础上，首批推出野生动物园项目。同时，碧峰峡把“家庭共享、共创欢乐”作为开发的主题，通过创造一个让游客体验欢乐的生态乐园，实现景区的开发目标。

（资料来源：邹统钎：《旅游景区开发与经营经典案例》，旅游教育出版社 2003 年版）

案例思考题：

1. 结合所学理论与实际，试对旅游市场需求的发展趋势作出前瞻性预测。
2. 可持续发展目标下的旅游开发应遵循哪些原则？

案例 5

桂林深度挖掘境外旅游需求分析

近年来，桂林发展入境旅游的“精细化”目标为：细分市场，推出多元旅游产品；自主促销，“近距离”了解境外游客需求；全球营销，以多种载体和方式，将桂林旅游影响渗透到多个市场，从而达到深度挖掘境外游客需求、引导旅游消费的目的。

市场的深度拓展也带动了桂林入境旅游的发展，据统计，2007 年第一季度，桂林接待入境游客19.13万人次，同比增长12.93%；入境旅游收入3.99亿元，同比增长25.7%。桂林发展入境旅游的经验值得我们学习，主要有以下两个方面：

1. 细分市场，重新包装旅游产品

对欧美国家旅游市场，桂林加强了市场调研，深入分析研究欧美国家公民旅游习惯、旅游需求、消费水平、民俗习惯等市场特征；定期召开国际旅行社市场分析会，共同研讨面临的问题，使其欧美促销活动更有针对性。

日本市场一度受政治因素影响从2005年4月后持续下滑。为此，桂林市旅游局鼓励主力企业赴日本开展自主促销工作，与日本交通公社、日本近畿旅行社等主要旅游企业加强合作，并邀请相关人员到桂林考察和包装新产品。在日本华人喜欢的杂志上连续刊登宣传桂林的广告，吸引这些人来桂林旅游。同时，对大东京区、北海道地区进行了专门促销。2007年一季度，桂林的日本入境游客同比增长57.22%。

为重振韩国市场，桂林与韩国旅游界开展广泛交流：与韩国著名旅游公司HANATOUR、釜山青旅等开展合作，并促成了东航开通首尔——桂林的正航航线。2006年以来，市旅游部门与HANATOUR合作，将桂林精华景区、景点进行组合，形成了6条个性鲜明的游览线路，并根据韩国人的喜好，打造了高尔夫旅游、资源丹霞风光旅游专项产品。2007年一季度，桂林的韩国入境旅游总人数为22 774人次，同比增长77.94%。

利用与中国台湾桂林旅游大联盟的密切关系，开创了桂林与境外旅行商共同出资宣传桂林旅游的新模式。针对香港二次旅桂潜力市场，桂林包装了“重游桂林”、“桂林与以前不一样”等新产品，并邀请三名港姐到桂林拍摄风光宣传片在香港播出。2007年春节，桂林旅游企业联合香港旅游企业组织了桂林——香港正班和加班机134架次，创下历史纪录。

同时，针对东盟各国特点，桂林有所针对地开展促销：多次邀请泰国旅游协会高层及主要旅行商和媒体记者来桂林考察，在泰国主流媒体刊登桂林旅游产品宣传广告；发挥马来西亚桂林旅游大联盟作用，依托吉隆坡——桂林旅游包机招揽游客；与泰国旅游局、印尼旅游部高层举行系列工作会见……

2. 加强自主促销，扩大客源市场

2004年桂林市政府代表团赴西班牙对世界旅游组织进行工作访问，启动桂林市独立赴欧洲市场开展自主促销工作。自主促销，使桂林旅游部门和旅游企业直接接触境外市场，更加便于了解境外游客的旅游需求，从而有针对性地展开促销和经营。

近年来，市旅游部门积极组织市内各旅游单位参加国家旅游局组织的各种具有国际影响力的旅游展，如德国柏林展、意大利米兰展、法国巴黎展、英国伦敦世界旅游博览会、芝加哥会议奖励旅游展等等，保持桂林国际化旅游城市形象在国际旅游界的亮相率，而且直接与欧美旅行商建立了联系。

既“走出去”，也“请进来”。近年来，桂林每年都有针对性地邀请多批欧美大型旅行商来桂林考察线路，2006年至2007年，国外旅行商团纷至沓来：加拿大旅游代理商、美国ASIA HOLIDAY TOURS（亚洲假日旅游）旅游代理商团、美国“飞虎队”老兵访华团、“法国老爷车拉力赛2006年中国行”拉力活动团……2006年，桂林被西班牙旅游大会选为西班牙旅游行业今后两年在中国主推的7个城市之一。

利用各种载体和机会，桂林正在构建全球性旅游营销系统，让桂林形象和旅游产品深入人心，引导旅游消费。

桂林注重与国际组织的联系，积极承办国际会议和活动，提高桂林知名度。目前，桂林已与博鳌亚洲论坛、世界旅游组织、全球商界领袖们的旅行和旅游论坛——世界旅游旅行理事会（WTTC）、全球最大的旅行批发商——英国格里菲旅游集团、TTG国际传媒、大湄公河次区域国家（GMS）等国际组织和旅游集团建立了良好的合作关系。

近两年，桂林先后承办了由大湄公河次区域国家组织（GMS）的“2005大湄公河次区域国家旅游业发展措施第三次工作会议”，会上将桂林定位为GMS区域的东北门户，这是继泰国曼谷、越南河内之后GMS的第三个门户城市。世界旅游组织将阳朔定为“世界旅游组织旅游观测点”，这是世界旅游组织历史上的第一个观测点。

通过与以上国际旅游组织及集团的交往和合作，最直接地增加了世界对桂林的了解，加速桂林与国际化旅游目的地的接轨。

同时，桂林每年有计划地邀请和接待国际知名媒体来桂采访、拍摄，包括来自美国、加拿大、德国、法国、荷兰、西班牙、意大利、澳大利亚、英国、泰国、韩国、马来西亚等客源市场的主要媒体。2006年，美国DICOVERY也首次来桂拍摄专题片。而且，桂林旅游宣传广告还出现在全球知名媒体CNN等欧美大洋洲电视频道上。在日本《WHENEVER》、韩国《朝鲜日报》、KBS、SBS、MBS电视台等刊登的一系列桂林旅游宣传广告，成为桂林旅游与国际化接轨的一项具体表现。

桂林还加强了桂林旅游网的建设，多次改版英文版、韩语版旅游资讯网页，并加快了更新速度。考虑到欧美游客的阅读需要，市旅游部门专门邀请了来自澳大利亚的教授，与市旅游部门人员一起修改旅游宣传册，并对桂林旅游网的英文版进行了修改，为境外游客提供了更加人性化的服务。

此外，桂林还加速了国际航线的开通。比如，实现了桂林至洛杉矶、悉尼、巴黎和法兰克福的代码共享，对桂林市旅游的自主组团能力的增强、欧美散客的大幅增长创造了良好的前提条件和便捷畅通的空中桥梁。

（资料来源：桂林生活网—桂林日报）

案例思考题：

1. 随着境外旅游市场的不断扩大，我国旅游业可以采用哪些营销策略拓展境外旅游市场？

2. 结合本案例，分析桂林发展入境旅游的经验。

四、练习题参考答案

（一）名词解释

1. 现代旅游需求是指人们为了满足不断变化和增强的旅游欲望，在一定的时间和价格条件下，具有一定支付能力的可能购买的旅游产品数量。

2. 可支配收入是指人们从事经济社会活动所得的个人收入扣除所得税的余额，是人们可以任意决定其用途的收入。

3. 旅游需求规律：旅游需求受旅游产品价格、人们可支配收入及闲暇时间所影响，旅游需求量和旅游需求水平变化的规律性。

4. 旅游需求弹性：旅游需求对各种影响因素变化的敏感性，即旅游需求量随其影响因素的变化而相应变化的状况。

5. 点弹性：当影响旅游需求的各种因素（自变量）变化幅度很小时（即在某一点上），引起旅游需求（因变量）的相对变化。

6. 弧弹性：当影响因素（自变量）变化幅度较大时，旅游需求（因变量）相对于影响因素在某一区间内的相对变化量。

7. 旅游需求价格弹性：旅游需求量对旅游产品价格的反应及变化关系。

8. 旅游需求收入弹性：旅游需求量与人们可支配收入之间的反应及变化关系。

9. 旅游需求交叉弹性：某一种旅游产品的需求量对其他旅游产品价格变化反应的敏感性。

10. 旅游产品的替代性：在市场经济条件下，相同性质而不同类型的旅游产品，在满足旅游者的需求与消费之间具有相互替代的关系。

11. 旅游产品的互补性：在旅游产品构成中，不同旅游产品或要素之间是互相补充和促进的。

12. 旅游需求指标是指综合反映旅游需求状况，并用于预测旅游需求发展趋势的指标，是现代旅游经济指标体系中的有机组成部分，其主要包括旅游人数指标、旅游消费支出指标、旅游出游指标等。

13. 旅游需求预测是在旅游需求调查的基础上，运用科学的分析方法和手段对旅游需求的变化特点及趋势作出的判断和推测。

14. 旅游需求调查是通过对旅游客源国的综合性调查，了解和掌握旅游需求的产生和发展状况，为科学的旅游需求预测和分析提供依据。

（二）判断题

1. √ 2. √ 3. × 4. × 5. × 6. × 7. √ 8. × 9. √ 10. √

（三）单选题

1. C 2. A 3. A 4. C 5. D 6. B

（四）多选题

1. BC 2. ABCD 3. BCD 4. ABC

（五）简答题

1. 旅游需求是指人们为了满足不断变化和增强的旅游欲望，在一定的时间和价格条件下，具有一定支付能力的可能购买的旅游产品数量。在旅游市场中，有效的旅游需求是指既有购买欲望，又有支付能力的需求，它反映了旅游市场的现实需求状况。凡是只有旅游欲望而无支付能力，或者只有支付能力而无旅游欲望的需求均称为潜在需求。前一种潜在需求是不能引导的，只能随社会生产力发展和人们收入水平提高，才能逐渐转换为有效需求；而后一种潜在需求是可引导的，因而是旅游经营者开发的重点，即通过有效的市场营销策略，如广告、宣传、人员促销等，使其能够尽快转换为有效的旅游需求。

2. 现代旅游需求的产生，既有主观因素，也有客观条件：

旅游需求产生的主观因素，实质上是人们在各种外在因素和条件综合作用下，所反映出来的从生理和心理上对旅游的一种渴望。它包括生理性因素和心理性因素。

客观条件，主要包括四方面：（1）旅游产品的吸引力是产生旅游需求的前提条件；（2）人们可支配收入的提高是产生现代旅游需求的经济条件；（3）人们闲暇时间的增多是产生现代旅游需求的必要条件；（4）交通运输现代化是促进旅游需求产生的基础条件。

3. 现代旅游需求除了受到旅游者的主观因素和收入水平、闲暇时间及交通条件的直接作用外，还是在政治、经济、文化、法律、自然、社会等各种外在因素影响下而形成的一种复杂的社会经济现象。通常，影响旅游需求的主要因素有：

（1）影响旅游需求的人口因素。

（2）影响旅游需求的经济因素。

（3）影响旅游需求的社会文化因素。

（4）影响旅游需求的政治法律因素。

（5）影响旅游需求的资源因素。

4. 现代旅游需求的特征有：

（1）现代旅游需求是一种高层次的需求。

（2）现代旅游需求是一种多样性的需求。

（3）现代旅游需求是一种主动性的需求。

（4）现代旅游需求是一种复杂性的需求。

5. 预测旅游需求的基本方法有：

（1）统计分析预测法。主要是根据历史资料和相关数据，运用各种统计分析方法来分析和推断旅游需求发展和变化趋势的方法。

（2）问卷调查预测法。通过对旅游者进行问卷调查，然后对问卷调查的资料进行归类、整理和分析，从而预测旅游需求发展和变化趋势的方法。

（3）数学模拟分析法。是对各种旅游数据资料进行数学分析，建立模型，运用现代计算机手段进行模拟分析和计算求解，从而预测旅游需求发展和变化趋势的方法。

6. 旅游需求的变化状况及水平，可通过旅游需求指标来反映和衡量。现代旅游需求指标，是旅游经济指标体系中的有机组成部分，其主要通过一套经济指标来综合反映旅游需求的状况，并预测旅游需求的发展趋势。具体包括旅游者人数、旅游出游等指标和旅游消费支出指标等。

（1）旅游者人数指标，是反映旅游需求总量的主要指标，通过该指标可以了解和掌握旅游需求的总规模及水平状况，还可以进一步分析旅游者的需求构成、需求内容、需求时间及需求趋势等。旅游者人数指标通常包括旅游者出游人数和旅游者接待人数两个指标。

（2）旅游出游指标，是从相对数角度来反映旅游客源国在一定时期内出游的旅游者人数的规模和水平。包括游客产生率，旅游出游率和旅游重游率三个主要指标。

（3）旅游消费支出指标，是指旅游者在旅游活动过程中所支出的全部费用，是从价值形态反映旅游需求的综合性指标。通常，旅游者在旅游目的地的旅游消费支出越多，则旅游目的地国家（或地区）的旅游收入就越多。反映旅游消费支出的指标主要有三个，即旅游者支出总额、人均旅游支出额和旅游支出率。

7. 旅游需求弹性，是指旅游需求（因变量）对各种影响因素（自变量）变化的敏感性，即旅游需求量随其影响因素的变化而相应变化的状况。对于旅游需求弹性来讲，由于旅游产品价格、人们可支配收入和相关旅游产品价格是影响旅游需求变化的最基本因素，因此旅游需求弹性还可划分为旅游需求价格弹性、旅游需求收入弹性和旅游需求交叉弹性。

旅游需求价格弹性，反映旅游需求量变动对旅游产品价格变动的敏感程度；旅游需求收入弹性，反映旅游需求变动量对收入变动的敏感程度；旅游需求交叉弹性，则反映某一旅游产品需求量对另一旅游产品价格的敏感程度。

（六）论述题

1. 旅游需求的产生和变化受多种因素的制约和影响，但对旅游需求量具有决定性影响的因素主要是旅游产品的价格、人们的收入状况及闲暇时间。因此，旅游需求量变化的规律性主要反映为旅游需求与价格、收入和闲暇时间的相关性和变动关系。

（1）旅游需求量与旅游产品价格成反向变化。

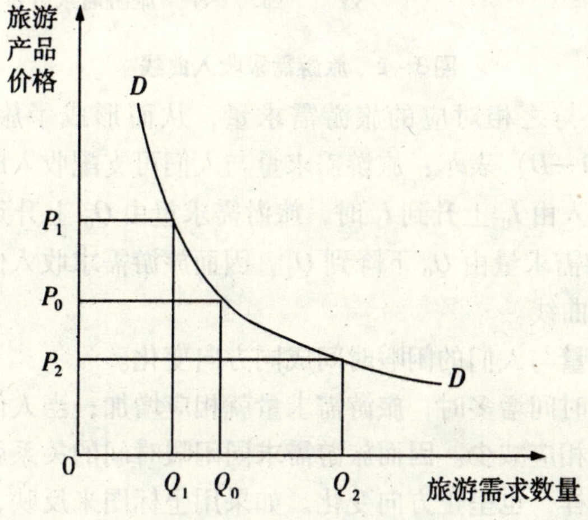

图 3－1 旅游需求价格曲线

在图 3－1 中，纵坐标代表旅游产品的价格，横坐标代表旅游需求数量，于是，在坐标图中旅游产品价格的任何一种变动，都有一个与之相对应的旅游需求量，从而形成了旅游需求价格曲线（*D*—*D*）。该曲线表示：旅游需求量与旅游产品价格呈反方向变化的规律性。当旅游产品价格从 P_0 上涨到 P_1 时，旅游需求量从 Q_0 下降到 Q_1；当旅游产品价格从 P_0 下降到 P_2 时，旅游需求量从 Q_0 上升到 Q_2；因而旅游需求价格曲线是一条自左上向右下倾斜的曲线。

（2）旅游需求量与人们可支配收入成同方向变化。

通常，人们可支配收入越多，对旅游产品的需求量就越大；反之，人们可支配收入越少，对旅游产品的需求量就越小。因此，人们可支配收入同旅游需求量之间存在着正相关变化的关系，图 3－2 的旅游需求收入曲线，就反映了旅游需求量与人们可支配收入成同方向变化的客观规律性。在图 3－2 中，纵坐标代表人们可支配收入，横坐标代表旅游需求数量。于是，人们可支配收入的每一个任

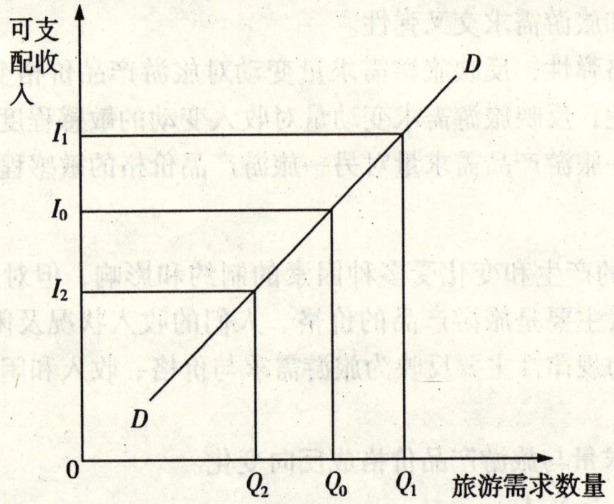

图3－2　旅游需求收入曲线

意变化，都有一个与之相对应的旅游需求量，从而形成了旅游需求收入曲线（D—D）。曲线（D—D）表示：旅游需求量与人们可支配收入成正方向变化的规律性。当可支配收入由 I_0 上升到 I_1 时，旅游需求量由 Q_0 上升到 Q_1；反之，当 I_0 下降到 I_2 时，旅游需求量由 Q_0 下降到 Q_2，因而旅游需求收入曲线是一条自左下方向右上方倾斜的曲线。

（3）旅游需求量与人们的闲暇时间成同方向变化。

当人们的闲暇时间增多时，旅游需求量就相应增加；当人们的闲暇时间减少时，旅游需求量就相应减少。因而旅游需求同闲暇时间的关系就像旅游需求与可支配收入的关系一样，也呈正方向变化。如果用坐标图来反映，则旅游需求闲暇时间曲线如图3－3所示。

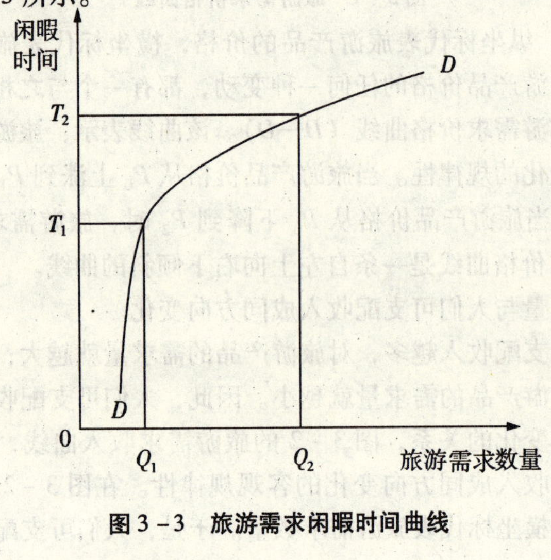

图3－3　旅游需求闲暇时间曲线

在图 3－3 中，纵坐标代表人们的闲暇时间，横坐标代表旅游需求数量，于是人们的闲暇时间的增加，必然有与之相对应的旅游需求量的增加，从而形成旅游需求闲暇时间曲线（D—D）。该曲线表示：当人们的闲暇时间较少，即位于 T_1 以下时，对旅游需求也相应较少，旅游需求量为 Q_1；而一旦人们的闲暇时间超过 T_1 时，旅游需求随时间的增加呈正向变化，当闲暇时间增加到 T_2 时，旅游需求量相应增加到 Q_2，因此旅游需求闲暇时间曲线，也是一条自左下方向右上方递增倾斜的曲线。

2. 旅游需求价格弹性系数主要是指旅游产品价格变化的百分数与旅游需求量变化的百分数的比值。通常可以反映旅游需求量随旅游产品价格的变化而相应变化的程度。由于旅游产品价格与旅游需求量成反向关系，因而旅游需求价格弹性系数为负值。根据旅游需求价格弹性系数的绝对值大小，通常可区分为三种情况：

（1）当 $|Ed_p|>1$ 时，旅游需求价格富有弹性。则其需求曲线上的斜率较大，表明旅游需求量变动的百分比通常会大于旅游产品价格变动的百分比。在实际中，则表明旅游产品价格提高，旅游产品需求量将减少，但减少的百分比大于价格提高的百分比，从而会使旅游收益相对减少；相反，如果旅游产品价格降低，则旅游需求量将增加，但增加的百分比大于价格下降的百分比，会使旅游收益相对增加。

（2）当 $|Ed_p|<1$ 时，旅游需求弹性不足。则其需求曲线上的斜率就较小，表明旅游需求量变动的百分比，一般小于旅游产品价格变动的百分比。在实际中，则表明旅游产品价格提高，旅游需求量将减少，但减少的百分比小于价格提高的百分比，从而会使旅游收益略有相对增加；相反，如果旅游产品价格下降，旅游需求量增加，但增加的百分比小于价格下降的百分比，从而会使旅游收益略有相对减少。说明旅游产品价格的变化，对游客量增加和收益减少的影响是较小的。

（3）当 $|Ed_p|=1$ 时，旅游需求价格弹性为单位弹性。表明旅游需求变动的百分比与旅游产品价格变动的百分比是相等的，因此旅游产品价格的变化，对游客量增加和收益相对减少的影响是同比变化的，其对旅游经营者的总收益不会产生影响。

3. 旅游产品的替代性就是指相同性质而不同类型的旅游产品在满足旅游消费需求之间具有相互替代的关系。旅游产品的互补性，就是指旅游产品各部分的构成中，是互相补充和互相促进的，即某一部分的存在和发展必须以其他部分的存在和发展为前提，或者某一部分旅游产品作用的有效发挥，必须以其他部分的存在及配合为条件。我们可以用旅游需求的交叉弹性系数来确定旅游产品的替代性和互补性。旅游需求的交叉弹性系数就是指某一种旅游产品的需求量对其他旅游产品价格变化反应的敏感性。

如果旅游产品 y 对旅游产品 x 具有替代性，那么旅游产品 y 价格下降必将引起对旅游产品 x 的需求量减少；反之亦然。因此，对于具有替代性的旅游产品而言，其旅游需求的交叉弹性系数必然是正值。如果旅游产品 y 对旅游产品 x 具有互补性，那么旅游产品 y 价格下降必然引起对旅游产品 x 的需求增加；反之亦然。因此，对于具有互补性的旅游产品而言，其旅游需求的交叉弹性系数必然是负值。

第 4 章 现代旅游供给与供求均衡

一、学习指导

（一）总体要求

通过本章的学习，促使学生掌握旅游供给的概念、主要特点和各种影响因素，分析和掌握现代旅游供给的规律性，了解旅游供给弹性的类型及计算方法，并把旅游需求和旅游供给相结合起来，在此基础上，进一步掌握旅游供求的矛盾运动，从而掌握旅游供求规律的内容和实现旅游供求均衡的方法和过程。

（二）主要内容和知识点

本章的中心是旅游供给的相关概念、供求均衡及其调控。围绕这一中心，可分为以下几个问题：

1. 现代旅游供给的概念及特征

（1）旅游供给：是指在一定条件和一定价格水平下，旅游经营者愿意并且能够向旅游市场提供的旅游产品数量。

这里的供给是指有效供给，也就是旅游经营者既要有供给意愿，也要有供给能力，两者缺一不可。

（2）现代旅游供给的特征。

① 旅游供给的计量差别性。

② 旅游供给的产地消费性。

③ 旅游供给的可持续性。

④ 旅游供给的非贮存性。

⑤ 旅游供给的多样性。

（3）现代旅游供给的影响因素。

① 旅游活动的环境容量。

② 旅游相关产品的价格。

③ 旅游生产要素的价格。

④ 社会经济发展水平。

⑤ 科学技术发展水平。

⑥ 旅游经济方针和政策。

2. 现代旅游供给规律与弹性

这一部分的核心内容是供给弹性，也是本章的重点和难点。

(1) 现代旅游供给规律。

在市场经济条件下，决定旅游供给变化的主要因素有旅游产品价格、生产要素价格、旅游供给能力等，它们与旅游供给之间的不同变化就形成旅游供给规律。

① 旅游供给量变化的规律性。

在其他因素既定情况下，旅游供给量具有与旅游产品价格呈同方向变化的规律性。因此，旅游供给曲线是一条自左下向右上倾斜的曲线，该曲线反映了旅游供给量与旅游产品价格同方向变化的客观规律性。这是由于旅游经营者追求利润最大化目标所决定的。

② 旅游供给能力的相对稳定性。

旅游供给能力，是指在一定条件下（包括时间和空间等），旅游经营者能够提供旅游产品的最大数量。根据旅游产品的特征，旅游供给能力具体可分为旅游综合接待能力和旅游环境承载能力两种。

由于旅游供给能力在一定条件下是既定的，决定了旅游供给量的变动也是有限的。特别是旅游供给受旅游环境承载能力的限制，决定了旅游供给在一定时间，一定空间条件下，其供给量必然受到旅游供给能力的制约。一旦达到旅游供给能力，即使旅游产品价格再高，旅游供给量也是既定不变的。因此旅游供给具有相对稳定性。

③ 旅游供给水平变化的规律性。

在旅游产品价格既定条件下，由于其他因素的变动而引起的旅游供给的变动，称为旅游供给水平的变动。供给水平变动会引起整条旅游供给曲线的平移。

(2) 现代旅游供给弹性。

旅游供给弹性是指旅游供给对各种影响因素变化作出的反应。包括旅游供给价格弹性、旅游供给交叉弹性、旅游价格预期弹性等，本章要求着重理解旅游供给价格弹性和旅游价格预期弹性。

① 旅游供给价格弹性。

A. 含义：旅游供给价格弹性是指旅游供给量对旅游价格的反应及变化关系，即在其他因素不变的情况下，旅游供给量是随旅游产品价格而同方向变化。通常用旅游供给价格弹性系数表示，即旅游供给量变化的百分比与旅游产品价格变化的百分比的比值。

设：Ed_i—— 旅游需求收入弹性系数

Q_0，Q_1—— 为变化前后的旅游需求量

I_0，I_1—— 为变化前后的可支配收入量

则有旅游需求收入弹性计算公式（3.5）如下：

则旅游供给点弹性公式为：

$$E_{sp}=\frac{\frac{Q_1-Q_0}{Q_0}}{\frac{P_1-P_0}{P_0}} \quad \text{（公式 4-1）}$$

旅游供给价格弧弹性公式为：

$$E_{sp}=-\frac{\frac{Q_1-Q_0}{\frac{Q_1+Q_0}{2}}}{\frac{P_1-P_0}{\frac{P_1+P_0}{2}}}=\frac{\Delta Q}{\Delta P}\cdot\frac{P_1+P_0}{Q_1+Q_0} \quad \text{（公式 4-2）}$$

由于旅游供给量与旅游产品价格同方向变化，因而其弹性系数为正值。

B. 旅游供给价格弹性的类型。

a）当 $E_{SP}>1$ 时，表明旅游供给量变动百分比大于旅游产品价格变动百分比，即旅游供给是富有价格弹性的，说明旅游产品价格的微小变化将引起旅游供给量的大幅度变化。

b）当 $E_{SP}=1$ 时，表明旅游供给量变动百分比同旅游产品价格变动百分比是相等的，即旅游供给具有单位弹性。

c）当 $E_{SP}<1$ 时，表明旅游供给量变动百分比小于旅游产品价格变动的百分比，即旅游供给弹性不足，说明旅游产品价格的大幅度上涨或下跌，对旅游供给量变化的作用不强。

d）当 $E_{SP}=0$ 时，旅游供给完全缺乏价格弹性，表明无论旅游产品价格怎样变动，旅游供给量基本保持不变。

e）当 $E_{SP}=\infty$ 时，旅游供给是完全富有弹性的，表明在既定的旅游产品条件下旅游供给量可任意变化。

②旅游价格预期弹性。

A. 旅游价格预期弹性是指未来旅游价格的相对变动与当前旅游价格相对变动之比。把未来旅游价格相对变化与现期旅游价格相对变化进行比较，即可计算旅游价格预期弹性系数。

设：E_f——旅游价格预期弹性系数

F，ΔF——未来价格

P，ΔP——现期价格

则有旅游价格预期弹性的计算公式如下：

$$E_f = \frac{\frac{\Delta F}{F}}{\frac{\Delta P}{P}} \qquad \text{（公式 4-3）}$$

旅游价格预期弹性系数，不论对于旅游者还是旅游经营者来讲，都是一个重要的决策影响系数。

B. 旅游价格预期弹性系数的类型。

a）对于旅游者来讲，旅游价格预期弹性的作用则相对较小。

当 $E_f > 1$，则表明旅游者预期未来旅游价格的相对变动将大于现期旅游价格的相对变动。即当现期旅游价格上升，旅游者预期未来旅游价格上升的幅度可能更大，于是就会增加现期旅游产品的购买，反之亦然。

当 $E_f < 1$，则表明旅游者预期未来价格的相对变动将小于现行价格的相对变动，于是现期旅游价格提高，就会使旅游者持币待购从而引起现期旅游需求减少。但由于旅游需求同时还受闲暇时间因素的影响，因而价格预期对于旅游需求的影响相对较小，即旅游价格预期弹性系数一般都较小。

b）对于旅游经营者来讲，旅游价格预期弹性的作用则相对较大。

当 $E_f > 1$ 时，表明旅游经营者预期未来价格的相对变动将大于现行价格的相对变动。于是当现期旅游价格上升，旅游经营者为了将来获得更大的收益，就会减少现期的旅游供给，并加大投入以期增加未来的旅游供给量，反之亦然。

当 $E_f < 1$ 时，表明旅游经营者预期未来价格的相对变动将小于现行价格的相对变动，即旅游市场价格稳定，于是旅游经营者就会加大旅游宣传促销，以增加现期的旅游供给。

3. 现代旅游供求矛盾和均衡

（1）现代旅游供给与需求的矛盾。

从现代旅游供给与旅游需求的矛盾关系看，现代旅游供求矛盾主要表现在数量、质量、时间、空间和结构等方面的矛盾冲突。

（2）现代旅游供给与需求的均衡。

①现代旅游供给与需求的静态均衡。

旅游供给量与旅游需求量相等时，称为旅游供求均衡，这时所对应的价格 P_0 称为均衡价格，相对应的旅游产品数量 Q_0 称为均衡产量。

②现代旅游供给与需求的短期动态均衡。

旅游供给与需求都不是一成不变的，当供给或需求发后变化时，均衡点都会发生移动。

为简单起见，我们假定供给曲线与需求曲线在移动时形态不变，旅游供给和旅游需求的短期动态均衡有以下几种情况：

A. 旅游需求变动引起的短期动态均衡：在旅游供给水平不变的情况下，若旅游需求增加，旅游需求曲线右移，使均衡价格上升，均衡产量增加；反之亦然。

B. 旅游供给变动引起的短期动态均衡：在旅游需求水平不变的情况下，若旅游供给增加，会使旅游供给曲线右移，使均衡价格上升，均衡产量增加。

C. 旅游供给与需求同时变动引起的短期动态均衡。

旅游供给和需求同时变动的情况较复杂，因为它们既可按同方向变动，也可按不同方向变动；既可按同比例变动，也可按不同比例变动。旅游需求和旅游供给同时增加或同时减少，会引起旅游均衡产量同方向变动，而这时旅游均衡价格则有提高、降低、不变三种可能。

③现代旅游供给和旅游需求的长期动态均衡。

由于在现实的旅游经济活动中，旅游需求价格弹性和旅游供给价格弹性往往不一致，从而引起旅游供求具有不同的长期动态均衡变化。因此，在分析旅游供求动态均衡时，不仅要分析短期动态均衡，还要分析长期动态均衡，才能全面掌握旅游经济的发展态势。当旅游供给价格弹性小于旅游需求价格弹性时，表示旅游经营者对旅游价格的反应小于旅游者，于是在市场机制的作用下会使旅游供求从非均衡状态向动态均衡状态发展；当旅游供给价格弹性大于旅游需求价格弹性时，表示旅游经营者对旅游价格的反应大于旅游者，于是在市场机制的作用下会使旅游供求从非均衡状态向更加非均衡状态发展，形成动态的非均衡状态。

④现代旅游供求规律。

A. 旅游需求和旅游供给共同决定旅游产品价格，即旅游均衡价格就是旅游需求量等于旅游供给量时的价格；与旅游均衡价格相对应的旅游供求数量称为旅游均衡产量。

B. 旅游产品价格又影响和决定着旅游需求和旅游供给的数量。

C. 旅游均衡价格和均衡产量与旅游需求成同方向变动。

D. 旅游均衡价格与旅游供给成反方向变动，而旅游均衡产量与旅游供给成同方向变动。

E. 旅游需求和旅游供给同时增加或同时减少，会引起旅游均衡产量同方向变动，而这时旅游均衡价格则有提高、降低或不变三种可能。

F. 从长期看，旅游供求会因旅游供给弹性和旅游需求弹性的不一致而出现稳定的动态均衡和非稳定的动态均衡。

（3）现代旅游供求均衡的调控。

旅游供求均衡与一般产品的供求均衡相比，具有均衡的相对性、不均衡的绝对性，供求均衡的随机性等特点，从而要求加强宏观调控，从旅游业的长远发展来确立调控目标，并采用一定的调控方式，有效地实现旅游供求均衡的调控目标。从实践看，旅游供求均衡的调控有多种方式，概括起来主要有规划调控和过程调控两种方式。

①旅游规划调控是一种通过调节旅游供给来实现旅游供求均衡的调控方式，是一种前馈控制。它对旅游供给的发展给出目标限定和范围，其内容包括：旅游需求预测、旅游资源开发、供给规模确定、旅游区建设、旅游接待设施供给、相关旅游基础设施发展计划、人员培训和行业规范管理等方面。

②旅游过程调控是根据旅游市场中旅游供给和需求的变化来调控旅游供求均衡的调控方式，其包括宏观调控和微观调控两个方面。

（三）重点与难点

1. 教学重点

（1）掌握现代旅游供给、现代旅游供给弹性、旅游过程调控等概念。

（2）学习和掌握现代旅游供给的影响因素以及现代旅游供给的特征；现代旅游供给规律与供给弹性；现代旅游供给和旅游需求的相互依存和相互矛盾的运动规律及其主要表现；现代旅游供给与需求的静态均衡；现代旅游供给与需求的长、短期动态均衡；现代旅游供求规律。

（3）学会对旅游经济活动中的旅游供给和旅游供需矛盾的各种现象进行分析和判断，能够运用相关理论和知识对现代旅游供给的状况进行综合性分析。

2. 教学难点

（1）对现代旅游供给的影响因素及特征的理解。

（2）对现代旅游供给规律与供给弹性的理解和掌握。

（3）现代旅游供给和旅游需求的相互依存和相互矛盾的运动规律及其主要表现的正确理解和把握。

二、练习题

（一）名词解释

1. 旅游供给
2. 旅游供给规律
3. 旅游供给能力
4. 旅游环境承载力
5. 旅游供给弹性
6. 旅游供给价格弹性

7. 旅游价格预期弹性
8. 旅游供求均衡
9. 旅游供求短期动态均衡
10. 旅游供求长期动态均衡
11. 旅游规划调控
12. 旅游过程调控

（二）判断题

1. 旅游产品的供给就是指旅游产品的数量。（　）

2. 旅游的有效供给取决于两方面，即基本旅游供给和辅助旅游供给。（　）

3. 旅游供给的计量和一般工农业产品一样，都是用提供的产品来计量。（　）

4. 旅游供给量的变化是指旅游产品价格不变的情况下由于其他因素的变化引起的产品量的变化。（　）

5. 所谓旅游供给价格弹性系数，是指旅游供给量与旅游价格之比。（　）

6. 旅游供给价格弹性系数大于1说明旅游供给是富有弹性的，即旅游产品价格的微小变化能引起旅游供给量的小幅变化。（　）

7. 对于旅游者来讲，如果旅游价格预期弹性大于1，如果现期旅游产品价格下降则应增加现期消费。（　）

8. 如果旅游产品价格上升，则旅游供给曲线右移。（　）

9. 旅游供给量总是具有与旅游产品价格呈同方向变化的规律性。（　）

10. 当旅游产品价格上涨时，旅游需求下降而旅游供给增加。（　）

（三）单项选择题

1. 在其他因素既定情况下，旅游产品价格上涨必然引起旅游供给量的（　）

A. 增加　　B. 下降　　C. 不变　　D. 无法确定

2. 旅游供给的计量是用旅游供给的服务对象，即（　）作为旅游供给数量的基本计量单位

A. 旅游产品价格　　B. 现实旅游生产力
C. 旅游设施接待力　　D. 旅游者

3. 在旅游产品价格不变的情况下，如果生产要素价格下降，下列描述正确的是（　）

A. 旅游供给曲线向左上方移动　　B. 旅游供给曲线向右上方移动
C. 旅游供给曲线向左下方移动　　D. 旅游供给曲线向右下方移动

4. 下列哪种情况的变动会引起旅游产品供给量沿供给曲线上下移动（　）

A. 财政金融政策　B. 生产要素价格　C. 生产技术水平　D. 旅游产品价格

5. 旅游供给富有弹性时旅游供给价格弹性系数为（ ）

A. 大于1　　B. 等于1　　C. 等于0　　D. 小于0

6. 旅游供给价格弹性系数为∞时，旅游供给曲线的形状是（ ）

A. 向右上方倾斜的曲线　　B. 向右下方倾斜的曲线

C. 垂直于横轴的直线　　D. 垂直于纵轴的直线

7. 旅游供求之间表现为供给能力与实际旅游者人数之间的矛盾是（ ）方面的矛盾

A. 结构　　B. 质量　　C. 空间　　D. 数量

8. 如果旅游供给不变，旅游需求增加，下列说法中正确的是（ ）

A. 旅游产品的均衡价格下降，均衡数量上升

B. 旅游产品的均衡价格下降，均衡数量下降

C. 旅游产品的均衡价格上升，均衡数量上升

D. 旅游产品的均衡价格上升，均衡数量下降

9. 下列说法中正确的是（ ）

A. 旅游供给增加，旅游产品均衡价格和均衡数量均上升

B. 旅游供给增加，旅游产品均衡价格下降而均衡数量均上升

C. 旅游供给增加，旅游产品均衡价格和均衡数量均下降

D. 旅游供给增加，旅游产品均衡价格上升而均衡数量下降

10. 从实践看，旅游供求均衡的调控概括起来有两种，即规划调控和（ ）

A. 旅游需求预测　　B. 旅游区建设

C. 旅游过程调控　　D. 旅游行业规范管理

（四）多项选择题

1. 由于旅游产品自身的特点，旅游供给的特殊性主要表现在（ ）

A. 计量差别性　　B. 产地消费性　　C. 可持续性　　D. 多样性

2. 对旅游目的地的旅游容量分析，主要是分析旅游目的地的（ ）等内容

A. 生态环境容量　　B. 旅游资源容量

C. 游客心理容量　　D. 经济社会容量

3. 假定供给曲线与需求曲线在移动时形态不变，旅游供给与旅游需求的短期动态平衡主要有以下几种情况（ ）

A. 旅游产品价格变动引起的短期动态平衡

B. 旅游需求变动引起的短期动态平衡

C. 旅游供给变动引起的短期动态平衡

D. 旅游供给与需求同时变动引起的动态平衡

4. 对现代经济条件下旅游供给规律概括正确的是（ ）

A. 旅游需求和旅游供给共同决定旅游产品价格

B. 旅游产品价格决定和影响着旅游需求和旅游供给的数量

C. 旅游均衡价格和均衡产量与旅游需求成同方向变动

D. 旅游均衡价格与旅游供给成同方向变动

（五）简答题

1. 影响旅游供给的因素有哪些？
2. 试分析旅游供给价格弹性的几种情况。
3. 旅游供给弹性在旅游经济活动中有何作用？
4. 如何认识旅游供求的短期和长期动态均衡？
5. 如何理解旅游供给的特征？

（六）论述题

1. 应用图示分析旅游供给的规律性。
2. 讨论旅游供求的静态均衡和动态均衡。
3. 试论旅游供给与旅游需求存在哪些矛盾？以及如何实现旅游供求的均衡。

三、经典案例

案例 1

自驾车旅游市场的兴起对旅游供给的影响

自驾车旅游是早年流行于欧美等发达国家的一种旅游形式，这种形式得到了人们的普遍欢迎，使自驾车旅游风靡全球而成为一种时尚。随着中国经济发展和人们生活水平的不断提高，特别是“黄金周”假日的出现，越来越多的中国人在周末或假日与家人或朋友一道驾车外出旅游，欣赏大自然的美景，体会休闲的乐趣，享受一种纵情山水、追求原始情趣和天人合一的感受，使自驾车旅游成为现代旅游的一个新亮点。

从旅游供给角度看，旅游业是一个综合性很强的产业，旅游者在旅行中所必需的食、住、行、游、购、娱构成了旅游业的基本生产要素，即现行旅游供给体系由旅行社、旅游饭店业、旅游餐饮业、旅游交通业、旅游商品和旅游娱乐业共同构成。旅游产业提供给旅游者的产品是包含了旅游资源、旅游设施和旅游服务的组合产品，这样的组合产品的细分项是分别由旅游业的“六要素”企业提供的，而旅游者对产品消费具有完整性的要求，这在客观上要求旅游企业能提供一体化的服务，尽可能地提供给旅游者完整的产品形态。另外，由于我国人口基数大，任何一个相对量较小的消费群体在绝对数上都很可观，而需求结构的变化必将引发旅游供给结构性变化，所以，自驾车旅游的兴起必然会带来现行旅游供给体系相应的变化。

（一）自驾车旅游对旅行社业的影响

随着旅游者经验的积累与旅游能力的提高，他们变得越来越理性与成熟，旅游者的心理需求也进入更高层次，他们的旅游动机已从传统的观光型向多主题性转变，旅游的目标已逐渐上升到“推崇个性、崇尚自由、体验人生、完善自我和实现自我价值”的高度，而传统旅游产品中的包价过死、游览的线路与项目限制过多、游客缺乏活动自由等缺陷也逐渐表现出来，不能满足旅游者个性化的需求，从而使众多旅游者对传统的旅游模式越来越失去了兴趣，纷纷转向了张扬个性与自由的自驾车旅游。

随着现在自驾车旅游者的增多，使国内传统中短线旅游市场参团人数逐渐呈现一种下降趋势，可以说，自驾车旅游的兴起正在使旅行社的短线客源面临着被瓦解的危险。这对我国竞争已趋于白热化的旅行社业又提出了一个新的、更加艰巨的挑战。但是正如一枚硬币有两面一样，自驾车旅游的兴起也为我国的旅行社带来了新的机遇。面对自驾车旅游这个潜力巨大的市场，旅行社应该转变角色，充分利用自身的优势，放弃短线，努力开拓中、长线市场，创立品牌与特色产品。

（二）自驾车旅游对住宿业的影响

随着自驾车旅游在我国的发展，对我国的住宿业也提出了新的考验和挑战。在2002年的黄金周期间，针对这个问题，有关部门对北京的一些自驾车旅游者进行了一次问卷调查。他们几乎百分之百地把住宿期间车的安全问题摆在了首位。而现在的社会旅馆、家庭旅馆以及普通招待所或者没有足够大的停车场，或者安全保卫措施不力，在这方面少有令自驾车人满意的。

通常，自驾车旅游者驾车外出旅游时，出于停车场和住宿期间车的安全方面的考虑，他们一般住在档次比较高的宾馆饭店，但是这也意味着旅游费用的昂贵，因此自驾车旅游者迫切要求能满足自驾车旅游所需的特色化旅馆的出现。随着经济的发展和生活水平、生活方式的变化，自驾车旅游会不断增加，更多的人周末会到附近旅游地度假，黄金周和其他带薪假日到远处旅游地度假。这在一定程度上将促进以国内旅游者为消费对象的各种形式的分时度假及经营此类业务的公司的发展。

（三）自驾车旅游对景区景点的影响

自驾车旅游与普通的旅游有所不同，自驾车旅游一般选择一些人迹较少但景致颇佳的地方，选择飞机火车等现代交通工具不易直达而公路状态相对较好的线路。正是自驾车旅游者的这种远离城市喧嚣，与大自然进行“紧密接触”的心理，使得节假日期间的热点地区的游客得以分流，降低了热点景区、景点的接待压力，保证了景区景点的接待质量和可持续发展。同时，这部分游客纷纷流向温冷景区、景点，从而促进了温冷景区、景点的升温，再开发以及整体景区、景点的均衡发展。但不管是热点还是温冷点，这些自驾车旅游者的到来都对他们的“质量”与接待设施（尤其是停车场）提出了新的、更高的要求。

（四）自驾车旅游对旅游信息系统的影响

随着自驾车旅游在我国的蓬勃发展，我国旅游信息系统缺乏与不完善的问题日渐突出，因此，建立完善的旅游信息系统势在必行。

建立完善的旅游信息系统，比如开通旅游服务呼叫热线并公之于众，发布各旅游景区景点的旅游预报（包括各旅游景区、景点的客流量、舒适度以及天气状况）和各地的住宿情况预报。另外，可以仿效国外，在机场、车站、饭店以及各主要景区、景点、交通要道等旅游者集散地，提供游人免费取阅的旅游资料或配置触摸式“旅游点点通”设备；在城市街区里建立旅游信息咨询“I”亭（“I”即 information），专门为游客提供各种有关旅行的资讯等。

（资料来源：五台山自助旅游网）

案例思考题：

1. 结合所学理论和实际，试分析自驾车旅游市场前景。
2. 试分析自驾车旅游的兴起将给旅游供给体系带来的影响。

案例 2

美国野牛山国家公园如何控制游客数量

对很多自然旅游景区、景点而言，过多的游客来访会带来很多负面影响，特别是在旅游旺季。但单纯通过提高旅游价格来抑制旅游需求被认为是不公平的。它使旅游地变成富人的天堂，而剥夺了普通公众享受自然赋存的公共资源的权利。控制性旅游营销强调的就是将目的地环境、游客管理和市场营销做一体化考虑，而不是各行其是，在旅游管理部门的协调下，景区、旅游经营者和目的地营销部门联合制订一系列措施，在控制游客总量的同时使旅游活动符合当地目标，实现可持续发展。

美国维多利亚州的野牛山国家公园是一个出租给私人进行旅游经营的国家公

园。多年以来，旅游经营商的宣传使游人数量不断增加。公园开始通过促销材料劝止那些不符合公园管理目标的游客。例如，“公园不适合速降滑雪爱好者和那些过度依赖娱乐设施（如迪斯科舞厅）的人，因为公园无法提供他们所期望的设施。相反，公园欢迎那些对自然环境友好，满足于自然乐趣的家庭或单身游客。”公园还在促销材料上提供了游客行为准则，如禁止捕猎、禁带宠物和禁带火种。国家公园的网站上除了上述信息外，还详细介绍有关公园自然、文化环境的信息，使游客到访之前就能对其生态环境和保护价值有充分的了解。这些控制性营销措施并没有使游客数量下降，反而取得了积极效果，即在满足经营者赢利目标的同时，促进了国家公园的环境保护和游客体验。

（资料来源：搜狐博客）

案例思考题：

1. 什么是旅游承载力？旅游承载力的测算对旅游地的可持续发展有什么理论和实际意义？

2. 控制游客数量是否会使经营者受损？经营者应如何看待短期经济利益和长远发展的问题？

案例 3

我国旅游电子商务需创新求变

由于我国旅游电子商务服务的统计体系不完善，对于我国旅游电子商务服务的规模没有一个统一的数据，但根据一些行业协会、咨询机构发布的调查报告或研究报告中的数据显示，2006 年我国旅游电子商务服务的 B2C 营收约在 15 亿至 20 亿元，相对于我国 2006 年旅游业 8 935 亿元的收入来说，所占的比例只有 0. 1% 到 0. 2% 左右。

巨大的并且多变的市场需求对传统旅游格局和旅游模式来说是相当严峻的考验。不仅会有空前数量的国际游客进入中国旅游市场，他们的消费理念和旅游需求都远远超过国内旅游者的平均水平。即使是国内的旅游者，也会快速接受新的旅游观念，产生种类更加丰富的旅游需求。

据同程网的统计数据来看，目前旅游电子商务模式对传统旅游业务模式的替代趋势表现明显。以中小旅行社为例，2003 年，绝大多数旅行社的业务合作和业务操作都采用传统的电话传真、人工外联的形式。2004 年，同程网对部分会员的抽样调查结果显示，通过先进的网络方式进行的业务合作，在被调查旅行社中已经占据了 20% 左右的份额。而 2005 年，这个数字逼近 50%；2006—2007 年部分非常重视电子商务的旅行社已经帮助自己对业务结构进行了彻底的改革，网络业务超过了 80%。传统的团队旅游在旅游业务中所占份额逐年来不断减少，而商务游客、普通散客的数量大大增加，这种情况在 2008 年已有明显趋势。所有这些，都在提醒着我国的旅游企业，这个市场发展的速度很有可能大大超过我们的想象，因此如果旅游企业希望在 2009 年获得很好的收益，不被市场淘汰，那么应加速自己企业的电子商务改革，将先进的理念和模式引入经营过程中，尽力扩大业务范围，熟练掌握各种综合的和单项的旅游产品的营销，并且尽快适应新的合作环境。

从最新的国内旅游环境来看，目前，法定节假日的调整以及国家对《旅行社管理条例》的调整都将从各个方面促进中国旅游市场进行变革。旅游企业在这个变革时期更是急需专业的引导和业内的深入交流帮助自己完成旅游产品的创新升级、旅游业务的进一步拓展以及对客户管理的全面规范和强化。

（资料来源：艾瑞博客）

案例思考题：

1. 我国旅游电子商务存在哪些问题？试分析对策。
2. 如何创新旅游电子商务模式，加速旅游企业的电子商务改革？

案例 4

打通旅游一线　让过客留宿山南

山南旅游资源丰富，吸引了很多游客前来观光旅游。但是，山南距拉萨较近，很多游客都是当天来当天就走，宾馆饭店、餐饮娱乐、旅游购物等关联行业不能得到同时发展，影响整个地区的旅游产业发展。

尽快开拓旅游客源市场，山南地区旅游局一方面通过政府推动，有计划、有组织地在国际、国内主要客源市场建立了营销网络，把宣传的主要方向定在了欧美和亚洲（日、韩、新加坡）市场，国内市场重点放在沿海发达省份及港、澳、台和西藏周边地区。另一方面则根据国际国内旅游市场不断变化的旅游需求和旅游业发展的需要，变静态宣传为动态宣传，加大宣传促销的科技含量；变单纯地着重景点形象宣传为全面展示民族食品、民族服饰、农耕文化、生活习俗、婚丧节庆等山南独特的民风民俗；把只参加国际旅游展销会和国内旅游展销会的单一走出去的宣传促销模式变为通过着重挖掘山南文化内涵，塑造山南旅游品牌的旅游文化节庆活动。在做好旅游宣传的同时，山南地区旅游局还与各大旅行社、旅游公司合作，科学、合理、有序开发旅游资源。

山南地区旅游局党组成员、风景局局长更增说，目前国家正在对山南地区曲松县到林芝地区朗县的公路改建项目进行审批，这条路如果能够建成柏油路，从山南到林芝的旅游环线也就形成了，山南就可以改变现在的旅游格局，让过客留宿山南。

（资料来源：西藏商报）

案例思考题：

1. 山南旅游局通过哪些策略来开拓旅游客源市场的，从中你可以获得什么启示？

2. 随着旅游需求的日益多样化和层次化，旅游供给应如何调整？

四、练习题参考答案

（一）名词解释

1. 旅游供给是指在一定条件和价格水平下，旅游经营者愿意生产并能够向旅游市场提供的旅游产品数量和能力。

2. 旅游供给规律：在市场经济条件下，决定旅游供给变化的主要因素是旅游产品价格、生产要素价格、旅游供给能力等，因此它们与旅游供给之间的不同变化就形成了旅游供给规律，具体表现为旅游供给量变化规律、旅游供给水平变化规律、旅游供给能力相对稳定规律等。

3. 旅游供给能力是在一定条件下（包括时间和空间等），旅游经营者能够提供旅游产品的最大数量。

4. 旅游环境承载力是旅游目的地国家或地区在一定时期内，在不影响生态环境、社会文化环境和旅游者体验基础上，能够保持一定水准而接待旅游者的最大数量。

5. 旅游供给弹性：旅游供给对各种影响因素变化所作出的反应，包括旅游供给价格弹性，旅游供给交叉弹性，旅游价格预期弹性等。

6. 旅游供给价格弹性：旅游供给量对旅游价格的反应及变化关系。

7. 旅游价格预期弹性：未来旅游产品价格的相对变动与当前旅游产品价格相对变动之比。

8. 旅游供求均衡主要包括旅游供给与需求的静态均衡、旅游供给与需求的短期动态均衡、旅游供给和旅游需求的长期动态均衡。

9. 旅游供求短期动态均衡：在假定供给曲线与需求曲线在移动时形态不变，旅游供给和旅游需求的短期动态均衡有旅游需求变动引起的短期动态均衡、旅游供给变动引起的短期动态均衡和旅游供给与需求同时变动引起的短期动态均衡。

10. 旅游供求长期动态均衡：旅游需求价格弹性和旅游供给价格弹性往往不一致，从而引起旅游供求具有不同的长期动态均衡变化。它包括旅游供求从非均衡状态向动态均衡状态发展和旅游供求从非均衡状态向更加非均衡状态发展。

11. 旅游规划调控是一种通过调节旅游供给来实现旅游供求均衡的调控方式，是一种前馈控制。

12. 旅游过程调控是根据旅游市场上旅游供给和需求的变化来调控旅游供求均衡的调控方式，是一种过程调控，其包括宏观调控和微观调控。

（二）判断题

1. × 2. √ 3. × 4. × 5. × 6. × 7. × 8. × 9. × 10. √

（三）单项选择题

1. A 2. D 3. B 4. D 5. A 6. C 7. D 8. C 9. B 10. C

（四）多项选择题

1. ABCD 2. ABCD 3. BCD 4. ABC

（五）简答题

1. 旅游供给是指在一定条件和价格水平下，旅游经营者愿意生产并能够向旅游市场提供的旅游产品数量和能力。其影响因素主要有以下几个方面：

（1）旅游活动的环境容量。

（2）旅游相关产品的价格。

（3）旅游生产要素的价格。

（4）经济社会发展水平。

（5）科学技术发展水平。

（6）旅游经济方针和政策。

2. 旅游供给价格弹性是指旅游供给对各种影响因素变化作出的反应。由于旅游供给量与旅游产品价格同方向变化，因而其弹性系数为正值。根据旅游供给价格弹性系数值的大小，可以区分为以下几种情况：

（1）当 $E_{sp}>1$ 时，旅游供给量变动百分比大于旅游产品价格变动百分比，即旅游供给是富有价格弹性的。

（2）当 $E_{sp}<1$ 时，旅游供给量变动百分比小于旅游产品价格变动百分比，旅游供给弹性不足。

（3）当 E_{sp} 为无穷大时，旅游供给具有无限价格弹性。

（4）当 $E_{sp}=0$ 时，旅游供给完全缺乏弹性。

（5）当 $E_{sp}=1$ 时，旅游供给量变动百分比同旅游产品价格变动百分比是相等的，即旅游供给具有单位弹性。

3. 旅游供给弹性是指旅游供给对各种影响因素变化所作出的反应。其对旅游经济活动的作用主要表现在对旅游者和旅游经营者的影响上。

（1）旅游价格预期弹性对旅游者的作用相对较小。

（2）旅游价格预期弹性对旅游经营者的作用则相对较大。

4. 旅游供给和旅游需求的短期动态均衡有以下几种情况：

（1）旅游需求变动引起的短期动态均衡。

（2）旅游供给变动引起的短期动态均衡。

（3）旅游供给与需求同时变动引起的短期动态均衡。

旅游供给和旅游需求的长期动态均衡有以下几种情况：

（1）旅游供求从非均衡状态向动态均衡状态发展。

（2）旅游供求从非均衡状态向更加非均衡状态发展。

5. 旅游供给是一种特殊的供给，这种特殊性是由旅游产品自身的特点所决定的，主要表现在以下几个方面：

（1）旅游供给的计量差别性。

（2）旅游供给的产地消费性。

（3）旅游供给的可持续性。

（4）旅游供给的非贮存性。

（5）旅游供给的多样性。

（六）论述题

1. 旅游经济发展过程中，旅游供给往往受到多种因素的影响和制约，而不同因素对旅游供给的变化会产生不同的影响。在市场经济条件下，决定旅游供给变化的主要因素是旅游产品价格、生产要素价格、旅游供给能力等，因此它们与旅游供给之间的不同变化就形成了旅游供给规律，具体表现为旅游供给量变化规律、旅游供给水平变化规律、旅游供给能力相对稳定规律等。

（1）旅游供给量变化规律。

旅游供给量变化规律，是指旅游供给量具有与旅游产品价格同方向变化的客观规律性。根据旅游供给和旅游产品价格的相互联系，在其他因素既定情况下，旅游产品价格上涨，必然引起旅游供给量增加；旅游产品价格下跌，必然引起旅游供给量减少，从而形成旅游供给量变化的客观规律。旅游供给曲线是一条自左下向右上倾斜的曲线，该曲线反映了旅游供给量与旅游产品价格同方向变化的客观规律性。

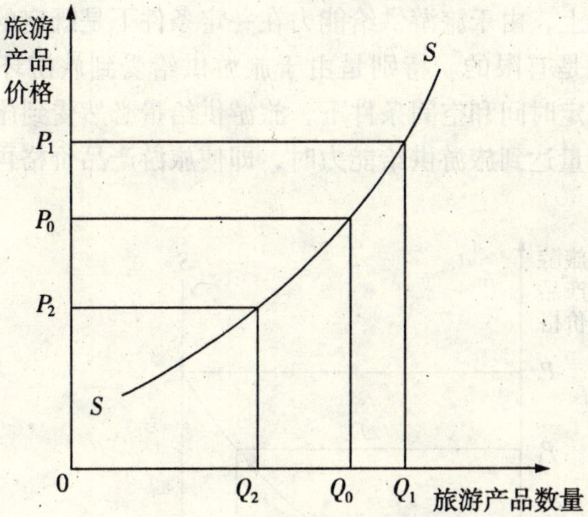

图 4－1　旅游供给价格曲线

（2）旅游供给水平变化规律。

旅游供给的变化不仅受到旅游产品价格变动的影响，也受到其他各种因素的影响和作用。因此，在旅游产品价格既定条件下，由于其他因素的变动而引起的旅游供给的变动，就称为旅游供给水平的变动。

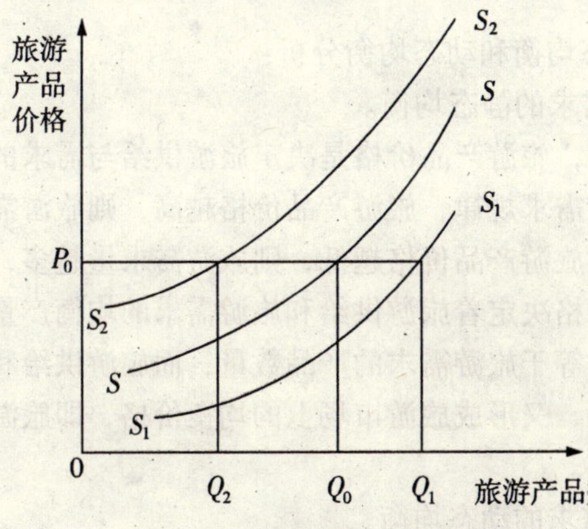

图 4－2　旅游供给曲线的变动

（3）旅游供给能力相对稳定规律。

旅游供给能力是指在一定条件下（包括时间和空间等），旅游经营者能够提供旅游产品的最大数量。根据旅游产品的特征旅游供给能力具体可分为两种，即旅游综合接待能力和旅游环境承载能力。根据旅游供给能力的概念，结合旅游供给的特点及有关影响因素的作用，旅游供给量与旅游产品价格的同方向变化并非是无限制的。事实上，由于旅游供给能力在一定条件下是既定的，从而决定了旅游供给量的变动也是有限的。特别是由于旅游供给受到旅游环境承载能力的限制，决定管理在一定时间和空间条件下，旅游供给量必然受到旅游供给能力的制约。一旦旅游供给量达到旅游供给能力时，即使旅游产品价格再高，旅游供给量也是既定不变的。

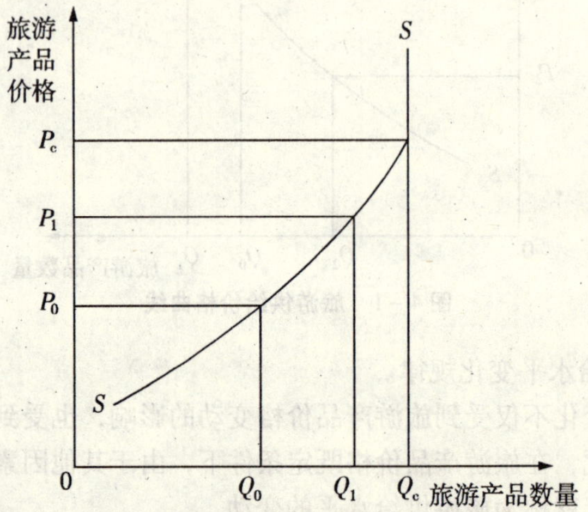

图 4－3　限定的旅游供给价格曲线

2. 旅游供求的静态均衡和动态均衡分析：

（1）旅游供给与需求的静态均衡。

在市场经济条件下，旅游产品价格是决定旅游供给与需求的根本性因素。根据旅游供给规律和旅游需求规律，旅游产品价格越高，则旅游需求量越少，而旅游供给量越多；反之，旅游产品价格越低，则旅游需求量越多，而旅游供给量越少。因此，旅游产品价格决定着旅游供给和旅游需求的均衡产量，即在一定旅游产品价格下旅游供给对等于旅游需求的产品数量；而旅游供给和旅游需求两种矛盾力量共同作用的结果，又形成旅游市场上的均衡价格，即旅游供给对等于旅游需求时的旅游产品价格。

（2）旅游供给与需求的动态均衡。

由于在现实的旅游经济活动中，旅游需求价格弹性和旅游供给价格弹性往往不一致，从而引起旅游供求具有不同的长期动态均衡变化。其主要包括：旅游供求从非均衡状态向动态均衡状态发展、旅游供求从非均衡状态向更加非均衡状态发展。当旅游供给价格弹性小于旅游需求价格弹性时，表示旅游经营者对旅游价格的反应小于旅游者，于是在市场机制的作用下会使旅游供求从非均衡状态向动态均衡状态发展。当旅游供给价格弹性大于旅游需求价格弹性时，表示旅游经营者对旅游价格的反应小于旅游者，于是在市场机制的作用下会使旅游供求从非均衡状态向更加非均衡状态发展，形成动态的非均衡状态。

3. 从现代旅游供给与旅游需求的矛盾关系看，其主要表现在数量、质量、时间、空间和结构等方面的矛盾冲突。由于现代旅游供给和旅游需求具有以上五个方面的矛盾冲突，因而要实现现代旅游供给与需求的均衡，就必须把两者结合起来考察，从而讨论旅游供给与需求的静态均衡与长期动态均衡。

（1）现代旅游供给与旅游需求数量方面的矛盾，主要表现为旅游供给能力与实际旅游者人数之间的矛盾。

（2）现代旅游供给与旅游需求质量方面的矛盾，是由于旅游供给的发展一般总是滞后于旅游需求的发展，供给难以紧跟需求的变化发展造成的。

（3）现代旅游供给与旅游需求时间方面的矛盾，旅游供给的常年同一性与服务的季节性就造成现代旅游供给与旅游需求时间方面的矛盾。

（4）现代旅游供给与旅游需求空间方面的矛盾，主要表现为旅游产品在位置上的固定性和容量的有限性与旅游需求变动性的矛盾。

（5）现代旅游供给与旅游需求结构方面的矛盾，旅游供给的稳定性、固定性与旅游需求的复杂性、多样性之间的鲜明反差，就造成现代旅游供给与旅游需求结构方面的矛盾。实现旅游供求平衡的途径为：合理规划，增加旅游供给能力；进行市场细分和调研，提供符合旅游需求的旅游产品；合理划分区域，分流客流；制定合理的弹性供给制度，尽量控制旅游淡旺季的游客量。

第5章 现代旅游市场与竞争

一、学习指导

（一）总体要求

通过本章的学习，认识现代旅游市场的基本概念、主要特点和功能，了解现代旅游市场的各种类型和细分方法，掌握现代旅游市场竞争的影响因素、竞争结构及竞争内容，正确理解和掌握现代旅游市场运行机制及法制体系，并在此基础上掌握旅游市场的开拓方法和常见的开拓策略。

（二）主要内容和知识点

在现代市场经济条件下，旅游市场作为旅游产品交换的场所，不仅是旅游经济运行的基础，也是反映旅游供给与旅游需求的相互关系和矛盾运动，实现旅游供求平衡的重要机制和场所。

1. 现代旅游市场的特点及功能

（1）现代旅游市场的概念。

广义的旅游市场是指在旅游产品交换过程中所反映出来的旅游者与旅游经营者之间各种经济行为和经济关系的总和。理解和掌握广义旅游市场概念，必须注意以下几点：一是必须有旅游市场的交换主体，即旅游者和旅游经营者，他们相互依存、相互对立，通过旅游市场的纽带而紧密地联系在一起。二是必须有供旅游市场交换的对象，即必须有能够满足旅游者需求的旅游产品，并且是为了旅游市场交换而提供的旅游产品。三是必须具备有助于旅游产品交换的手段和媒介，如货币、广告、信息媒体、场所等，这是旅游产品交换和旅游市场存在的条件。

狭义的旅游市场是指在一定时间、一定地点和条件下对旅游产品具有支付能力的现实和潜在的旅游消费者群体，也就是一般所说的旅游需求市场或旅游客源市场。狭义旅游市场主要是由旅游者、旅游购买力、旅游购买欲望和旅游购买权利所构成。

（2）现代旅游市场的特点。

现代旅游市场作为旅游经济运行的基础，其与一般商品市场、服务市场和生产要素市场相比，既有一定的共性，又有不同于其他市场的多样性、季节性、波动性和全球性等特点。

①现代旅游市场的多样性。

现代旅游市场的主体是旅游者和旅游经营者，而旅游者的需求和旅游经营者所提供的产品是多种多样的，从而形成的现代旅游市场也是多样性的，这种多样性主要表现在三方面。

A. 旅游产品种类的多样性。

B. 旅游购买形式的多样性。

C. 旅游交换关系的多样性。

②现代旅游市场的季节性。

③现代旅游市场的波动性。

④现代旅游市场的全球性。

（3）旅游市场的功能。

旅游市场功能，是指旅游市场在旅游产品交换和旅游经济发展中所具有的各种能动性作用，其具体表现为以下几方面。

①旅游产品交换功能。

②旅游资源配置功能。

③旅游信息反馈功能。

④旅游经济调节功能。

2. 现代旅游市场类型与细分

（1）现代旅游市场的类型。

所谓旅游市场分类，就是依据地理、国境、消费、旅游目的、旅游组织形式等因素而把旅游市场划分为不同的类型。

①按地域划分的旅游市场类型。

按地域划分旅游市场，是以现有及潜在的客源发生地和旅游目的地为出发点，根据对旅游者来源地或旅游目的地而划分旅游市场类型。世界旅游组织根据世界各地在地理、经济、文化、交通以及旅游者流向、流量等旅游发展情况和旅游者集中程度，将世界旅游市场划分为欧洲、美洲、东亚太地区、非洲、中东和南亚六大地域性旅游市场。

②按国境划分的旅游市场类型。

按国境划分旅游市场，一般分为国内旅游市场和国际旅游市场。前者是指一个国家国境线以内的市场，即主要是本国居民在国内各地进行旅游。后者又进一步可分为出境旅游市场和入境旅游市场，出境旅游市场是指组织本国居民到境外进行旅游的市场；而入境旅游市场是指接待境外旅游者到本国各地旅游的市场。

③按消费划分的旅游市场类型。

在现实经济中，由于人们的收入水平、年龄、职业以及社会地位、经济地位的不同，其旅游需求和消费水平也不同，从而对旅游产品的质量要求也不一样。因此，根据旅游者的消费水平，一般可将旅游市场划分为豪华旅游市场、标准旅游市场和经济旅游市场。

④按旅游目的划分的旅游市场类型。

旅游形式多样化和旅游内容的日趋丰富是现代旅游经济发展的一大特色。根据旅游目的的不同，可以划分为各种不同的旅游市场。在20世纪50年代以前的传统旅游市场中，根据旅游目的一般将旅游市场划分为观光旅游市场、文化旅游市场、商务旅游市场、会议旅游市场、度假旅游市场、宗教旅游市场等。

⑤按旅游组织形式划分的旅游市场类型。

在现代旅游活动中，团体旅游和散客旅游是两种最基本的旅游组织形式。因此，根据旅游的组织形式，可将旅游市场划分为团体旅游市场和散客旅游市场。

（2）现代旅游市场细分。

现代旅游市场细分是指根据旅游者的需求、偏好、购买行为等方面的差异性，把一个整体旅游市场划分为若干个消费者群的市场分类过程，所划分出来的每一个消费者群就是一个细分市场。

①旅游市场细分的意义。

通过旅游市场细分，可以分析每种细分市场对某旅游产品具有比较相似的需求和偏好，为选择目标市场提供科学依据，同时对制定正确的旅游市场营销策略、营销组合均具有十分重要的意义：

A. 旅游市场细分有利于确定目标市场。

B. 旅游市场细分有利于提高市场竞争力。

C. 旅游市场细分有助于制定旅游市场营销策略。

②现代旅游市场细分的方法。

现代旅游需求的差异性决定了旅游市场细分的依据是多重的，没有一个绝对化的方法或固定不变的模式来进行市场细分。究竟按哪些标准进行市场细分，各国、各地区、各企业可采取不同的方法、标准或变数来细分。通常，按照市场营销学的一般原理，可从地理区域、社会经济、购买行为和消费心理四个方面对旅游市场进行细分。

3. 现代旅游市场竞争结构与内容

（1）旅游市场竞争的必然性。

市场竞争是客观存在的，只要有市场就必然有竞争，因而在旅游市场上自始至终都存在着竞争。旅游市场的竞争，既有旅游者之间选择旅游地的竞争，旅游经营者之间争夺客源的竞争；也有旅游者和旅游经营者之间对旅游产品质量、价格等方面的竞争。因此，旅游市场竞争无处不在、无时不在，只有充分认识旅游市场竞争的客观必然性，才能按照客观经济规律，健全完善旅游市场体系，充分应用旅游市场机制，有效发挥旅游市场功能作用，促进旅游经济健康持续地发展。

①旅游市场竞争是价值规律实现的客观要求。

按照价值规律，旅游产品的价值是由社会必要劳动时间所决定，旅游产品价格围绕价值上下波动，旅游企业能否以合适的价格销售旅游产品，只有通过旅游市场的竞争才能够确定。

②旅游市场竞争是供求规律运行的必要条件。

旅游产品的交换不仅要遵循价值规律的要求，还受到旅游市场上供求规律的作用和影响，而供求规律的运行又必须以旅游市场竞争为必要条件。只有在旅游市场竞争条件下，旅游供求规律才能有效发挥作用，从而促进旅游市场供给和需求的动态平衡。

③旅游市场竞争是应用科学技术的前提条件。

科学技术是第一生产力，是推动现代旅游经济发展的重要动力。随着现代科学技术的进步，尤其是各种高新技术的普及和应用，不仅促进了旅游业的快速发展，也加剧了旅游市场的竞争。旅游市场竞争加快了旅游企业运用科学技术的步伐，任何旅游企业要想经营成功都必须充分运用现代高新技术，才能在全球旅游市场竞争中占有一席之地。

④旅游市场竞争是旅游经济发展的客观规律。

在市场经济条件下，旅游市场竞争已经成为旅游经济发展的客观规律。一方面，旅游市场竞争是旅游经济发展的必然趋势，尤其是随着20世纪50年代以来世界旅游经济的快速发展，旅游市场已由卖方市场转向买方市场，导致世界旅游市场竞争日趋激烈。另一方面，旅游市场竞争有利于促进旅游企业提供优质的旅游产品，有利于促进旅游地不断提高旅游服务质量，有利于推动旅游企业不断改善经营管理和提高经济效益，有利于推动旅游市场上旅游企业之间的优胜劣汰，从而促进现代旅游经济健康持续地发展。

(2) 现代旅游市场竞争的决定因素。

研究旅游市场竞争，首先要分析影响旅游市场竞争态势和竞争特性的主要因素，包括旅游者和旅游企业的数量、旅游产品的同质性、旅游信息的完全程度、旅游市场进出的条件等。

①旅游者和旅游企业的数量。

影响旅游市场竞争的关键是市场上旅游企业的数量。如果旅游市场中处于平等地位的旅游企业越多，则旅游市场的竞争程度就越激烈；如果旅游市场中存在一个或少数几个旅游企业处于支配地位时，旅游市场竞争程度就会减弱。

②旅游产品的同质性。

不同旅游企业销售的旅游产品在质量上是相同的，以至于旅游者无法辨别不同旅游企业所提供旅游产品的差别，这也是形成旅游市场规范竞争的重要条件。

③旅游信息的完全程度。

在市场竞争中，获得充分完全的信息是一个相当严格的条件，它要求旅游者和旅游经营者能够充分了解旅游市场中有关旅游产品交易的全部信息。

④旅游市场进出的条件。

如果旅游企业进入或退出旅游市场十分容易，则旅游市场的竞争程度就会提高；反之，如果旅游企业进入或退出旅游市场受到阻碍和制约，则旅游市场的竞争程度就会减弱。

(3) 现代旅游市场竞争的结构。

旅游市场竞争的结构，就是指旅游市场竞争的程度，即根据参与竞争的旅游企业的数量多少、旅游产品之间的差异程度、旅游信息的完全程度和旅游市场进入条件的难易性等因素，将旅游市场划分为四种竞争结构。

①完全竞争旅游市场。

完全竞争旅游市场又称为纯粹竞争旅游市场，它是指不受任何阻碍和干扰的市场竞争状况，是一种由众多旅游者和旅游经营者所组成的旅游市场。

②完全垄断旅游市场。

完全垄断旅游市场，是一种完全由一家旅游经营者控制旅游产品供给的旅游市场。

③垄断竞争旅游市场。

垄断竞争旅游市场是不完全竞争市场，是一种介于完全竞争和完全垄断之间，既有垄断又有竞争的旅游市场类型。它既包含竞争性因素，也包含垄断性因素。

④寡头垄断旅游市场。

寡头垄断旅游市场，是指为数不多的旅游经营者控制了行业绝大部分旅游供给，他们对价格、产量有很大影响，并且每个旅游经营者在行业中都占有相当大的份额，以致其中任何一家的产量或价格变动都会影响整个旅游产品的价格和其他旅游经营者的销售量，同时新的旅游经营者要进入该市场是不容易的。

(4) 现代旅游市场竞争的内容。

旅游市场的竞争有卖方市场竞争和买方市场竞争之分。在买方市场竞争的条件下，旅游市场的竞争主要体现为旅游产品供应者之间的相互竞争。这种竞争或表现为国内旅游企业之间的竞争，或表现为不同国家旅游企业之间的国际竞争，它们都是围绕着提高旅游产品知名度，扩大旅游产品销售，争取更多的游客，提高市场占有率这一中心而展开的。旅游市场竞争的主要内容包括以下三个方面：

①争夺旅游者。

②争夺旅游中间商。

③扩大旅游市场占有率。

4. 现代旅游市场机制及法制体系

旅游市场机制是指旅游市场中的交换各方在交换活动中形成的相互影响、相互制约的内在联系形式，具体讲就是各旅游市场主体在旅游市场上进行旅游经济活动而形成的供求、价格、竞争、风险等要素有机结合、相互影响、相互制约的方式，其具体表现为供求机制、价格机制、竞争机制、风险机制的共同作用过程。

(1) 现代旅游市场机制。

①旅游供求机制。

旅游供求机制是指旅游供给和旅游需求之间通过竞争而形成的内在联系和作用形式，也就是旅游供求关系在旅游市场中的规律性反映。旅游供求机制不仅对旅游供求的均衡起着调节作用，而且对旅游者的合理流动也具有一定的引导作用。

②旅游价格机制。

旅游价格是旅游产品价值的货币表现，它既是旅游者与旅游经营者之间进行旅游产品交换的媒介，又是衡量旅游经营者生产和经营旅游产品的劳动耗费量的尺度。

③旅游竞争机制。

旅游竞争机制就是指旅游市场中，各旅游经营者之间为了各自的利益而相互争夺客源，从而影响旅游供求及资源配置方向的运动过程。

④旅游风险机制。

旅游风险机制就是指旅游经济活动同盈利、亏损和破产之间的相互联系及作用的运动形式。

(2) 现代旅游市场机制的特征。

作为产生旅游市场功能的旅游市场机制，它既有一般市场机制的基本特征，又有适合旅游市场特点的特殊性，具体表现为以下几方面。

①旅游市场机制的自动性。

旅游市场机制的客观性是指其发挥功能作用的条件是客观的。在具备一定的条件下，旅游市场机制会自然地发挥作用；而当条件不具备时，旅游市场机制的作用也就不能发挥。

②旅游市场机制的互动性。

旅游市场机制的作用既受一定的环境条件所影响，也与旅游市场机制的各种内在因素相联系，因而任何一种因素的变化都会引起其他方面的互动反应。

③旅游市场机制的时滞性。

旅游市场机制的作用过程和效果，有时是迂回的，有时是滞后的。

④旅游市场机制的局限性。

旅游市场机制的作用并不是万能的，其在发挥积极作用的同时，会产生一定的消极作用，也会出现市场失灵的情况。

（3）现代旅游市场法制体系。

旅游市场法制是指国家运用反映市场经济规律的法律手段来进行宏观调控，维护旅游市场的正常活动，使一切旅游经济活动都以法律为准绳，按法定的原则和规范进行交易，形成旅游者和旅游经营者双方在市场交换中公平合理的关系。

①建立和完善规范旅游市场主体行为的法律体系。

②建立和完善规范旅游市场秩序的法律体系。

③建立和完善规范旅游宏观管理的法律体系。

5. 现代旅游市场开拓与策略

（1）现代旅游市场开拓的重要性。

旅游市场开拓，是指为了实现旅游企业的战略目标，扩大旅游产品销售，实现旅游产品价值，提高旅游市场占有率而进行的一系列经营活动。

（2）现代旅游市场调查。

现代旅游市场调查，是运用科学的方法和手段，系统地、有目的地对旅游经济活动中的旅游需求、旅游供给和旅游环境所进行的调查和分析工作。

①旅游市场调查的类型。

旅游市场调查从内容上可以分为宏观旅游市场调查和微观旅游市场调查。

旅游市场调查从方式上可以分为探索性调查、描述性调查和因果关系调查。

②旅游市场调查的基本程序。

旅游市场调查必须按照一定的程序，采取科学的方法来搜集、分析、研究市场信息。通常，旅游市场调查主要分为调查准备、实地调查和结果处理三个阶段。

③旅游市场资料的收集。

旅游市场资料的收集主要分为原始资料的收集和二手资料的收集，由于两种资料的来源不同，因此资料收集的方法也不同。

（3）现代旅游市场预测。

旅游市场预测是指运用各种定性和定量方法，对旅游市场未来发展变化作出分析和推断。科学的旅游市场预测需要应用定量分析和定性分析方法，并且将两者有机结合起来运用。

①旅游市场定性预测。

②旅游市场定量预测。

（4）现代旅游市场开拓策略。

旅游市场开拓策略，是指旅游企业为取得最佳经济效益，在分析各种影响因素的基础上，在一定时期内进行目标旅游市场开拓的策略和手段。旅游市场营销组合策略主要包括：

①旅游产品策略。

②旅游价格策略。

③旅游分销策略。

④旅游促销策略。

（三）重点与难点

1. 教学重点

（1）要全面认识和理解现代旅游市场，必须从广义和狭义的角度掌握现代旅游市场的概念。

（2）理解现代旅游市场作为旅游经济运行的核心，其与一般商品市场、服务市场和生产要素市场相比，既有一定的共性，又有不同于其他市场的多样性、季节性、波动性和世界性等特点。而现代旅游市场功能，主要体现在旅游产品交换功能、旅游资源配置功能、旅游信息反馈功能、旅游经济调节功能等方面。

（3）现代旅游市场分类。

（4）现代旅游市场竞争。

（5）理解旅游市场的功能作用是通过旅游市场机制来实现的。

（6）了解加快对旅游市场的开拓，首先必须搞好旅游市场调查和预测，掌握旅游市场的现状、特点及变化趋势，才能制定正确的旅游市场战略和旅游市场的开拓策略。

（7）掌握旅游市场开拓策略。

2. 教学难点

（1）旅游市场的现状、特点及变化趋势。

（2）旅游市场作为旅游产品交换的场所，不仅是旅游经济运行的基础，也是反映旅游供给与旅游需求的相互关系和矛盾运动。

（3）旅游市场机制的运行和旅游市场功能如何有效发挥。

二、练习题

（一）名词解释

1. 现代旅游市场

2. 旅游市场法则

3. 旅游市场开拓
4. 旅游市场预测
5. 旅游供求机制
6. 国内旅游市场
7. 国际旅游市场
8. 团队旅游市场
9. 散客旅游市场
10. 旅游市场功能
11. 旅游市场机制
12. 旅游市场调查
13. 旅游市场竞争结构

（二）判断题

1. 当旅游者既有购买能力，又有购买欲望时，就能形成现实的旅游需求，形成现实的旅游市场。（ ）

2. 虽然旅游标准市场和经济旅游市场的潜力从数量上和质量上来说都是巨大的，但其消费能力不及豪华旅游市场，因此它们不可以进入高消费的层次。（ ）

3. 旅游产品的多样性是由旅游资源和旅游需求的多样性决定的。（ ）

4. 国际旅游市场的竞争主要表现在两个方面：一是国内各旅游企业之间在国际市场上为招徕客源而开展竞争；二是与我国旅游企业拥有同一目标市场的其他国家或地区的旅游企业开展竞争。（ ）

5. 旅游信息的完整程度，直接影响和决定着旅游市场的竞争程度。（ ）

6. 旅游产品是吸引旅游者，开拓旅游市场的基础。（ ）

（三）单项选择题

1. （ ）直接影响和决定着旅游市场的竞争程度

A. 旅游者和旅游企业的数量　　B. 旅游产品的同质性
C. 旅游信息的完全程度　　D. 旅游市场进出的自由度

2. 以下选项中符合完全竞争旅游市场的特征的是（ ）

A. 完全同质的、无差别的　　B. 市场信息不畅通
C. 旅游产品没有替代品，具有唯一性　　D. 市场可进入性不强

3. 以下选项中不属于现代旅游市场的特点的是（ ）

A. 季节性　　B. 波动性　　C. 安全性　　D. 全球性

4. 在选择目标市场时，旅游企业一般实行以下哪种价格竞争策略（ ）

A. 优惠价策略　　B. 批发价策略　　C. 同价策略　　D. 成本价策略

5. 现代旅游市场机制的内容不包括（ ）

A. 旅游供求机制　　B. 旅游价格机制

C. 旅游竞争机制　　D. 旅游报酬机制

6. 原始资料的搜集方法不包括（ ）

A. 观察法　　B. 内部调查法　　C. 询问法　　D. 试验法

7. 对二手资料进行分析评估和使用时，应掌握的原则不包括（ ）

A. 完全性　　B. 公正性　　C. 时效性　　D. 可靠性

8. 现代旅游市场不具备的功能有（ ）

A. 旅游产品交换功能　　B. 旅游资源配置功能

C. 旅游市场导向功能　　D. 旅游性息反馈功能

9. （ ）属于20世纪50年代以前的旅游市场

A. 康体旅游市场　　B. 探险旅游市场

C. 度假旅游市场　　D. 豪华旅游市场

10. 旅游市场机制的特征不包括（ ）

A. 自动性　　B. 滞后性　　C. 局限性　　D. 互动性

（四）多项选择题

1. 按旅游的组织形式，可以将旅游市场划分为（ ）

A. 观光旅游市场　　B. 团体旅游市场

C. 个体旅游市场　　D. 豪华旅游市场

2. 旅游市场调查，从方式上可分为（ ）

A. 宏观经济调查　　B. 探索性调查

C. 描述性调查　　D. 因果关系调查

3. 按照市场营销学的原理，可从（ ）几个方面对旅游市场进行细分

A. 地理　　B. 购买行为

C. 社会经济　　D. 消费心理

4. 旅游市场竞争的内容主要包括（ ）

A. 争夺旅游者　　B. 市场调查

C. 争夺旅游中间商　　D. 扩大市场占有率

（五）简答题

1. 如何认识旅游市场的特点和功能？

2. 如何对旅游市场进行科学的分类？

3. 为什么要加强旅游市场的法制化？

4. 旅游市场竞争应考虑哪些影响因素？

5. 旅游市场竞争结构有哪些类型？

6. 如何确定旅游目标市场开拓策略?

7. 结合实际讨论如何开拓旅游市场?

（六）论述题

1. 分析中国民俗文化旅游市场竞争的影响因素，如何通过市场竞争来获取市场份额。

2. 论述旅游市场竞争的决定因素。

三、经典案例

案例 1

推销失败的原因分析

某旅行社推销员小李推销旅游产品，对推销工作十分努力却收效甚微。以下是他的一些推销经历。

他连续数次去某公司去推销旅游产品，每次都详细介绍其旅游产品对该公司的好处，并特别详细地介绍了旅行社的服务质量、价格等，但是拖了很长时间公司里都不表态是否购买，总是说：再等等，再等等。他认为办公室主任无诚意购买其旅游产品。

过后他经过详细调查，了解到这家公司的购买决策者是该公司的工会和办公室。他先找到公司的工会做工作，向公司工会详细介绍旅游产品，包括旅行社的情况和目的地情况，以及产品的质量、价格和所提供的服务，工会听后表示愿意购买，轻松地过了这一关，他很高兴，又找到办公室去介绍产品。办公室主任听后沉吟未决，为了尽快促成交易，他就告诉办公室主任，工会已经同意购买。不料办公室主任一听这话就说："既然工会已经同意，就不用再找我了。"这笔眼看就要成功的生意又泡了汤。

（资料来源：www. yidaba. com）

案例思考题：

1. 试分析某推销员失败的原因。

2. 推销旅游产品应该注意什么问题?

案例 2

女子客房——为单身女性提供特殊服务

在全世界酒店行业中，希尔顿酒店是最早注意到单身女性顾客的特殊性的，为此他们早在 1974 年就在美国的阿尔克蒋希尔顿酒店里开辟了女子专用楼层，为单身女子提供旅途中的一切便利。

30 多年来，希尔顿酒店联号一直致力为单身女客提供更专业化、更细致的服务，从而赢得了一片相当稳定的市场。尤其是进些年来，随着单身女商务客的增加，入住环境也发生许多微妙的变化。这对于单身女客来说，能否拥有一个轻松方便、无拘无束的居住环境就显得尤为可贵了。不断发生的对女房客的骚扰案件使得这一问题越来越突出。

在希尔顿酒店的单身女子专用客房里，所有的设备和装饰色调都从女性的生理特点与旅途需要出发，不仅配有特制的穿衣化妆镜、品牌化妆品、各种牌号的洗涤剂和沐浴用芳香泡沫剂；同时还提供女士睡袍、挂裙架、吹风机、卷发器以及其他妇女专用的卫生用品。客房通常会装修成温馨的色调，如粉红、天蓝和米黄等，而床上用品和窗帘等用品往往也与房间色调相匹配，就连房间的电话机都选择了活泼、灵巧的款式，床头柜或是小茶几上还备有专供妇女阅读的书刊和最畅销的妇女杂志。

女子客房单独辟成楼层并配有大量的便装女保安人员。别看这些女保安个个温文尔雅，但一旦有人想乱闯“禁地”，她们立刻就成了谁也突破不了的坚强堡垒；除了便衣保安外，女子楼层还有许多专门的保安措施，例如，房间号码严格对外保密，不准任何人查询；外来电话未经客人同意不能随意接进客房。总之，这是一片完全独立的空间，甚至连进出大堂都可以选择另外的通道。

（资料来源：马勇，王春雷：《旅游市场营销管理》，广东人民出版社 2002 版）

案例思考题：

分析个性化营销的优点和应该注意的问题。

案例3

上海“小主人生日游”目标市场的成功定位

上海小主人报社和上海市长宁区旅游部门针对15岁以下的少年儿童这个细分市场创制出“小主人生日游”的独特品牌，起得了出乎意料的成功。“小主人生日游”原计划280个家庭、800多人参加，但报名人数却有3 000多人，大大超出主办者的意料。其后推出的“小主人欢乐总动员”主题活动大幅扩容，可容纳1 000多个家庭，3 500人来参加，而在每一个双休日也能安排相关的节目。

上海有140万名15岁以下的少年儿童，如果都市旅游不为他们专门设计一些有意义、有吸引力的节目，肯定是市场规划上的一大缺憾。那么，140万名孩子都关心的节目是什么？经筛选，最终确定为“小主人生日游”。一是因为上海每天约有4 000孩子过生日，市场操作起来比较方便，另外，他们也认为孩子们现在过生日的方式——吃吃喝喝太缺乏意义。他们要用自己精心准备的生日菜单努力营造一种富有意义的生日环境。

在“小主人生日游”和“小主人欢乐总动员”的整体设计中，几乎每个小节目都有教育意义。这是这个旅游产品的特点所在。据报名参加的家长和孩子表示，他们喜欢的正是这样的活动，既好玩又有教育意义。小主人游这个产品2004年完成了向市场经营的转变。小主人报成立了小主人旅行社有限公司，该公司负责产品的策划、组织和运作。

寓教于乐，与各类时尚结合，常变常新是保证“小主人游”这一产品持续发展的内在动力。

（资料来源：韦明体：《旅行社市场营销》，旅游教育出版社2004年版）

案例思考题：

1. 应该如何进行目标市场定位中的主题活动策划？
2. 整体设计对目标市场成功的影响。

案例4

旅行社业短信营销案例分析

旅游业的竞争日益激烈，诸多旅行社都在思考着如何进一步提升服务质量，争取领先对手，脱颖而出。一些目光敏锐的旅行社已经开始采用目前服务业悄然流行的短信营销手段，并取得了良好的效果。最近康辉旅行社采用亿美集团短信——“满意通TM”，为游客家属提供“短信全程报平安”的服务，就是一个很好的例子。康辉旅行社是业界著名的大型旅行社。目前，康辉旅行社正致力于将“康辉旅游”发展成为中国公民旅游大型组团社集团企业的第一品牌。为此，康辉旅行社一直努力提高产品个性化、客户服务保障体系的规范化，从而赢得客户的信赖。最近，欧洲旅游市场刚刚开放，康辉旅行社就组织了一次“欧洲开放、父母先行”的活动，以“康辉旅游·健康老人欧洲之旅”150人规模的首发团叩响了中国公民赴欧旅游的大门。本次活动中，由于游客以老年人为主，康辉旅行社考虑到安全第一，不但优化、改良了行程，使其更适合老年人的需要，更为客户推出了诸多贴心周到的服务。其中“短信全程报平安”就是康辉旅行社此次推出的全新增值服务。每到一地，领队导游都会向旅行社报告，并由社内相关人员向游客的亲属时时发送“平安”短信，消除亲属们的顾虑。

起初，康辉旅行社相关负责人打算用手机实现平安短信的发送，但是由于这次组团游客人数多，备留的亲属手机号码更多，需要发送的短信量巨大，如果通过手机发送，将是一项即费时又费力的艰苦工作。为旅行社的正常运作、管理带来麻烦。为了更好地统筹资源为客户服务，康辉旅行社经过多方调研，最终安装了亿美软通科技有限公司的“满意通TM”企业短信。

康辉在起初选择企业短信的时候，考虑到游客都是来自“五湖四海”，预留的手机号码也将是不同的网络。现有的集团短信共有的一个致命缺陷，就是移动电话的网络限制——无法兼容中国移动的GSM网和中国联通的GSM、CDMA两网。如果移动网和联通网不能兼容，显然企业短信的操作简便，节省人力的优势也荡然无存。但亿美“满意通TM”却解开了康辉的“心结”，通过与中国移动、中国联通两大电信运营商的紧密合作，使亿美“满意通TM”具备了同时兼容GSM和CDMA两网用户的能力，覆盖全国3亿多的手机用户，完全解除了康辉旅行社的忧虑。另外，加之“满意通TM”快捷、海量、操作简便的管理方式，也恰如其当地满足了康辉的需求，为旅行社找到了统筹资源的新捷径。

简单地说，亿美“满意通TM”是一种专门发送批量集团短信等应用服务的软件，可用来满足各个行业在内部管理、外部沟通、客户服务、业务应用等方面信息管理的需要。“满意通TM”的安装非常方便，使用起来也是异常简单。旅行社只需在每天收到“欧洲团”发来的平安消息后，上网登录，编辑好平安信息后，按照游客家属备留的手机号码，群组统一发送一次，平安信息就可以直接到达所有家属的手机中。每天定时发送的“平安短信”让游客亲属们清楚地了解到家人的行程，对远在欧洲的家人安全彻底放心。一位北京游客的女儿对康辉相关的负责人说到：“康辉这么细致、周到的服务，让我们很省心，更让我们很放心。”

康辉旅行社的相关负责人评价亿美“满意通TM”时说道：“‘满意通TM’不但快捷方便，而且成本低廉，每条短信才一角钱，这样小小的付出帮助我们在竞争中独占鳌头。今后我们将在旅行社内部大力推广‘满意通TM’的应用，除了‘报平安’，我们还可以发送客户关怀信息、节日问候、服务反馈等多种信息，为社会各界提供更加热情、周到、安全、便捷、高效、专业的服务。我们非常感谢亿美帮助我们成为‘中国公民旅游大型组团社集团企业的第一品牌’所作出的贡献。”

（资料来源：中国投资咨询网2007-01-06）

案例思考题：

1. 如何防止短信营销中的法律风险？
2. 分析影响营销成功的因素。

案例5

酒店营销案例：巧妙推销豪华套房

某天，昆明某饭店前厅部的客房预订员小李接到一位加拿大客人从北京打来的长途电话，想预订两间每天收费在180美元左右的标准双人客房，三天以后开始住店。

小李立即翻阅了一下订房记录表，回答客人说由于饭店要接待一个大型国际旅游团，标准间客房已经全部订满了。小李讲到这里并未就此把电话挂断，而是继续用关心的口吻说：“您是否可以推迟两天来，要不然请您直接打电话与昆明某饭店联系询问，如何？”

加拿大客人说：“我们人地生疏，经他人推荐说昆明你们饭店很好，希望你给想想办法。”

小李感到应该尽量不使客人失望，于是用商量的口气说：“感谢您对我们饭店的信任，我们非常希望能够接待像您这样尊敬的客人，我很乐意为您效劳。我建议您和朋友准时前来昆明，先住两天我们饭店内的套房，每套每天也不过收费360美元，在套房内可以看到昆明优美的滇池景色，室内有红木家具和富有民族特色的摆饰，我们提供的服务也是上乘的，相信你们住了以后会满意的。”

小李讲到这里故意停顿一下，对方沉默了一些时间，小李感到对方在犹豫不决，于是开口说：“我想您并不会单纯计较房金的高低，而是在考虑这种套房是否物有所值，请问您什么时候乘几点的飞机来昆明？我们可以派车到机场来接你们，到店以后您和您的朋友亲眼去参观一下套房，再做决定。”

客人听了小李热情的介绍，最后终于答应先预订两天豪华套房。

（资料来源：酒店信息网，2008－08－04）

案例思考题：

1. 分析积极主动促销的正面效果的意义。
2. 分析掌握销售心理和语言技巧对成功营销的影响。

四、练习题参考答案

（一）名词解释

1. 现代旅游市场：广义的旅游市场是指在旅游产品交换过程中所反映出来的旅游者与旅游经营者之间的各种经济行为和经济关系的总和。狭义的旅游市场是指在一定时间、一定地点和条件下对旅游产品具有支付能力的现实和潜在的旅游消费者群体，也就是一般所说的旅游需求市场或旅游客源市场。

2. 旅游市场法制是指国家运用反映市场经济规律的法律手段来进行宏观调控，维护旅游市场的正常活动，使一切旅游经济活动都以法律为边界，按法定的原则和规范进行交易，形成旅游者和旅游经营者双方在市场交换中公平合理的关系。

3. 旅游市场开拓是指为了实现旅游企业的战略目标，扩大旅游产品销售，实现旅游产品价值，提高旅游市场占有率而进行的一系列经营活动。

4. 旅游市场预测是指运用各种定性和定量方法，对旅游市场未来发展变化作出的分析和推断。

5. 旅游供求机制是指旅游供给和旅游需求之间通过竞争而形成的内在联系和作用形式，也就是旅游供求关系在旅游市场中的规律性反映。

6. 国内旅游市场是指一个国家国境线以内的市场，即主要是本国居民在国内各地进行旅游。

7. 国际旅游市场可分为出境旅游市场和入境旅游市场，出境旅游市场是指组织本国居民到境外进行旅游的市场；而入境旅游市场是指接待境外旅游者到本国各地旅游的市场。

8. 团体旅游市场是指旅游者人数在15人以上的旅游团，其旅游形式以包价为主。

9. 散客旅游市场主要指个人、家庭及少数人自行结伴的旅游活动。

10. 旅游市场功能是指旅游市场在旅游产品交换和旅游经济发展中所具有的各种能动性作用。

11. 旅游市场机制是指旅游市场中的交换各方在交换活动中形成的相互影响、相互制约的内在联系形式。

12. 旅游市场调查是运用科学的方法和手段，系统地、有目的地对旅游经济活动中的旅游需求、旅游供给和旅游环境所进行的调查和分析工作。

13. 旅游市场竞争结构就是指旅游市场竞争的程度，即根据参与竞争的旅游企业的数量多少、旅游产品之间的差异程度、旅游信息的完全程度和旅游市场进入条件的难易性等因素。

（二）判断题

1. × 2. × 3. √ 4. √ 5. √ 6. √

（三）单选题

1. D 2. A 3. C 4. C 5. D 6. B 7. A 8. C 9. C 10. B

（四）多项选择题

1. ACD 2. BCD 3. ABCD 4. ACD

（五）简答题

1. 旅游市场作为旅游经济运行的基础，其与一般商品市场、服务市场和生产要素市场相比，既有一定的共性，又有不同于其他市场的多样性、季节性、波动性和世界性等特点。

旅游市场的多样性。旅游市场的主体是旅游者和旅游经营者，而旅游者的需求和旅游经营者所提供的产品是多种多样的，从而形成的现代旅游市场也是多样性的，这种多样性主要表现在旅游产品类型的多样性、旅游购买形式的多样性、旅游交换关系的多样性三方面。

旅游市场的季节性。在现代旅游经济中，由于旅游者闲暇时间分布的不均衡和旅游目的地国家或地区自然条件、气候条件的差异，往往造成旅游市场具有突出的季节性特点。例如，某些利用带薪假日出游的旅游者，是造成旅游“淡旺季”的主要原因；某些与气候有关的旅游资源会因季节不同而产生“淡旺季”的差别；某些旅游目的地则直接受气候影响而具有明显的季节差异性，如海滨旅游、漂流旅游等。

旅游市场的波动性。旅游需求是人们的一种高层次需求，而影响旅游需求的因素又是多种多样的，如物价、工资、汇率、通货膨胀、节假日分布、某一社会活动，甚至旅游者自身心态的变化等，其中任何一个因素的变化都会引起旅游市场的变动，从而使现代旅游市场具有较强的波动性。

旅游市场的全球性。现代旅游市场的全球性主要体现为旅游活动的全球性、旅游范围的全球性、旅游发展的全球性三方面。

现代旅游市场功能是指现代旅游市场在旅游产品交换和旅游经济发展中所具有的各种能动性作用，其具体表现为以下几方面。

旅游产品交换功能。旅游市场是连接旅游产品供给者和需求者的纽带和场所，承担着实现旅游产品的价值和使用价值，保证旅游经济正常运行的重要任务。

旅游资源配置功能。通过旅游市场的资源配置功能作用，可以促进整个旅游业中的食、住、行、游、购、娱等按比例均衡地发展，实现经济社会资源的优化配置，并通过市场机制使旅游企业按照市场供求状况，及时调整所经营的旅游产品结构、投资结构，以适应旅游者需求和旅游市场的变化，不断提高旅游经济效益，实现旅游资源及要素的优化配置。

旅游信息反馈功能。在市场经济条件下，旅游供求的均衡离不开旅游信息，即有关旅游市场供求动态变化的信息。一方面旅游企业通过市场将旅游产品信息及时传递给旅游者，另一方面旅游企业又根据市场反馈的旅游需求信息和市场供求变化状况调整旅游产品的生产和供给，使本国、本企业的旅游产品开发和经营能及时适应旅游者的需求，适应世界旅游市场的发展变化趋势。

旅游经济调节功能。通过供求机制和价格机制的作用，调节旅游产品生产、销售和消费，从而使旅游供求重新趋于平衡。同时，通过旅游市场检验旅游企业的服务质量和经营管理水平，促进旅游企业不断地、及时地向旅游市场提供旅游者易于接受、乐于接受的旅游产品，提高整个旅游企业和旅游业的经济效益。

2. 旅游市场分类就是依据地理、国境、消费、旅游目的、旅游组织形式等因素而把旅游市场划分为不同的类型。

（1）按地域划分的旅游市场类型。

按地域划分旅游市场，是以现有及潜在的客源发生地和旅游目的地为出发点，根据旅游者来源地或旅游目的地来划分旅游市场类型。

（2）按国境划分的旅游市场类型。

按国境划分旅游市场，一般分为国内旅游市场和国际旅游市场。前者是指一个国家国境线以内的市场，即主要是本国居民在国内各地进行旅游。后者又进一步可分为出境旅游市场和入境旅游市场，出境旅游市场是指组织本国居民到境外进行旅游的市场；而入境旅游市场是指接待境外旅游者到本国各地旅游的市场。

（3）按消费划分的旅游市场类型。

在现实生活中，由于人们的收入水平不同，人们的消费水平也不同，从而对旅游产品的质量要求也不一样。因此，根据旅游者的消费水平，一般可将旅游市场划分为豪华旅游市场、标准旅游市场和经济旅游市场。

(4) 按旅游目的划分的旅游市场类型。

旅游形式多样化和旅游内容的日趋丰富是现代旅游经济发展的一大特色。根据旅游目的的不同，可以划分为各种不同的旅游市场。根据旅游目的一般将旅游市场划分为观光旅游市场、文化旅游市场、商务旅游市场、会议旅游市场、度假旅游市场、宗教旅游市场等；满足旅游者健康需求的康体旅游市场、疗养保健旅游市场和狩猎旅游市场等；满足旅游者业务发展需求的修学旅游市场、学艺旅游市场等；满足旅游者享受需求的豪华（游船、火车、汽车）旅游市场、美食旅游市场等；满足旅游者寻求心理刺激需求的探险旅游市场、秘境旅游市场、惊险游艺旅游市场等。

(5) 按旅游组织形式划分的旅游市场类型。

在现代旅游活动中，团体旅游和散客旅游是两种最基本的旅游组织形式。因此，根据旅游的组织形式，可将旅游市场划分为团体旅游市场和散客旅游市场。

3. 旅游市场法制，是指国家运用反映市场经济规律的法律手段来进行宏观调控，维护旅游市场的正常活动，使一切旅游经济活动都以法律为准绳，按法定的原则和规范进行交易，形成旅游者和旅游经营者双方在市场交换中公平合理的关系。从我国目前旅游业的实际和未来发展要求出发，要保证旅游市场机制的有效运行并实现其功能，必须加快旅游市场法制体系的建设。

(1) 建立和完善规范旅游市场主体行为的法律体系。

在市场经济条件下，市场经济主体的经营权利和义务是其从事经济活动必备的前提和条件。因此，为了保证旅游经济活动中各经济主体的权利和义务，保障各经济主体在其权利受到侵犯时，能得到充分的法律保护，就必须建立和完善使旅游市场主体行为规范的法律体系。

(2) 建立和完善规范旅游市场秩序的法律体系。

在市场经济体制中，各旅游市场主体的活动及旅游市场机制的运行都要求具有正常化、规范性的旅游市场秩序，否则就会阻碍旅游市场机制的有效发挥。

(3) 建立和完善规范旅游宏观管理的法律体系。

为了促进旅游业的可持续发展，必须把旅游业的宏观管理建立在充分运用法律手段的基础上。因此，应建立和完善有关旅游宏观管理的法律体系。

4. 研究旅游市场竞争，首先要分析决定和影响旅游市场竞争态势和竞争特性的主要因素，这些因素包括旅游者和旅游企业的数量、旅游产品的同质性、旅游信息的完全程度、旅游市场进出的条件等。

(1) 旅游者和旅游经营者的数量。

决定和影响旅游市场竞争的首要因素，是在旅游市场中有多少旅游者和多少旅游经营者。在现实旅游经济中，只有个别或少数旅游者的旅游市场是非常少见的，因而对大多数旅游市场来讲，影响旅游市场竞争的关键是市场上旅游经营者的数量。如果旅游市场中处于平等地位的旅游经营者越多，则旅游市场的竞争程度就越激烈；如果旅游市场中存在一个或少数几个旅游经营者处于支配地位时，旅游市场竞争程度就会减弱。因此，旅游者和旅游经营者的数量多少决定着旅游市场竞争的激烈程度。

（2）旅游产品的同质性。

决定和影响旅游市场竞争的第二个因素是旅游产品的同质性，即不同旅游经营者销售的旅游产品在质量上是相同的，以至于旅游者无法辨别不同旅游经营者所提供旅游产品的差别，这也是形成旅游市场规范竞争的重要条件。

（3）旅游信息的完全程度。

决定和影响旅游市场竞争的第三个因素，是旅游者和旅游经营者能否获得市场上的全部信息。在市场竞争中，获得充分完全的信息是一个相当严格的条件，它要求旅游者和旅游经营者能够充分了解旅游市场中有关旅游产品交易的全部信息。如果信息不完全，旅游者就不可能充分了解旅游产品的情况并作出准确的有效的购买决策，而旅游企业也不可能正确掌握旅游市场需求状况并及时提供旅游产品。因此，旅游信息的完全程度，直接决定着旅游市场竞争的程度，影响着旅游竞争机制作用的正常发挥。

（4）旅游市场进出的条件。

决定和影响旅游市场竞争的第四个因素，是旅游经营者进出旅游市场的自由度。通常，如果旅游经营者进入或退出旅游市场十分容易，则旅游市场的竞争程度就会提高；反之，如果旅游经营者进入或退出旅游市场受到阻碍和制约，则旅游市场的竞争程度就会减弱。因此，旅游市场进出的自由程度，直接影响和决定着旅游市场的竞争程度。如果旅游经营者在进入某一旅游市场时受到阻碍，则意味着该旅游市场存在着进入障碍，或者该旅游市场进入壁垒较高。而进入壁垒较高的旅游市场，通常具有较高的市场垄断性。

5. 旅游市场竞争的结构，就是指旅游市场竞争的程度，即根据参与竞争的旅游经营者数量多少、旅游产品之间的差异程度、旅游信息的完全程度和旅游市场进入条件的难易性等因素，将旅游市场划分为以下四种竞争结构类型。

（1）完全竞争旅游市场。

完全竞争旅游市场，又称为纯粹竞争旅游市场，它是指不受任何阻碍和干扰的市场竞争状况，是一种由众多旅游者和旅游经营者所组成的旅游市场。

（2）完全垄断旅游市场。

完全垄断旅游市场，是一种完全由一家旅游经营者控制旅游产品供给的旅游市场。

（3）垄断竞争旅游市场。

垄断竞争旅游市场是不完全竞争市场，是一种介于完全竞争和完全垄断之间，既有垄断又有竞争的旅游市场类型。它既包含竞争性因素，也包含垄断性因素。

(4) 寡头垄断旅游市场。

寡头垄断旅游市场，是指为数不多的旅游经营者控制了行业绝大部分旅游供给，他们对价格、产量有很大影响，并且每个旅游经营者在行业中都占有相当大的份额，以致其中任何一家的产量或价格变动都会影响整个旅游产品的价格和其他旅游经营者的销售量，同时新的旅游经营者要进入该市场是不容易的。因此，这是介于完全垄断旅游市场和完全竞争旅游市场之间，并偏于完全垄断旅游市场的一种市场类型。

在市场经济条件下，寡头垄断旅游市场在某些方面比完全垄断旅游市场更典型，如对于有些特殊的或稀少的旅游资源，往往容易形成寡头垄断的旅游供给市场。

6. 旅游目标市场开拓是在旅游市场细分的基础上进行的。旅游市场细分的目的，是为了准确选择旅游目标市场，进而有针对性地应用旅游市场营销组合策略，开拓目标旅游市场并满足旅游目标市场的需求。在进行旅游目标市场开拓时，通常可采用的开拓策略有以下三种。

(1) 无差异旅游市场开拓策略。

无差异旅游市场开拓策略，又叫整体化市场营销策略，是指旅游企业以旅游市场整体为服务对象，采用单一的市场营销组合满足整个旅游市场需求的策略。

无差异旅游市场开拓策略的优点表现在：一是旅游企业可以销售所拥有的一切旅游产品，从而能够降低旅游产品成本；二是旅游企业不需要细分旅游市场，从而可以减少旅游市场调研和广告宣传费用；三是旅游企业可以大规模销售旅游产品，从而获得规模效益。其缺点是不能满足不同旅游者的差异性需求，同时由于在整个旅游市场中没有特点，容易造成整体旅游市场的激烈竞争。

(2) 差异型旅游市场开拓策略。

差异型旅游市场开拓策略，也叫细分化旅游市场策略，是指在细分旅游市场的基础上，针对不同细分旅游市场的需求，设计不同的旅游产品，采取不同的营销组合方式，分别满足各种不同旅游市场需求的营销策略。

差异型旅游市场开拓策略的优点表现在：一是更能适应旅游者不断变化的旅游需求；二是旅游企业可以同时在几个细分旅游市场上占有优势，从而能够提高和扩大旅游企业的声誉；三是有利于降低旅游企业经营风险，提高旅游企业的竞争力和旅游经济效益。不足之处在于每当增加旅游产品品种的同时，往往会增加旅游成本；同时，由于旅游产品品种多、数量少，使旅游企业难以做到规模经营。

（3）密集型旅游市场开拓策略。

密集型旅游市场开拓策略，是指在细分旅游市场的基础上，只选择某一个或少量细分旅游市场作为旅游目标市场，然后集中旅游企业的人财物力，有重点地进行旅游市场开拓的策略。密集型旅游市场开拓策略所追求的不是在整体市场上占有较小份额，而是力图在较小的细分市场上占有较大的市场份额，以迅速扩大市场并取得有利地位，节省旅游市场营销费用，提高旅游产品和旅游企业的知名度和竞争力，获得较高的经济效益。

7.（答案要点）旅游市场的开拓，要求在明确旅游市场战略目标的前提下进行市场调研和预测，了解市场需求和竞争对手；并在此基础上，分析旅游企业所处市场的宏观环境和微观环境，使企业经营活动适应市场环境的变化；然后在市场分类基础上，选择目标市场，针对目标市场确定合适的市场营销组合，最终实现旅游市场开拓的战略目标。

（1）确定旅游市场开拓目标。

对于旅游目的地和旅游企业而言，其旅游市场开拓的任务和目标，具体表现为开发各种类型的客源市场，同时根据客源市场特点，合理开发本身所具有的旅游资源，形成高质量的旅游产品，并利用一切有利的条件，满足旅游市场的需求，最大限度地获取经济效益和社会效益。

（2）开展旅游市场调查。

旅游市场调查分析，是运用科学的方法和手段，系统地、有目的地对旅游经济活动中的旅游需求、旅游供给和旅游环境所进行的调查和分析工作。旅游市场调查分析的类型可以按照范围、目的和方法进行划分，同时还必须掌握旅游市场调查的程序和资料收集的方法等。

（3）进行旅游市场预测。

旅游市场预测，是指运用各种定性和定量方法，对旅游市场未来发展变化做出分析和推断。科学的旅游市场预测需要应用定量分析和定性分析方法，并且将两者有机结合起来运用。

（六）论述题

1.（答案要点）

（1）对中国民俗文化旅游市场的简要分析。

（2）旅游市场竞争的影响因素分析（旅游者和旅游企业的数量、旅游产品的同质性、旅游信息的完全程度、旅游市场进出的条件）。

（3）旅游市场竞争的结构（完全竞争旅游市场、完全垄断旅游市场、垄断竞争旅游市场、寡头垄断旅游市场）。

（4）旅游市场竞争内容（争夺旅游者、争夺旅游中间商、扩大旅游市场占有率）。

（5）结合例子和上述理论分析中国民俗文化旅游市场竞争如何获取市场份额。

2. 旅游市场竞争的决定因素包括：

（1）旅游者和旅游企业的数量。

影响旅游市场竞争的关键是市场上旅游企业的数量。如果旅游市场中处于平等地位的旅游企业越多，则旅游市场的竞争程度就越激烈；当旅游市场中存在一个或少数几个旅游企业处于支配地位时，旅游市场竞争程度就会减弱。

（2）旅游产品的同质性。

不同旅游企业销售的旅游产品在质量上是相同的，以至于旅游者无法辨别不同旅游企业所提供旅游产品的差别，这也是形成旅游市场规范竞争的重要条件。

（3）旅游信息的完全程度。

在市场竞争中，获得充分完全的信息是一个相当严格的条件，它要求旅游者和旅游经营者能够充分了解旅游市场中有关旅游产品交易的全部信息。

（4）旅游市场进出的条件。

如果旅游企业进入或退出旅游市场十分容易，则旅游市场的竞争程度就会提高；反之，如果旅游企业进入或退出旅游市场受到阻碍和制约，则旅游市场的竞争程度就会减弱。

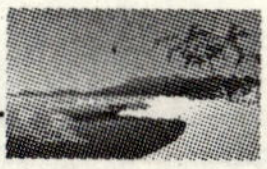

第 6 章　现代旅游消费及效果

一、学习指导

（一）总体要求

通过本章的学习，必须正确理解现代旅游消费的概念和特点，认识和分析现代旅游消费结构的分类和影响因素，了解实现旅游消费合理化的主要途径，掌握现代旅游消费效果的衡量和评价方法，以及实现旅游者消费最大满足的主要分析方法和技术。

（二）主要内容和知识点

旅游消费是现代旅游经济的重要内容之一，是人们的一种高级消费形式，是人们在衣、食、住、行等基本生活需求得到满足之后，随着收入提高和闲暇时间的增多而产生的新的消费需求。

1. 旅游消费的概念和特点

（1）旅游消费的概念。

现代旅游消费是指人们在旅游过程中，为满足自身享受和发展需要而消费的各种物质产品和精神产品的总和。

① 旅游消费是一种消费方式。

② 旅游消费是一种个体性消费。

③ 旅游消费是一种精神性消费。

④ 旅游消费是一种高层次消费。

（2）旅游消费的特点。

① 旅游消费的不可重复性。

② 旅游消费的劳务性。

③ 旅游消费的伸缩性。

④ 旅游消费的互补性和替代性。

⑤ 旅游消费的综合性。

（3）旅游消费的作用。

① 旅游消费是旅游经济运行的原动力。

② 旅游消费是满足旅游者需求的必要条件。

③ 旅游消费引导和促进旅游产品的开发。

2. 旅游消费结构

旅游消费结构是指旅游者在旅游过程中所消费的各种类型的旅游产品及相关消费资料的比例关系。

（1）旅游消费结构的分类。

①按现代旅游消费层次分类。

按现代旅游消费层次，旅游消费一般可分为生存消费、享受消费和发展消费。

②按旅游消费资料分类。

按照旅游消费资料的使用价值及旅游者消费的具体形式，可把旅游消费划分为食、住、行、游、购、娱等旅游消费。

③按旅游消费内容分类。

按照旅游消费的内容，旅游消费一般可分为基本旅游消费和非基本旅游消费。

④ 按旅游消费形态分类。

按照旅游者在旅游活动中的消费形态，一般可把旅游消费划分为物质消费和精神消费。

（2）现代旅游消费结构的影响因素。

① 旅游客源地经济发展水平。

② 旅游者的收入水平。

③ 旅游者的构成状况。

④ 旅游产品的结构。

⑤ 旅游产品的质量。

⑥ 旅游产品的价格。

⑦ 旅游者的心理因素。

（3）现代旅游消费的合理化。

旅游消费合理化是指旅游消费从不合理状态向合理化状态不断逼近的渐进过程。具体说，要实现旅游消费的合理化，就应满足以下一些基本要求：

① 旅游消费水平逐步上升。

② 旅游消费结构不断优化。

③ 旅游消费市场供求平衡。

④ 旅游消费环境良性发展。

3. 旅游者消费决策

旅游者消费决策是指人们为了满足旅游需要和动机，而寻找、选择、购买、使用、评价旅游产品和旅游活动过程的总和，是包括广泛的信息收集、品牌对比和评价及相关活动在内的过程。

(1) 旅游者消费决策的特征。

①决策主体的单一性和参与性。

②决策范围的有限性。

③决策因素的复杂性。

④决策内容的情境性。

(2) 旅游者消费决策的基本模式“刺激—反应”模式。

①刺激因素。

刺激因素是指影响和激发旅游者消费决策的各种外在客观因素。

②旅游者“黑箱”。

旅游者“黑箱”，即旅游者消费心理过程与决策过程，是指旅游者对各输入的刺激因素进行处理而形成态度与动机的过程。

③反应因素。

反应因素是指由于各种刺激因素的影响，以及旅游者“黑箱”的中介作用而促成的旅游者行为。

(3) 旅游者消费决策的影响因素。

①文化因素。

②社会因素。

③个人因素。

(4) 旅游者消费决策的原则。

①信息准确、全面、及时原则。

②可行性原则。

③系统分析原则。

④对比择优原则。

4. 现代旅游消费效果

(1) 现代旅游消费效果的含义。

旅游消费效果是指旅游者在消费过程中，投入与产出、消耗与成果、消费支出与达到消费目的之间的对比关系。通常，可以从不同的角度对旅游消费效果进行划分：

① 按旅游消费的研究对象划分。

按照旅游消费的研究对象，旅游消费效果可划分为宏观旅游消费效果和微观旅游消费效果。

② 按旅游消费的联系程度划分。

从一定的消费投入与所取得的成果之间关系的密切程度划分，可将旅游消费效果分为直接旅游消费效果和间接旅游消费效果。

（2）现代旅游消费效果的衡量。

①旅游者的旅游消费效果衡量。

旅游消费效果最直接的体现，就是反映为旅游者消费的最大满足。

②旅游目的地的旅游消费效果衡量。

在一定时期内，旅游者在旅游目的地的消费越多，则旅游目的地国家和地区的收入就越多。

（3）现代旅游消费效果的评价。

在旅游消费中，除了物质产品消费外，对旅游者所进行的旅游服务，对旅游者的尊重和友谊等，都对旅游消费效果起着决定性的作用，从而决定了对旅游消费效果的评价，应重点考虑以下三个方面的内容。

① 旅游产品价值和使用价值的一致性。

② 微观旅游消费效果与宏观旅游消费效果的一致性。

③ 旅游消费效果与生产、社会效果的统一性。

（三）重点与难点

1. 教学重点

（1）正确学习认识旅游消费的概念和主要特点。

（2）了解旅游消费结构的分类和影响因素以及实现旅游消费合理化的主要途径。

2. 教学难点

（1）如何掌握现代旅游消费效果的衡量和评价方法。

（2）实现旅游者消费最大满足的主要分析方法和手段。

二、练习题

（一）名词解释

1. 旅游消费
2. 旅游消费结构
3. 旅游消费合理化
4. 旅游消费决策
5. 旅游消费效果
6. 微观旅游消费效果

7. 宏观旅游消费效果

8. 旅游者消费最大满足

（二）判断题

1. 现代旅游消费效果，不仅包含对旅游者物质需求的最大满足，而且还包含对旅游者精神需求的最大满足。（ ）

2. 反映旅游者消费支出的指标不包括旅游消费率。（ ）

3. 旅游者“黑箱”，即旅游者消费心理过程与决策过程，是指旅游者对各输入的刺激因素进行处理而形成态度与动机的过程。（ ）

4. 旅游消费是一个静态过程，是人们的一种低级消费形式，是一种物质性消费。（ ）

5. 绿色消费是一种以“绿色、自然、和谐、健康”为宗旨的，有益于人类健康和社会环境的新型消费方式。（ ）

6. 任何消费都是社会生产力发展的结果，是人们收入增加和生活水平提高的标志。（ ）

（三）单项选择题

1. 旅游消费的（ ），即旅游服务是无形的，不可转移的，旅游者必须离开常住地，才可能实现旅游消费

A. 不可重复性　B. 劳务性　C. 异地性　D. 伸缩性

2.（ ）是人们对各种消费资料的组合和比例关系，反映了人们消费水平、消费质量和消费需求的满足程度

A. 旅游消费　B. 消费结构　C. 旅游消费结构　D. 消费

3. 旅游者消费决策是由旅游者的（ ）决定的

A. 心理过程和特征　B. 收入水平　C. 年龄　D. 家庭背景

4. 旅游者消费决策的基本模式是（ ）

A. “刺激—反应”模式　B. 渐进决策模式

C. 理性决策模式　D. 最优化决策模式

5.（ ）是把所有旅游消费作为一个整体，从社会角度研究旅游产品的价值和使用价值，分析旅游消费的状况、旅游者的满足程度等

A. 直接旅游消费效果　B. 间接旅游消费效果

C. 宏观旅游消费效果　D. 微观旅游消费效果

6.（ ）是指一定时期内，一个国家或地区旅游者消费支出同该国家或地区个人消费支出总额的比例

A. 人均旅游消费额　B. 旅游消费总额

C. 旅游消费率　D. 旅游消费构成

7. 旅游消费效果最直接的体现反映为（　）

A. 人均旅游消费额　　B. 旅游消费总额

C. 旅游消费构成　　D. 旅游者消费的最大满足

8. 现代旅游消费是人们在基本生活需要得到保障之后而产生的（　）需求

A. 生存消费　　B. 低层次消费

C. 高层次消费　　D. 物质性消费

9. 按（　）分类，一般可把旅游消费划分为物质消费和精神消费

A. 旅游消费层次　　B. 旅游消费资料

C. 旅游消费内容　　D. 旅游消费形态

10. 在各种（　）的作用下，通过旅游者“黑箱”的中介作用，并产生一定决策反应

A. 反应因素　　B. 刺激因素

C. 个人因素　　D. 社会因素

（四）多项选择题

1. 要实现旅游消费的合理化，应满足以下基本要求中的（　）

A. 旅游消费水平逐步上升　　B. 旅游消费结构不断优化

C. 旅游消费市场供求平衡　　D. 旅游消费环境良性发展

2. 旅游消费结构的影响因素包括（　）

A. 旅游客源地经济发展水平　　B. 旅游者的收入水平

C. 旅游者的构成状况　　D. 旅游产品质量

3. 旅游消费的作用包括（　）

A. 是旅游经济运行的原动力　　B. 是满足旅游者需求的必要条件

C. 引导和促进旅游产品的开发　　D. 提高旅游者的收入水平

4. 旅游消费效果的评价应该重点考虑以下哪几个方面的内容？（　）

A. 旅游产品价值和使用价值的一致性

B. 旅游决策与心理过程的一致性

C. 微观旅游消费效果与宏观旅游消费效果的一致性

D. 旅游消费效果与生产、社会效果的统一性

（五）简答题

1. 如何理解现代旅游消费及其特点？

2. 阐述旅游消费结构及影响因素。

3. 阐述旅游消费合理化的内容及形式。

4. 分析旅游消费决策的影响因素。

5. 旅游者如何进行旅游消费最大满足的选择？

6. 旅游消费效果有哪些类型?

（六）论述题

1. 如何衡量和评价旅游消费效果?

2. 试论旅游消费在旅游经济运行中的作用。

三、经典案例

案例1

桂林入境旅游者个体旅游消费行为分析

1. 入境游客的基本情况

据有效问卷调查统计，在488名入境旅游者中，按客源地分，国外旅游者占64.4%，港澳台同胞占36.6%；按性别分，男性占55.4%，女性占44.6%；按年龄分，20岁以下占8.9%，20至30岁有占34.7%，30至40岁占17.8%，40至50岁占13.9%，50至60岁占13.8%，60岁以上占10.9%；按教育程度分：本科以下占38.4%，本科占41.4%，本科以上占20.2%。

2. 游客旅游的主要目的

在进行问卷调查中，92%的游客表示来桂林的主要目的是休闲度假、观光游览，这显示了游客的旅游活动还停留在较低层次，另一方面也反映了桂林旅游产品结构较为单一，不能为游客提供多样的旅游产品。

3. 旅游方式的选择

在问卷调查中，游客选择旅行社组织安排线路有44.6%，单位组织有10.9%，选择自助式旅游线路的游客占44.5%。来桂林旅游的入境游客对旅游方式的选择表明，随着旅游者旅游经验的丰富和旅游信息的广泛传播，旅游者外出旅游时自主意识越来越强，旅游者带有鲜明的个人爱好，并对旅游的质量有较高的要求。

4. 旅游景点的偏好

针对旅游的兴趣爱好调查，山水自然风景区是桂林最具吸引力的旅游资源，这一调查结果印证了桂林旅游业发展的优势所在，但也反映出桂林旅游资源的潜力尚未得到充分的发掘，节庆活动、文化艺术、旅游购物、饮食烹调等旅游产品同样可以充满文化内涵，代表桂林旅游特色，但其吸引力尚未完全发挥，旅游资源吸引力状况分布尚未达到平衡。

5. 购后评价

按利克特量表设计游客的消费满意状况，将满意状况按5分制表示，5分、

4 分表示满意，3 分表示一般，2 分、1 分表示不满意。统计比例结果显示：入境旅游者最满意的旅游环节是景区景点，占 85%，游览过程和住宿满意率最高，表明桂林旅游资源的品位能够满足旅游者的期望，也表明桂林住宿业的发展已经能达到游客的要求。游客最不满意的是娱乐和购物，占 25% 和 29%，表明桂林的旅游娱乐项目和购物的发展还不能适应游客的需要。游客认为最不值得的消费是娱乐，这说明旅游娱乐无论从形式上，还是质量上都未获得游客的认可，旅游娱乐内容需要创新，娱乐活动的质量也有待提高。有些游客认为旅游购物的花费不值得，这显示出旅游商品的质量及内涵还不满足游客的需要。值得注意的是游客提到桂林的旅游服务在一些景点还存在着问题，这表明旅游行业的服务理念和水平仍需要改进和提升。

6. 入境旅游者各项旅游消费支出消费潜力

在调查中发现，入境旅游者比较愿意花较多的钱在增加旅游景点品尝当地美食、参加娱乐项目、购买旅游纪念品和土特产等方面。

（资料来源：黄月玲：《桂林入境旅游消费现状与未来发展研究》，《商场现代化》2007 年第 7 期）

案例思考题：

1. 从资料中归纳桂林入境旅游者个体消费行为特点。
2. 针对桂林旅游消费特点，请你提出桂林入境旅游未来发展的建议。

案例 2

国内旅游消费结构现状和存在问题

1. 非基本旅游消费与基本旅游消费比例失衡

国家旅游局统计的城镇居民散客出游的人均花费构成中，包括城市间交通费、住宿费、餐饮费、市内交通费、邮电通信费、景点游览费、购物费、文娱费和其他费用。根据基本旅游消费和非基本旅游消费的定义，城市间交通费、住宿费、餐饮费、市内交通费、景点游览费为基本旅游消费，购物费、文娱费、邮电通信费、其他消费为非基本旅游消费。

2000—2003 年，国内城镇居民散客出游的花费中城市之间的交通费、住宿费、餐饮费、景点游览费所占比例较大，平均分别约占了 28%、14%、17%、8%，由此构成的基本旅游消费在总花费中占了绝对比重，基本旅游消费在总花费的 70% 上下小幅度的浮动。2000 年后基本旅游消费呈下降趋势，但下降幅度很小。而同时游客用于购物、文娱等方面的花费相对却较少，只占到约15%和2.5%。由此构成的非基本旅游消费一直都在总花费的30%左右。2000年后非基本旅游消费比例开始上升，但上升幅度小。

非基本旅游消费支出的高低是反映旅游消费结构是否合理的显性指标，国际上规定其最低警戒线为30%，旅游发达国家已高达60%以上，而基本旅游消费支出则控制在30%~40%。而我国则恰好相反，旅游者用于基本旅游消费的支出长期占总花费的70%左右，而非基本旅游费用支出仅占总花费的30%左右，与旅游发达国家相距甚远。

2. 旅游购物花费少

旅游购物是旅游六要素（吃、住、行、游、购、娱）之一。旅游购物是否发达，是旅游业从发展走向成熟的重要标志。旅游购物属于旅游消费中的非基本消费部分，因而弹性大，发展空间大。旅游购物消费占旅游者总消费的比重，也成为旅游业是否发达的重要指标。旅游业发达国家的旅游购物的比重大约能占到总收入的40%以上。但目前我国国内的旅游在相当长一段时间中，购物花费都较低，2000—2003年，国内城市居民散客出游购物花费占总消费的比例分别是14.7%、14.2%、16.9%、16.8%，近两年旅游购物比例有所上升，但也只是小幅度。这一方面说明国内的旅游购物已经有了一定的发展，另一方面也说明国内的旅游购物还不够发达，仍然存在着广阔的发展空间。

（尤慧、陶卓民：《国内旅游消费结构存在问题及优化研究》，《江苏商论》2006年第8期）

案例思考题：

针对目前旅游购物出现的问题，请提出国内旅游消费结构优化的措施。

案例3

浅析中西方旅游消费行为的差异性

一、旅游动机的强弱差异

旅游动机是指人们为了满足生存需求以外的消费需要而产生的具有明确方向的旅游行为的内驱力，是推动旅游者进行旅游活动的心理因素，旅游动机受经济、身体、文化方面的影响很大。西方传统文化具有较普遍和较明显的外倾型性格特点，强调支配自然，强调着眼于未来，具有冒险精神。西方人非常喜欢了解新奇事物，通过旅游，使人们在征服自我，征服世界的过程中满足个人的好奇心和体现个人的竞争本能，如参加登山、悬挂滑翔、冲浪、航海等高度刺激而又富有浪漫色彩的活动。

二、目的地选择上的差异

美丽的城郭，馥郁的山谷，凹凸起伏的原野，道不尽说不完的山水画，无不吸引着各路的游客，但是由于人们欣赏的角度不同，决定着各自的差异。西方人信奉天人对立的自然价值观，富有探求冒险的精神因而可选择非旅游地区或人迹罕至的旅游地，喜欢新奇的、不寻常的旅游场所，喜欢率先来到某个地区享受新鲜的经验和发现的喜悦，喜欢接触他们不熟悉的文化和人。总之，凡是“个性”突出的目的地，如险象环生的热带丛林等，都是他们的最佳选择。中国人信奉天人合一，喜欢小桥流水，流水飞鸥等波澜不惊的平和景观，大多选择熟悉的、甚至是人人皆知的、规划建筑的相当成熟的目的地，如北京、上海、杭州。此外，中国人有强烈的乡土、宗族观念，回归意识比较明显，因而也常会返乡归里，看那熟悉的山和水。

三、旅游组织形式上差异

西方旅游者为了尽情享受属于个人的时间与空间，单独外出度假的情况相当普遍。比如说：一个三口人组成的英国家庭，假期内竟然各奔东西，男主人扛着球杆去了高尔夫球俱乐部，女主人赴东欧购物观光，孩子则独自去希腊寻找古典与浪漫，似乎与人结伴或与家人同行会损害自己旅游的利益。而中国人在出国旅游和国内长距离旅游中，多喜欢组团的形式，人们往往认为这样可以相互照顾，获得安全感；近距离旅游则往往同家人或亲友同行，个人单独外出旅游情况比较少见。如一家三口参加团队旅游、新婚蜜月游等。社会进步与发展后，旅游者更加注重个性需求的满足，旅游业也应该主动适应市场发展的趋势，为零散和家庭旅游者提供各种服务项目，满足他们多样化、个性化的旅游需求。

四、消费习俗的差异

较传统的中国人喜欢选择带 3、6、8、9 这些数字的日子出游，也喜欢住带这些数字的楼层和房间，但不喜欢带 4 的字，西方人则忌讳“13”，在出游时会有意回避带这个数字的日子，进住饭店时有意回避这个数字的楼层和房间。

（孔艳：《浅析中西方旅游消费行为的差异性》，《才智》2008 年第 12 期）

案例思考题：

1. 针对中西方旅游消费行为的差异性，如何满足旅游者的需求？
2. 可否利用文化差异性，来增强吸引力？

案例4

休闲时代旅游消费的十大趋势

从产业经济学的角度说，旅游产业是休闲产业的一个重要组成部分。从消费经济学的角度看，旅游消费是休闲消费的主要活动之一。伴随着休闲时代的来临旅游消费会出现以下十种消费趋势。

1. 大众化

旅游活动或旅游消费，过去只是少数人享有的特权。伴随着经济和社会的发展，旅游活动日渐在大众中普及，成为国民社会生活的重要组成部分。在城市，人们在“五一”黄金周或春节或国庆节后见面时的问候语是：“你到哪里去玩了?”“你出去了吗?”这一时代的到来，应该归功于劳动生产率的提高，劳动时间的减少和休闲时间的增加，以及由此带来的国民收入的增加。

2. 休闲化

旅游在人们的印象里，是一件很辛苦的事情，没有体力是无法进行的。特别是那种旅游套餐，每到一个景点，像赶羊似的，规定你几点几点集合，照几张相，然后就是带你到旅游商店，买些不太适用并且回去永远不再看的商品。如果我们把这样的旅游定义为观光旅游的话，未来将更多出现的是休闲旅游。伴随着各旅游城市公共管理部门所提供的信息、交通等基础设施条件的改善，如自助式的旅游以及度假旅游等等休闲旅游将会逐渐增加。

3. 学习化

旅游不仅仅是一种单纯的游乐，往往伴随着学习活动，增加阅历和经历，可以提高人力资本水平。未来旅游消费对于知识学习性的需求将会增加，比如修学旅游。修学旅游本身就是一种学习活动，不同于平常的观光旅游，它可以延长游客的停留时间，也在很大程度上提升了旅游的品质和效益。

4. 远程化

伴随着国民收入水平的提高，旅游活动的空间范围将越来越大。

5. 预约化

从中国乃至整个世界看，出游活动的人数呈逐年增多的趋势。这样就会在个别时间段如“五一”黄金周，出现供求失衡的状况。因此，消费者如果打算在节假日出游的话，在节假日来临之前，必须先制订计划，并且向旅游企业预约。

6. 理性化

伴随着旅游者旅游活动的日益增加以及信息的透明化，消费者越来越成熟。人们在旅游活动中，会计较和计算旅游的投入和产出。以前那种跟风和炫耀式消费会渐渐减少，相反会越来越趋向于理性消费。

7. 多元化

旅游的目的、旅游的形式、旅游的花费出现了多元化趋势。多元化的另一个含义是个性化。旅游者动机的多元化，对于旅游业来说，既是挑战又是机会，必须根据旅游者的个性化旅游需求设计产品。例如小团体出游，游客可自主设计旅程，具体到一天看几个景点，在景点停留多长时间，在酒店就餐还是品尝当地小吃，早晨几点起床等各种细节都可以由游客和旅行社提前商定。

8. 体验化

未来的旅游消费需求将趋向于体验化。美国学者詹姆斯·吉尔摩与约瑟夫·派因（1998）在《哈佛商业评论》中提出了体验经济时代的来临，两位学者认为体验是以服务为舞台、以商品为道具，围绕消费者创造出值得消费者回忆的活动。消费是一个过程，消费者是这一过程的“产品”，当过程结束的时候，记忆将长久保存对过程的“体验”。消费者愿意为这类体验付费，因为它美好、难得、非我莫属、不可复制、不可转让、转瞬即逝，它的每一瞬间都是一个“唯一”。

9. 精神化

在未来的旅游活动中，精神方面的旅游活动将会不断地增加。在物质生活满足后，精神生活需求急剧增加。如宗教旅游、祭祖旅游等，将成为越来越流行的旅游活动。

10. 短期化

从未来的趋势看，短时间的旅游和一个目的地的旅游将会增加。这就是笔者定义的旅游的短期化趋势。

（王琪延：《休闲时代旅游消费的十大趋势》，《旅游学刊》2006 年第 10 期）

案例思考题：

1. 评论上述我国旅游消费的十大趋势。
2. 根据这样的趋势，谈谈我们应做的准备。

案例 5

珠江三角洲地区自驾车旅游市场消费行为特征

1. 自驾车旅游市场总体规模

调查显示，“五一”黄金周期间，珠三角地区居民平均出游率约为 52.3%。在广州市调查的 1 990 位被访者中，表示“五一”黄金周期间有出游意愿的有

1 017人，市民有意出外旅游的比重为51.1%。据此推算，广州市出外旅游的市民达369万人。其中，市民选择时尚的“自驾车”出游方式所占的比重为15.3%；在深圳市调查涉及的3 444位市民中，表示“五一”黄金周期间有意出游的有1 824人，市民出游率为53.0%。据此推算，深圳市将有大约272万市民外出旅游。其中，深圳市民选择“自驾车”出游的比重达到31.1%。据此推算，黄金周期间珠三角地区自驾车出游规模约为270万人。

2. 自驾车游客消费行为特征

（1）出游距离特征。200至400公里以内的游客约占52%，其中300至400公里的人数最多，约占30%；单程在500公里以上的游客不到10%。自驾车游平均驾车旅程为372公里。

（2）停留时间特征。自驾车游客一日游游客比重较低，仅占10.4%；2至4天的游客比重最高，占了81.3%；而出游5天以上的仅占8.3%；过夜游客中，人均过夜天数为2.083晚，其中在调查景点所在市人均过夜1.674晚。调查表明，黄金周自驾车游客一般出游时间较长，平均达到3天以上，而且自驾车游客游玩景点不限于住宿所在地，平均游览景点2.8个。

（3）旅游住宿特征。在609份自驾车调查问卷中，有79份选择在亲友家住，占13%；另外530份问卷选择在酒店和旅馆（招待所）入住，占87%。

（4）旅游花费特征。通过对609份问卷的整理分析，在黄金周期间，自驾车游客平均每台车花费4 695元，乘坐4.25人，人均天花费为545元。

（费永红、刘益、叶志青：《珠江三角洲地区自驾车旅游消费行为研究》，《特区经济》2007年第10期）

案例思考题：

1. 针对自驾车的发展趋势谈谈自己的看法。

2. 从自驾车旅游消费的特征，探讨旅游消费的高层次的特点。

四、练习题参考答案

（一）名词解释

1. 旅游消费是人们在旅游过程中，为满足自身享受和发展需要而消费的各种物质产品和精神资料的总和。

2. 旅游消费结构是指旅游者在旅游过程中所消费的各种类型的旅游产品及相关消费资料的比例关系。

3. 旅游消费合理化是一个动态的发展过程，它是指旅游消费从不合理状态向合理化状态不断逼近的渐进过程。

4. 旅游消费决策是指人们为了满足旅游需求和动机，而寻找、选择、购买、使用、评价旅游产品和旅游活动过程的总和，是包括广泛的信息收集、品牌对比和评价及相关活动在内的过程。

5. 旅游消费效果是指在旅游者的消费过程中，投入与产出、消耗与成果、消费支出与达到消费目的之间的对比关系。

6. 微观旅游消费效果是指旅游者通过旅游消费，在物质上和精神上得到的反映，如旅游消费能否达到旅游者预期效果，旅游者能否获得最大满足等。

7. 宏观旅游消费效果是把所有旅游消费作为一个整体，从社会角度研究旅游产品的价值和使用价值，分析旅游消费的状况、旅游者的满足程度、旅游消费对社会生产力及再生产的积极影响，以及对社会经济发展所起的促进作用等。

8. 旅游者消费最大满足是指旅游者在支出一定时间和费用的条件下，通过旅游消费获得的精神上与物质上的最佳感受，即旅游者在旅游过程中实际感受与主观愿望的最大相符程度。

（二）判断题

1. √　2. ×　3. √　4. ×　5. √　6. √

（三）单选题

1. C　2. B　3. A　4. A　5. C　6. C　7. D　8. C　9. D　10. B

（四）多选题

1. ABCD　2. ABCD　3. ABC　4. ACD

（五）简答题

1. 现代旅游消费是指人们在旅游过程中，为满足自身享受和发展需要而消费的各种物质产品和精神产品的总和，要正确理解旅游消费还必须把握以下几点：

（1）旅游消费是一种消费方式。

（2）旅游消费是一种个体性消费。

（3）旅游消费是一种精神性消费。

（4）旅游消费是一种高层次消费。

现代旅游消费的特点包括以下几个：

（1）现代旅游消费的不可重复性。

（2）现代旅游消费的劳务性。

（3）现代旅游消费的伸缩性。

（4）现代旅游消费的互补性和替代性。

（5）现代旅游消费的综合性。

2. 旅游消费结构是指旅游者在旅游过程中所消费的各种类型的旅游产品及相关消费资料的比例关系。

旅游消费结构的影响因素：

（1）旅游客源地经济发展水平。旅游客源地的经济发展水平，关系到旅游者的闲暇时间和收入水平，从而直接影响着旅游者的旅游需求和旅游消费水平。

（2）旅游者的收入水平。现代旅游消费是满足人们高层次需求的消费。即使人们有了旅游需求，也只有当人们的收入在支付其生活费用之外，尚有一定数量的节余时，才能使旅游需求变为现实。

（3）旅游者的构成状况。不同年龄、性别、文化、职业的旅游者，不同的风俗习惯、兴趣爱好，都是影响旅游消费结构的因素。

（4）旅游产品的结构。生产发展水平决定消费水平，产品结构从宏观上制约着消费结构。

（5）旅游产品的质量。发展旅游业不但需要一定数量的旅游产品，而且需要高质量的旅游产品。如果旅游产品的数量虽然符合旅游需求的总量，但其质量差、生产效率低、使用价值小，则仍然不能满足旅游者的消费需求，并且必然要影响到旅游消费的数量和结构。

（6）旅游产品的价格。由于旅游产品的需求弹性大，所以当旅游产品的价格上涨而其他条件不变时，人们就会把旅游消费转向其他替代商品的消费，使客源量受到很大影响。

（7）旅游者的心理因素。旅游者的消费习惯、购买经验、周围环境等都会不同程度地影响旅游消费选择、旅游消费行为，从而影响着消费结构。消费方式的示范性及旅游者的从众心理，也影响着旅游者的支出投向。

3. 旅游消费合理化的内容：

（1）旅游消费的发展速度要适度，要与旅游业和其他同旅游消费有关的经济部门的发展水平相适应。

（2）旅游消费的内容必须丰富多彩，形式要多种多样，切忌单调、乏味、刻板的旅游消费方式。

（3）旅游消费结构要优化，即食、住、行、游、购、娱之间及其各自内部的支出比例要恰当，要体现出旅游消费的经济性、文化性、精神享受性等特点，以最大限度地提高旅游消费的经济社会效益，促进消费者身心健康和全面发展的需要。

旅游消费合理化的形式：

①旅游消费水平逐步上升。

②旅游消费结构不断优化。

③旅游消费市场供求平衡。

④旅游消费环境良性发展。

4. 旅游消费决策的影响因素包括以下几个。

（1）文化因素。

由于旅游消费本身是集物质性和文化性于一体的综合性消费活动，其中精神和文化性消费的因素占了很大的比重，因此，文化因素对旅游者消费决策的影响，远大于其对物质产品消费的影响。

（2）社会因素。

旅游者消费决策，往往受到相关群体、家庭、社会身份与地位等社会因素的影响，因此必须认识这些社会因素的影响作用。

（3）个人因素。

①经济状况。旅游者的经济状况，一般包括经济收入、可花费收入、储蓄、个人资产和借债能力等。

②生活方式。生活方式是旅游者心理特征的外在表现，是旅游者内在动机和性格特征与外部社会相融合后的一种表现，即使年龄大致相同的旅游者，也往往存在着生活方式方面的差异。

③消费动机。

④个性与性格。

5. 旅游者要想做出正确的消费决策，总是依据一定的标准、尺度，对各种可能方案进行比较、选择，从中确定最优方案，而选择方案的标准和尺度的拟定，又是从一定原则出发的。决策原则贯彻于决策过程的始终。因此，旅游者消费决策一般遵循以下基本原则：

（1）信息准确、全面、及时原则。

（2）可行性原则。

（3）系统分析原则。

（4）对比择优原则。

6. 按照旅游消费的研究对象，旅游消费效果可划分为宏观旅游消费效果和微观旅游消费效果。

从一定的消费投入与所得的成果之间关系的密切程度划分，可将旅游消费效果分为直接旅游消费效果和间接旅游消费效果。

（六）论述题

1. 在一定时期内，旅游者在旅游目的地的消费越多，则旅游目的地国家和地区的收入就越多。因此，可以通过分析旅游者在旅游目的地的消费支出，来衡量旅游目的地的旅游消费效果。通常，反映旅游者消费支出的指标主要有旅游消费总额、人均旅游消费额、旅游消费率和旅游消费构成等。

对旅游消费效果的评价，应重点考虑以下三个方面：

（1）旅游产品价值和使用价值的一致性。在市场经济条件下，旅游产品作为消费资料进入消费领域，并以商品形式满足人们的消费需要，要求在使用价值上必须使旅游者能够得到物质与精神上的享受；在价值上要符合社会必要劳动时间的客观要求，对于国际旅游者来说，旅游产品的价值还要符合国际社会必要劳动时间的要求。

在旅游产品的价格上要能正确反映旅游产品的价值，也就是说同等价格的旅游产品，在数量和质量上不仅应等同于国际上的旅游产品，而且要使旅游者得到与其支付的货币相应的物质产品和精神产品。只有这样才能实现旅游者消费的最大满足。

（2）微观旅游消费效果与宏观旅游消费效果的一致性。宏观旅游消费效果是以微观旅游消费效果为基础，而微观旅游消费效果则以宏观旅游消费效果为根据，两者之间既相互联系，又相互矛盾。微观旅游消费效果反映的是个人的主观评价，它是由旅游者的个性特征（年龄、性别、习惯、文化程度、性格爱好和宗教信仰）不同所决定的。因此，要满足不同旅游者的消费要求，就要做好旅游市场的调研和预测，分析研究旅游者的心理倾向，因人而异地做好安排，通过旅游消费，给旅游者以新颖、舒适、优美、健康的感受，激发人们热爱生活、追求理想、奋发向上、努力学习的情感。这样，不仅提高了旅游者的个人消费效果，吸引旅游者延长旅游日程和提高重游率，从而使旅游消费资料得以充分利用，而且通过旅游消费促进了人们精神修养和文化素质的提高，从而进一步提高了宏观旅游消费效果。

（3）旅游消费效果与生产、社会效果的统一性。旅游消费的对象往往就是生产成果，生产成果直接影响消费效果，考察消费效果也要兼顾生产消费资料的经济效果。如有些地区开发的旅游产品，其消费效果可能是很好的，但旅游产品所产生的经济效果却很差。因此，片面强调消费效果，完全抛开生产的经济效果，也是不科学的。

2. 随着人们生活水平和生活质量的不断提高，旅游业在社会经济中的地位更为显著，并逐渐成为国民经济的重要产业。旅游业是否能够健康、稳定、协调、可持续运行发展，取决于旅游经济运行过程中的各个环节之间是否相互衔接且协调发展。旅游产品的生产、分配、交换、消费等环节虽然在时间上具有同一性，但是旅游产品的生产和交换取决于旅游消费。在市场经济条件下，旅游产品的生产也是以销定产，生产什么、什么时候生产、生产多少，均取决于旅游者想要消费什么、什么时候消费以及潜在的消费量。一句话，是由市场决定的。因此，旅游消费需求是旅游经济运行的原动力，旅游消费规模和水平决定着旅游产品生产的方向、数量和质量。

第7章

现代旅游服务和质量

一、学习指导

（一）总体要求

通过本章的学习，要正确理解现代旅游服务和质量的基本概念，了解现代旅游服务的内容及发展过程；掌握现代旅游服务的基本性质、特点、地位和作用；并从社会经济发展的角度，认识现代旅游服务质量的内涵和要求。懂得现代旅游服务和质量在旅游业发展中的重要性，掌握现代旅游服务和质量对旅游业发展的积极作用和影响；了解树立旅游诚信观念的重要意义。

（二）主要内容和知识点

1. 旅游服务的特点和内容

（1）旅游服务的特点。

①现代旅游服务的概念和定义。

现代旅游服务，是指旅游目的地的旅游企业和旅游行业职工凭借一定的物质资料，以提供服务性劳动为主要形式，以最大限度地满足旅游者需求为目的，在旅游者进行旅游活动过程中所提供的有关食、住、行、游、购、娱等服务的总和。

②旅游服务的特点：

A. 旅游服务的无形性。

B. 旅游服务的同一性。

C. 旅游服务的不可储存性。

D. 旅游服务质量的差异性。

E. 旅游服务所有权的不可转移性。

（2）旅游服务的内容。

旅游服务作为一种直接面向旅游者的综合性服务，通常是围绕旅游者活动中有关食、住、行、游、购、娱等多样性需求和消费而进行的。因此，尽管对旅游服务的内容有各种各样的分类方法，但从旅游者需求和消费的角度看，其内容一般可划分为：

①旅行社服务。

②住宿餐饮服务。

③游览观光服务。

④交通运输服务。

⑤旅游购物服务。

⑥休闲娱乐服务。

⑦其他旅游服务。

（3）旅游服务的地位和作用。

①旅游服务的地位。

旅游服务在现代旅游发展中不仅仅是为旅游者提供服务，更重要的是在为旅游者传达旅游提供者的经营理念，引导旅游者旅游的目标和潮流，通过旅游服务的提供，表达了旅游提供者的服务思想。同时，由于旅游业的发展，通过旅游的信息交流，现代旅游服务改变了整个社会的服务思想，极大地丰富了整个社会的服务内容，带动了整个社会的服务水平的提高。

A. 旅游服务是以满足旅游者需求和消费为目的的活动。

B. 旅游服务是现代旅游发展的桥梁和纽带。

C. 旅游服务是社会服务的重要组成部分。

②旅游服务的作用：

A. 旅游服务是旅游发展的重要内容。

B. 旅游服务促进旅游外汇收入增加。

C. 旅游服务带动相关产业的发展。

D. 旅游服务促进经济增长与发展。

E. 旅游服务增进国家之间的交流与合作。

2. 旅游服务质量

（1）旅游服务质量的内涵。

所谓旅游服务质量是指旅游服务所能达到的规定效果和满足旅游者需求的能力与程度。

从旅游服务过程看，旅游服务质量包括服务观念、服务技能、服务标准三个要素。

从旅游服务要素构成看，旅游服务质量包括服务设施、服务项目、服务价格三个要素。

（2）旅游服务质量的观念。

旅游服务观念是旅游服务人员的主观意识和价值观，是从事旅游服务工作的前提。旅游服务所表现的是一种人与人的关系，因而只有建立正确的旅游服务意识和观念，使旅游服务人员达到社会认知、自我认知和工作认知的协调一致，才能使旅游服务人员具有积极主动的服务精神和服务态度，从而自觉地提高旅游服务的质量和水平。

①树立“游客为本，游客至上”的观念。

②坚持全心全意为旅游者服务的观念。

③理解旅游服务者角色及应达成的目标。

④加强旅游服务者在服务质量过程中的使命感与责任感。

（3）旅游服务质量的标准。

①提供内容丰富、安排科学的旅游计划。

②保质保量的提供预定的各项旅游服务。

③确保旅游者的人身财产安全。

④为旅游者创造一种宾至如归的旅游气氛。

⑤满足旅游者合理的特殊要求。

3. 旅游服务质量管理

（1）旅游服务质量管理的重要性。

旅游服务质量管理，就是在掌握旅游服务特征和质量要求的基础上，遵循“人本原理”的规律性，以满足旅游者需求为目标，不断端正旅游服务观念、改进旅游服务态度、完善旅游服务技能、丰富旅游服务内容、制订合理的旅游服务价格，最终形成良好的旅游服务体系和机制，更好地满足旅游者多方面的旅游需求，并为旅游企业和旅游目的地带来良好的经济效益和社会效益。

①旅游服务质量管理是促进旅游发展的永恒主题。

②旅游服务质量管理是增强旅游吸引力的核心因素。

③旅游服务质量管理是增强旅游企业生存和发展的生命线。

（2）现代旅游服务过程质量管理。

①加强旅游服务过程质量管理的意义：

加强服务过程的质量管理有利于增强服务性企业的竞争力；加强服务过程的质量管理是防止服务差错、提高旅游者感觉中的整体服务质量的有利举措。加强旅游服务过程的质量管理有助于树立旅游企业良好的市场形象，增强旅游者对旅游企业品牌购买的心理倾向。

②实行有效的旅游服务过程管理：

A. 加强旅游者行为管理。

B. 把握“真实瞬间”。

（3）提高旅游服务质量管理的途径：

①树立旅游服务质量管理观念。

②加强旅游服务质量法规体系的规范建设。

③推进旅游服务质量的标准化和规范化。

④完善旅游服务质量管理体制和机制。

A. 完善旅游质量监督管理体制。

B. 完善旅游服务质量监管机制。

C. 加强旅游市场管理。

D. 加强旅游执法队伍建设。

E. 加强旅游行业员工培训。

4. 旅游诚信服务

（1）旅游诚信服务概念。

旅游诚信服务是指旅游从业人员在进行旅游经营和提供旅游服务过程中，自觉遵守职业道德和社会承诺，信守行业公约和惯例，形成诚信经营、诚信服务的社会信用体系和规则。旅游诚信服务，也是旅游目的地和旅游企业具备一流内在素质的外在表现，是旅游从业员工追求文化素质高层次、业务技术高水平、职业道德高标准和思想觉悟高境界的服务观念与行为，其目标是努力做到言行的高格调、工作的高效率和服务的高质量。

①旅游诚信服务是旅游经济发展的客观要求。

②旅游诚信服务是现代旅游产业的社会资本。

③旅游诚信服务是促进和谐旅游发展的基础。

（2）现代旅游诚信服务的重要性。

①坚持旅游诚信服务是旅游企业核心竞争力的重要内容。

②坚持旅游诚信服务是维护市场经济秩序的坚实基础。

③坚持旅游诚信服务是法治与德治并重的现实需要。

（3）旅游诚信服务的建设。

加强旅游诚信服务的建设，既是加快我国旅游业发展的现实要求，也是落实科学发展观，构建和谐社会及和谐旅游，实现建设旅游强国发展目标的重要内容。因此，必须明确旅游诚信服务建设的目标、原则和内容。

①旅游诚信服务建设的目标。

②旅游诚信服务建设的原则。

A. 坚持旅游诚信服务建设与规范旅游经营活动相结合原则。

B. 坚持旅游诚信服务建设与提高旅游服务质量相结合原则。

C. 坚持旅游诚信服务建设与加强旅游市场建设相结合原则。

D. 坚持旅游诚信服务建设与提高旅游管理水平相结合原则。

（3）旅游诚信服务建设的内容。

旅游者活动涉及食、住、行、游、购、娱等各个方面，因此旅游服务是一种综合性的服务，从而决定了旅游诚信服务建设的内容也是广泛多样。从目前我国旅游发展的实际出发，旅游诚信服务建设应重点抓好以下工作：

①大力推进旅游诚信制度建设。

②积极促进旅游行业自律工作。

③广泛开展旅游诚信服务活动。

④加强旅游企业诚信等级认定。

⑤认真做好旅游企业信息基础工作。

⑥积极建立社会舆论监督机制。

（三）重点与难点

1. 教学重点

（1）要全面认识和理解旅游服务的概念和特点。

（2）理解旅游服务质量的内涵，明白树立旅游服务质量的观念的重要性，掌握旅游服务质量的要求。

（3）明白旅游服务质量管理对旅游业的重要性，旅游服务过程管理的内容，理解提高旅游服务质量的途径。

（4）理解旅游诚信服务的概念，懂得旅游诚信服务的重要性，认识如何加强旅游诚信服务建设。

2. 教学难点

（1）如何树立旅游服务理念。

（2）开展旅游诚信服务建设的重要意义。

（3）在旅游目的地应如何开展旅游诚信服务建设。

二、练习题

（一）名词解释

1. 旅游服务
2. 旅游服务质量
3. 旅游诚信服务
4. 旅游服务质量意识和观念
5. 旅游服务价格

（二）判断题

1. 旅游服务观念，是旅游服务人员的主观意识的反应。（ ）
2. 旅游服务质量包括服务设施，服务项目，服务价格等要素。（ ）
3. 旅游服务的综合性决定了旅游服务质量的整体性。（ ）
4. 任何旅游服务的提供都必须包括四个基本要素：即服务对象、服务提供

者、劳动资料、服务标的。 （ ）

5. 旅游活动的主体是旅游者，对象也是旅游者。 （ ）

6. 旅游者在接受旅游服务过程中，仅仅关心他们所得到的服务。 （ ）

（三）单项选择题

1. 旅游服务的综合性决定了旅游服务质量的（ ）

A. 高效性　B. 行为规范性　C. 标准的规范性　D. 整体性

2. 旅游诚信服务，是旅游目的地和旅游企业具备一流内在素质的（ ）

A. 综合表现　B. 道德表现　C. 外在表现　D. 法律表现

3. 在传统旅游产业发展中，人们往往比较注重旅游经济资本、人力资本而忽视（ ）

A. 产业标准　B. 发展标准　C. 道德标准　D. 社会资本

4. 提高旅游服务质量，还离不开旅游服务的（ ）

A. 标准化工作　B. 服务观念改变

C. 道德标准准则　D. 法律体系完善

5. 按照标准提供旅游服务，就是旅游经营者不可更改的（ ）

A. 权利　B. 义务　C. 准则　D. 制度

6. 旅游服务质量管理是增强（ ）的核心因素

A. 旅游企业竞争力　B. 旅游执法队伍建设

C. 旅游市场管理　D. 旅游吸引力

7. 旅游服务标的，就是（ ）

A. 旅游者　B. 旅游服务活动的组织者

C. 旅游者消费的具体服务　D. 各种旅游资源、设施、设备等

8. 旅游诚信服务是现代旅游产业的（ ）

A. 经济资本　B. 人力资本　C. 社会资本　D. 物力资本

9. 旅游服务观念，是旅游服务人员的主观意识和价值观，是从事旅游服务工作的（ ）

A. 前提　B. 目标　C. 保证　D. 关键

10. 坚持旅游诚信服务，是旅游企业核心竞争力的（ ）

A. 重要内容　B. 坚实基础　C. 现实需要　D. 发展目标

（四）多项选择题

1. 现代旅游服务的基本特征表现为（ ）

A. 服务的无形性　B. 服务的同一性

C. 服务的单一性　D. 服务的不可转移性

2. 从现代旅游发展的实际看，任何旅游服务的提供都必须包括以下要素中

的（　　）

A. 服务对象　B. 服务提供者　C. 劳动资料　D. 服务标的

3. 从旅游服务过程看，旅游服务质量包括以下要素中的（　　）

A. 服务观念　B. 服务工具　C. 服务技能　D. 服务标准

4. 从旅游服务要素看，旅游服务质量包括以下要素中的（　　）

A. 服务观念　B. 服务设施　C. 服务项目　D. 服务价格

5. 世界旅游组织 1994 年提出服务质量的要求包括（　　）

A. 高质量的设施　B. 高质量的服务

C. 高质量的员工　D. 高质量的旅游

（五）简答题

1. 旅游服务的内涵是什么？
2. 如何理解旅游服务的特点？
3. 旅游服务质量包括哪些内容？
4. 怎样树立旅游服务质量管理的观念？
5. 为什么说旅游诚信服务是旅游经济发展的客观要求？
6. 如何加强旅游服务过程质量管理？

（六）论述题

1. 试述如何加强旅游诚信服务建设。
2. 试述旅游诚信服务建设的原则。

三、经典案例

案例 1

酒店服务案例

一天深夜 3 点 10 分，两位面容倦怠的客人来到前厅接待处。

接待员微笑地询问他们要开什么等级的客房。

顾客说需要一间普通标准间，请快点开，睏死了。

接待员说“我们有两种价格的标准房：豪华标准双人间，298 元一间，普通三人间 188 元一间。”

“普通标准间。”略显疲惫的客人不耐烦地说。

接待员：真对不起，普通标准间刚刚卖完，只有一间刚刚 Check Out，楼层服务员现在正在清扫，豪华标准双人间，也非常适合你们，十分抱歉，请你们稍等片刻。

“不行，刚才机场代表告诉我们是有房间的！”客人不禁皱起了眉头。

接待员：“是有的，但请稍等一会儿，我们马上清理出来，请您在大堂吧略坐片刻，我们会通知您的。”

客人看了看接待员，不悦地走向大堂吧。接待员赶紧催促客房中心立即清扫普通标准间。15分钟后，其中的一位客人来到接待处。

顾客：“服务员，到底有没有房间，我们坐了3个多小时的飞机，真的很累，想休息……”

接待员：“马上就好，请你们再耐心地等一会儿。”接待员连忙安慰客人。

客人又回到座位上，耐着性子等候。接待员立刻又打电话到客房中心询问有没有做好那间双人房，客房服务员却说：“有一间豪华标准间做好了，其他房间还没有。”

接待员：“你们在干什么呢，做房间那么慢，你们知道客人等得多焦急。”

服务员：“房间总得一间间做吧，哪有那么快。”说完电话挂断了。

接待员无可奈何地放下话筒。

过了15分钟，两位客人再次走向接待处，七嘴八舌地高声责问接待员：“你们到底有没有房间？把我们骗到这儿，根本没房，我们不在你们这儿住了。”说完，便向门外走去。这时，大堂副理走了过来想留住客人，可没等他说话，客人就劈头盖脸地说：“你不用多说，我们已经在这里白等了半个多小时了。”说完便愤然离去。

（资料来源：职业餐饮网）

案例思考题：

1. 对于疲惫的顾客应该如何进行语言说服？
2. 接待员接待中应该注意哪些问题？

案例2

服务实例：用“真实”打动每一位用餐者

杭州“金玲珑”餐厅的设计是陈林的杰作，学设计出身的他，对空间的追求和表达可能是一生的志向。当他已经不满足于搭建的景观和夸张的细节，毅然决然地决定把每个用餐者带回到“质朴”的境界中去，因为他认定只有这样才能让每个喜欢食物的人真正领略到食物的乐趣，而且这不但是菜肴，包括设计与服务都要“纯粹”，来不得半点造作。

构思中的金玲珑

在金玲珑之前，陈林有一家叫做“玉玲珑”的店，虽然不是很大，但餐厅在装饰上却是非常惹眼，意大利、香港各式各样的灯具、沙发，让很多人开始记住了这个店的主人以及设计师。当然这次的金玲珑更不可能让大家失望，陈林决定跟夫人杨小君一道去一趟印尼，为构思中的金玲珑餐厅的设计做准备。一共5天，夫妻俩从印尼回来，随后到的便是一集装箱印尼工艺品，吊灯、佛像、壁画、木雕……足以开一场印尼艺术展。在这之后，800平方米的金玲珑餐厅开始了长达7个月的装修，耗资200多万元。2005年11月19日，餐厅开业，地点在杭州闹市的写字楼——商业大厦4楼。

浓郁的巴厘风情

这个餐厅的空间最终被演绎成了巴厘岛风情的空中庭院。印度尼西亚的藤、马来西亚河道里的水草以及泰国的木皮等纯天然的材质，带着泥土的自然和质朴。集装箱运来的精致的木雕、花板、壁画、吊灯装饰其中，轻巧灵动里透出不着痕迹的精心雕琢。

金玲珑做亚洲美食，以杭州菜为主，有部分东南亚风格的菜式和港澳的葡式菜。作为餐厅经营者的陈林认为，并不一定经营什么样菜式必须配合什么样的餐厅设计，餐厅设计也没有规定的风格定义，餐厅需要多样性的设计，没有必要强调定义。餐厅设计更要强调氛围，设计的基本要求是要使用餐环境让用餐者感觉舒服惬意。而金玲珑的设计就是借用了印尼巴厘岛的生命气息，在设计上只是对部分细节进行了改良，去除不符合用餐气氛的东西，使得整体更加简洁和现代化。

强调细节

金玲珑的空间开阔，800平方米的空间，只用了170个餐位。设计师用光影塑造了一个奇妙的空间，大量的印尼风格的镂空与隔断做得非常精彩，灯与蜡烛错落有致，当点起的时候，有“万帐穹庐人醉，星影摇摇欲坠”的感觉。

在细节上，从墙面纹路到沿窗玻璃而上的磨砂纹路，以及窗帘和桌布的花纹，金玲珑在设计上搭配得相当协调。看似漫不经心的设计，其实都有着联系。

金玲珑对天顶的设计花了很大一番心思。靠窗一排用餐区的天顶用了夏季做窗帘用的竹帘；而里侧则用了木地板做天顶，天地做了互换；里间另有一个就餐空间则用麻绳做了天顶。天顶装饰对金玲珑来说是非常耗时费力的工作，因为市场并没有这样的天顶可以直接采购，全部是原创，现场手工制作，包括餐桌也一样是原创，桌面使用了瓷砖贴面，而瓷砖也不是市场购得，全部手工绘制。这样的餐桌设计，仅此一家。使用时发现，省却了桌布，却比使用桌布看起来更干净，更富有特色。

最真实的服务

有人在网上这样评价陈林餐厅的服务员：“许多在金玲珑就餐过的人都会有一种感受：那儿的服务员给人感觉很不一样。服务员脱胎换骨的秘诀在于培训，在餐厅工作的员工平时挺忙，但每天下午3：30到4：30是他们铁打不动的培训时间。要学的东西也实在太多，银行的人来教如何点钞、派出所的人来教如何调解纠纷、美容院的人来传授护肤，还要学英语，甚至还有名为‘谁挡住了你的阳光’的心理课程，启迪员工发现自己心里最想要的东西，这样的培训实在有些出乎我们的意料。陈林提到他的员工时连眼角也是往上翘的，‘我的员工也许不是最漂亮的，可是如果要传话一定是小跑着过去，不会大声喊。’”

十年的生命力

强调真实，是陈林设计金玲珑最初的想法，所有印尼风格的东西全部都是货真价实，这些富有印尼文化、印尼传统的东西全都来自印尼，是设计师根据设计需要亲自挑选而来，没有本地的仿制品。而且店内所有的绿化装饰也全部用真的活的植物，虽然带来养护的麻烦，但陈林夫妇还是坚持。包括桌、椅、隔断也都是木头、竹子、麻等天然材料。

餐厅主人强调：设计餐厅的时候，就希望这个餐厅出来后，空间设计的生命力至少是十年，而这个十年不是过不过时的问题，是十年如新、十年不动，唯一需要改动的或许只是桌椅、窗户的面料，还有就是植物的更换。

（资料来源：职业餐饮网）

案例思考题：

1. 分析真实服务对顾客的心理影响。
2. 分析餐厅的设计变化的形式和内涵对顾客的心理影响。

案例3

三声问好为何遭投诉

某家大型酒店的服务员，早晨向一位客人问候了三声“先生，您好”，没想到却被这位客人投诉到总经理那里。

事情经过：原来，那位客人有早起散步的习惯。当日，他起来散步，出门时服务员问了一声：“先生，您好”；散步回来进门时，服务员又问了一声：“先生，您好”；上电梯时，一位服务员问了第三声：“先生，您好”。这位客人面对如此礼遇，反而把他们投诉到酒店总经理那里。

刚一开始，总经理感到莫名其妙：为什么我们的服务这样规范还会被投诉？经过了解，原来是服务员的服务态度刻板，缺少情感，千人一面，让人心里不舒服。

（资料来源：中国酒店网）

案例思考题：

1. 分析问候服务应该注意的问题。
2. 分析语言服务的技巧对服务的影响。

案例 4

酒店捆绑婚庆公司消费竟成“潜规则”

2008 年 5 月，消费者王先生与某四星饭店预订了 18 桌婚宴，婚期定于 2009 年 3 月。在确定饭店没有其他特殊要求的前提下，王先生与该饭店签订了协议，并支付定金 2 000 元。

2009 年 1 月，王先生又与某婚庆公司签订协议，由该婚庆公司全程策划婚礼仪式。随后，满心欢喜的王先生再次与该四星饭店确认婚宴事宜。却被告知婚宴必须使用饭店指定的婚庆公司，其他婚庆公司入场，消费者需另外支付 2 000 元入场费。

王先生对此不能接受，他认为饭店的规定既没有事先说明，而且这样的强制规定也不合理。在与饭店协商不成的情况下，王先生投诉至虹口区消保委。

消协接到消费者投诉后，立即与该饭店取得了联系。该饭店负责人解释说，在饭店举办婚宴配套使用饭店指定的婚庆公司，是公司的规定。消费者在签订协议时，接待员对这一规定没有解释清楚。

消协认为此举涉嫌强行搭售。

消费者王先生认为，该饭店的规定太霸道，即使接待员事先说明，这样的规定也不合理。

消协认为，饭店的做法侵犯消费者的自主选择权，涉嫌强制消费。根据《消费者权益保护法》，“消费者有权自主选择提供商品或者服务的经营者”，“消费者在自主选择商品或者服务时，有权进行比较、鉴别和挑选”。自主选择权是法律赋予消费者的一项基本权利。同时，明确规定了经营者不强迫交易以及不搭售商品的义务，禁止在违背消费者意愿的情况下搭售商品或附加不合理条件。

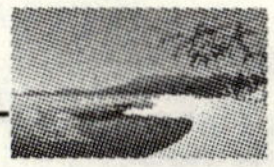

本案中，饭店以消费者在本店消费为前提，强行搭售其指定婚庆公司的服务，或者对消费者自选婚庆公司附加收取高额入场费的做法，是违反法律规定的。通过消协的调解，饭店最后同意免收消费者自选婚庆公司的入场费，这起投诉得以圆满解决。

专家观点：幸福产业不应被商家利用，无论是淡季、旺季，婚庆公司布置场地的成本都大致相同，即使酒店和指定的这家婚庆公司存在协议，也不应该用收取进场费的方式限制新人选择其他婚庆公司。

加收进场费是不合理收费，涉嫌指定交易。现在结婚的人比较多，酒店处在强势地位，对消费者进行指定内容的消费，这一行为不合理。婚庆投诉之所以少，是因为婚庆是一个幸福产业，即使有一些不合理的收费或行为，结婚的人多半也会包容，但这不是酒店加以利用的理由。相关法律专家则称，收取进场费缺乏依据，消费者有权拒付。

（资料来源：北京酒店网）

案例思考题：

1. 酒店捆绑婚庆公司服务为什么遭到顾客投诉？
2. 婚庆公司在进行婚庆活动时对顾客需不需要个性化服务？

案例 5

要求导游承担赔偿金额的 80% 合理吗？

前不久，13 位游客联名向地接社投诉：导游小王在带昆明石林游的旅行团时“讲解质量差、水平低”，旅游安排不合适，服务质量低，致使游客极度不满意。旅行社收到此投诉后，立刻做出了处理，按游客的投诉要求，赔偿了每位游客 500 元，解决了此事。旅行社反应迅速，行动及时，在最快时间和最小的范围内处理了此次投诉，无疑是值得赞扬的。但是问题出在旅行社对被投诉导游的处理上，旅行社将引发投诉的责任大部归于导游，要求导游承担赔偿金额的 80%，而导游认为被投诉固然有自己的原因，但主要是旅行社方面的问题引起的。双方就此争执不下，旅行社遂上报旅游局，请求旅游局对导游处理。

（资料来源：九游网）

案例思考题：

1. 对导游服务遭投诉的原因进行分析。
2. 此事件中旅行社需要承担什么责任？

案例6

长江三峡游擅自转团

2001年5月，吴某参加某旅行社组织的“长江三峡精华三日游”。按旅游合同约定，旅游者每人交纳660元，为全包价旅游，可享受全程导游服务、交通、餐饮、住宿各方面的服务。

该团抵达宜昌，在码头上船时，该团导游甲要吴某与其朋友两人跟随另一团队导游乙上船。

上船后，吴某发现，导游甲在没有征求自己同意的情况下，已安排自己跟随另一团队游览三峡，并与原来团队完全分离。吴某在跟随第二个团队游览时，导游乙几乎全程不见踪影，不作导游讲解；无法实现合同就餐标准，而被迫自行就餐；游览行程不合理，导致其在凌晨一点才乘车返汉，整夜未眠，疲于奔波。吴某以旅行社擅自将其转团为由，直接向湖北省旅游局质量监督管理所投诉，要求旅行社赔偿其相应损失，承担违约责任。

（资料来源：咸宁旅游网）

案例思考题：

1. 分析擅自转团会给旅行社带来的影响。
2. 全包价旅游应该注意什么问题？

案例7

旅游服务不达标准，赔偿如何计算？

2005年5月，王先生及同事一行八人参加某旅行社组织的“大理五日游”。按旅游协议所定的游览行程、交通、住宿等标准，旅游者每人交纳旅游费1 000元。然而，在旅游协议的履行过程中，该旅行社原承诺的山上住宿6～8人高低铺，实际为6人高低铺，下铺两人，上铺一人，共住12人；行程计划中的大理重要的景点鸡足山并未安排游览。王先生等以旅行社所列旅游行程具有欺诈行为为由，向旅游质量监督管理所投诉，要求旅行社退赔全额旅游费用，以维护其合法权益。

被投诉方旅行社的辩解：

1. 山上接待设施有限，一般团队均为6～8人高低铺，“五一”期间山上住房极为紧张，各旅行社都只能按惯例下铺全部合铺。

2. 平时五日游，旅行社都安排游客游鸡足山，而“五一”期间，鸡足山人满为患，无法上去。旅行社之所以没有实现合同标准，是由于无法预见的客观原因造成的，并非旅行社故意行为。因此不应承担赔偿责任，至多退还山上房费差价。

案例思考题：

1. 游客要求旅行社退赔全额旅游费用是否合理？
2. 旅游服务标准的确定在旅游中的作用是什么？

四、练习题参考答案

（一）名词解释

1. 旅游服务是指旅游目的地的旅游企业和旅游行业职工凭借一定的物质资料，以提供服务性劳动为主要形式，以最大限度地满足旅游者需求为目的，在旅游者进行旅游活动过程中所提供的有关食、住、行、游、购、娱等服务的总和。

2. 旅游服务质量是指旅游服务所能达到的规定效果和满足旅游者需求的能力与程度。从旅游服务过程看，旅游服务质量包括服务观念、服务技能、服务态度三个要素；从旅游服务要素构成看，旅游服务质量包括服务设施、服务项目、服务价格三个要素。

3. 旅游诚信服务是指旅游从业人员在进行旅游经营和提供旅游服务过程中，自觉遵守职业道德和社会承诺，惜守行业公约和惯例，形成诚信经营、诚信服务的社会信用体系和规则。

4. 旅游服务质量意识和观念是指旅游服务人员的主观意识和价值观，是从事旅游服务工作的重要前提，只有真正建立“以游客为本”、“游客至上”的意识和观念，端正旅游服务态度，才可能全心全意地为旅游者提供优质的旅游服务。

5. 旅游服务价格是旅游服务内容和质量的货币表现形式，与旅游服务内容和服务质量有着密切的关系。不同的价格反映着所提供的不同等级的旅游服务，也反映了旅游者心理的满足程度。

（二）判断题

1. × 2. √ 3. √ 4. √ 5. × 6. ×

（三）单项选择题

1. D 2. C 3. D 4. A 5. B 6. D 7. C 8. C 9. A 10. A

（四）多项选择题

1. ABD 2. ABCD 3. ACD 4. BCD 5. BCD

（五）简答题

1. 旅游服务是指旅游目的地的旅游企业和旅游行业职工凭借一定的物质资料，以提供服务性劳动为主要形式，以最大限度地满足旅游者需求为目的，在旅游者进行旅游活动过程中所提供的有关食、住、行、游、购、娱等服务的总和。旅游服务在现代旅游经济发展过程中，是旅游经济发展的基石和生命线，旅游服务之所以如此重要，是由它本身的特点所决定的。

（1）旅游服务的无形性。

旅游服务的无形性特征，决定了旅游者在购买旅游服务之前不能凭感官去判断旅游服务的质量和水平，只能通过各种信息及经验做出判断。同时，对旅游服务消费的利益和感受也不可能马上评价，必须经过一段时间或有相同的服务消费比较之后才能做出正确的评价。

（2）旅游服务的同一性。

旅游服务与物质产品的重要区别在于：其生产过程和消费过程在时间上具有同一性，空间上具有并存性。具体讲，旅游服务的生产和消费是不可分离的，其生产过程的起点即消费过程的开始，其生产过程的终结也就是消费过程的终结。例如，对单个旅游者而言，当旅游者住进旅游饭店以后，饭店服务生产才开始，同时也是旅游者消费饭店服务的过程；当旅游者离开饭店后，其对饭店服务的消费就结束了，同时饭店服务的生产也就结束了。因此，旅游服务的同一性特征，要求旅游行业和旅游企业必须高度重视和保证旅游服务的内容和质量，提供符合旅游者需求的优质服务，才能更好地满足旅游者需求和消费，从而获得相应的旅游经济效益。

（3）旅游服务的不可储存性。

旅游服务的不可储存性特点，一方面表明了旅游业的生产和销售过程一般不发生服务储存费用，从而可以减少旅游服务的成本费用；另一方面，由于没有旅游服务库存，也会经常出现旅游服务供求不平衡的问题。因此，必须不断提高旅游经营的灵活性和管理的科学性，通过加大旅游服务的促销宣传，树立良好的旅游品牌形象，不断提供优质旅游服务，才能变被动的旅游服务消费为主动的旅游服务需求，不断提高旅游的经济效益。

(4) 旅游服务质量的差异性。

一方面，由于旅游服务的对象——旅游者是不断更替变化的，不同旅游者的个性和需求不同，导致旅游者对旅游服务的要求和评价也不一样，使其对旅游服务质量和水平的认定与评价也有差别。如对导游的讲解，有的旅游者要求导游讲解详尽、内容丰富，但有的人则可能嫌导游啰嗦等。

另一方面，由于旅游服务的主体——服务人员的不同，通常也会导致旅游服务质量的差异性，尤其是大多数旅游服务工作是重复性劳动，不同的服务人员必然存在着服务质量和水平上的差别，即使是同一服务人员在不同时间为同一旅游者提供服务，也往往会受各种因素的影响而产生不同的服务质量和效果。

(5) 旅游服务所有权的不可转移性。

旅游服务的上述特点决定了其在交换和消费过程中，一般不涉及服务所有权的转移。在旅游服务的交换和消费的过程中，旅游者只拥有对旅游服务消费的权利，而不涉及旅游服务所有权更替或转移，当旅游过程结束后，旅游者也就结束了对旅游服务权的享有，因此旅游服务的所有权是不可能让渡的。如旅游者住一天饭店，就拥有一天的客房使用权，而客房的所有权永远是饭店的；旅游者乘飞机，也只是暂时占用了一个座位的使用权而已；当导游向旅游者进行解说时，其导游服务的所有权也并未让渡给旅游者，他（她）以后还可以重复地对旅游者提供相同的讲解服务。

2. 旅游服务是一种综合性服务，其服务主体和服务对象都是以人为主，因此旅游服务质量是关系整个旅游服务和旅游发展的核心与关键。

旅游服务质量是指旅游服务所能达到的规定效果和满足旅游者需求的能力与程度。从旅游服务过程看，旅游服务质量包括服务观念、服务技能、服务标准三个要素；从旅游服务要素构成看，旅游服务质量包括服务设施、服务项目、服务价格三个要素。因此，上述两类六个要素就形成了完整的旅游服务质量的内涵和要求。

旅游服务质量的内容包括：

(1) 旅游服务观念是旅游服务人员的主观意识和价值观，是从事旅游服务工作的前提。

(2) 旅游服务态度是旅游服务观念的具体化，是旅游服务质量的外在集中表现，不仅表现出旅游服务人员对旅游者的尊重和理解，而且也表现出旅游服务人员的气度、修养和文明素质。

(3) 旅游服务技能是搞好旅游服务工作的基础。高超而娴熟的旅游服务技能是一种艺术，能够使旅游者从中获得享受，满足旅游者的旅游需求，并提高旅游企业的形象和信誉。

（4）旅游服务项目是指依托旅游服务设施向旅游者提供的各种类型的服务内容。

（5）旅游服务设施是指旅游服务设施的齐全和良好，既是提供旅游服务的重要基础，也是提高旅游服务质量的主要内容。旅游服务设施一般分为两种类型：一种是生产性设施，另一种是供客人使用，直接发挥旅游服务功能的设施设备。

（6）旅游服务价格是旅游服务内容和质量的货币表现形式，与旅游服务内容和服务质量有着密切的关系。不同的价格反映着所提供的不同等级的旅游服务，也反映了旅游者心理的满足程度。

3. 旅游服务观念是旅游服务人员的主观意识和价值观，是从事旅游服务工作的前提。旅游服务所表现的是一种人与人的关系，因而只有建立正确的旅游服务意识和观念，使旅游服务人员达到社会认知、自我认知和工作认知的协调一致，才能使旅游服务人员具有积极主动的服务精神和服务态度，从而自觉地提高旅游服务的质量和水平。

（1）树立游客为本，游客至上的观念。

旅游者是旅游活动要素的主要参加者，是服务者的服务对象。旅游活动是一种感受活动，要使旅游者达到其预期的感受，我们在提供旅游服务时，就必须立足于旅游者满意为目的，从旅游者的角度去思考，游客为本，游客至上就不能仅仅是一句口号，因为服务水平的高低，服务质量的好坏直接关系到旅游服务提供者的生存与发展，不牢牢地树立游客为本，游客至上的观念，我们提高旅游服务质量就是空谈。

（2）坚持全心全意为旅游者服务的观念。

旅游服务质量的高低还表现为我们是否坚持全心全意为游客服务的观念，全心全意就是我们必须从旅游产品的设计开始，就必须设计旅游服务质量要达到的目标，针对多样性的旅游者，提供多样性的服务，旅游产品一旦向旅游者推出，旅游服务的提供者就必须全身心的投入，旅游服务提供者的服务质量的唯一目标就是顾客满意。在现实的旅游服务过程中，旅游服务提供者还要明白，有些时候做到全心全意，旅游者也不一定会满意，如果真是如此，旅游服务提供者就必须反思，所提供的服务是不是旅游者所需要的。

（3）理解旅游服务者角色及应达成的目标。

旅游服务的观念还表现为旅游服务质量的目标的实现，还在于必须理解旅游服务者的角色及他们应达成的目标，旅游服务是人对人的服务，理解旅游者是必须的，理解旅游服务者也是必须的。好的旅游服务是需要出色的旅游服务者去完成的，所以，旅游服务者的思想动态、知识结构、道德观念、服务技能等都将会对旅游服务质量提出挑战。

（4）加强旅游服务者的服务质量责任。

旅游服务质量的观念的树立，还在于加强旅游服务者在服务过程中的使命感与责任感，任何质量标准的实现，都依赖于人来完成。强化旅游服务者的使命感与责任感，不仅仅是表面的宣传，也不仅仅是口号，因为旅游服务最终面对的是旅游者，只有旅游者的笑脸才是衡量旅游服务质量的唯一标准。

4. 旅游服务与其他物质产品的服务不同，是一种人对人提供的服务，尤其在旅游活动过程中，旅游服务质量的高低，直接影响着旅游者的旅游消费状况和需求满足程度，因此必须明确旅游活动过程中对旅游服务质量的基本要求。

（1）提供内容丰富、安排科学的旅游计划。

旅游计划是实施旅游服务的前提，旅游者只有通过旅游经营者所提供的旅游计划，才能够了解旅游活动过程中各项服务的具体内容和服务标准，这是旅游者的知情权。旅游者只有在充分知情的基础上才会出行，旅游服务也才能真正实现。

（2）保质保量提供预定的各项旅游服务。

在旅游活动中，旅游者要求提供的各项旅游服务，都是在购买合同中旅游经营者承诺的。因此，按照标准提供旅游服务，就是旅游经营者不可更改的义务。一段导游词，一天的行程，一个很小的景点等，只要是计划有的，都应该认真地履约，并且保质保量的提供旅游服务。

（3）确保旅游者的人身财产安全。

旅游者人身安全是计划实现的保证，也是旅游活动的重心，同时也是旅游服务质量的核心标准。无论在什么条件下，人身财产安全永远是第一位的。在现实旅游活动中，不安全的情况经常发生，特别是旅游者的财产安全问题，尽管在很多情况下是旅游者自己的责任，但是必要的提示也是旅游服务者必要的服务，特别是对旅游者进行安全教育，构成了旅游服务的重要内容。

（4）为旅游者创造一种宾至如归的旅游气氛。

营造宾至如归的旅游气氛是旅游服务质量的重要的组成部分。在旅游行进的过程中，解除路途中的枯燥；在休息的过程中，增进旅游者相互的了解与沟通，都是营造宾至如归的旅游气氛的重要内容，其不仅体现了旅游服务者的服务水平，还体现了旅游服务者的服务技巧和对旅游者的服务观念。

（5）满足旅游者合理的特殊要求。

在提供旅游服务过程中，只要旅游者的要求是合理的，在可能的情况下，旅游服务者都应该尽其所能去帮助实现，这既体现了旅游服务精神与宗旨，也体现了重视旅游服务质量的理念。

5. 旅游者活动涉及食、住、行、游、购、娱等各个方面，因此旅游服务也是一种综合性的服务，从而决定了旅游诚信服务建设的内容也广泛多样。从目前我国旅游发展的实际出发，旅游诚信服务建设应重点抓好以下工作：

(1) 大力推进旅游诚信制度建设。

根据旅游发展的特点和趋势，结合旅游行业自身实际，完善旅游行业规范，制定旅游服务标准，加强旅游诚信管理等制度建设，推动旅游全行业的诚信体系建设。同时，要通过建立健全旅游诚信服务各种机制，逐步在旅游全行业形成体系健全、制度规范、机制有效、运转协调的旅游诚信服务体系。如在旅游诚信服务建设过程中，积极探索和建立旅游企业的资质等级评定机制和市场淘汰机制，建立旅游与相关执法部门的信息通报制度和联合执法机制，建立应对各种旅游安全突发问题的应急预案机制、突发事件处理机制，并在旅游行业构建起诚信经营与诚信服务的记录、评价、激励、惩罚、社会监督、信息发布的旅游诚信管理机制等。

(2) 积极促进旅游行业自律工作。

在旅游诚信服务体系建设过程中，要充分发挥旅游企业和行业协会的主动性与积极作用，在旅游行政管理部门的指导下，以旅游行业协会组织，旅游企业和从业人员自愿参加，遵循诚信自律、守信奖励、失信处罚的原则，制定旅游诚信经营、诚信服务的自律与互律的行规，签订自律承诺书，强化旅游行业自律的积极作用，促进旅游企业和服务人员自觉遵守行业自律、互律公约，发挥“行规行约”对保障旅游者合法权益，维护诚信的旅游企业和从业人员正当利益的重要作用，并有效避免和鞭笞不讲诚信、不正当竞争、不规范服务等违背“行规行约”的行为。

(3) 广泛开展旅游诚信服务活动。

政府旅游行政管理部门和旅游行业协会，要以推动旅游诚信服务建设，不断提高旅游服务质量为目标，积极倡导、广泛开展旅游诚信服务活动。要通过打击和取缔“黑社、黑导”等违法经营和服务，清理虚假旅游广告和非法中介活动，整治“零负团费”经营行为，加强出境旅游组团管理等，进一步规范旅游市场秩序；要通过加强旅行社领队和导游人员的培训与管理，鼓励诚信经营和诚信服务，表彰诚信企业和从业人员，不断提高旅游服务质量；要通过对景区景点、接待设施、城市环境、社会治安的综合整治，营造良好的旅游环境；要加强舆论宣传，积极开展引导旅游消费的宣传教育活动，通过制作“消费提示”、“安全须知”、“礼仪规范”等资料并广泛发放，合理地引导旅游者的旅游需求和旅游消费。

(4) 加强旅游企业诚信等级认定。

旅游企业的诚信等级是对旅游企业诚信经营和诚信服务的综合评价，也是旅游企业对社会的服务质量承诺。目前，应以诚信经营和诚信服务档案信息为基础，把季度评价和年度评价相结合，通过定性和定量的方法进行综合考核评价，确定旅游企业的诚信等级。定性评价，主要是制定系统的考核评定标准，以不同的标准代表旅游企业诚信经营、诚信服务的信誉程度。定量评价，则是对旅游企业诚信经营承诺内容、服务质量状况、投诉及解决情况、从业人员管理、广告诚信状况、规范经营等方面制定量化的评分标准，综合评定旅游企业的诚信等级。

(5) 认真做好旅游企业信息基础工作。

加强旅游企业诚信等级的认定工作，必须认真做好旅游企业信息基础工作。要建立健全企业基本信息、从业人员信息、诚信经营和服务信息、投诉和处罚信息、司法信息等统计和归档工作，完善旅游企业经营部门及从业人员档案的定期公布制度，建立旅游从业人员合理流动的机制，积极探索利用信用评价、信用档案、信用网站等多种途径，为旅游者和社会各界提供可靠的信息检索服务，综合运用经济、法制、行政、舆论监督、社会评议等多种手段和方式，彰显诚信、鞭笞欺诈，营造旅游企业守信畅行无阻、失信寸步难行的良好信用氛围。

(6) 积极建立社会舆论监督机制。

为了发挥社会监督的作用，可通过聘请各级人大代表、政协委员和社会各界人士为义务监督员，通过对旅游者进行调查访问，对旅游企业和服务人员诚信经营与服务进行明察暗访，加强社会对旅游诚信服务的监督。同时，加强旅游诚信服务的宣传推广活动，组织旅游诚信活动新闻发布会，发挥各种媒体的新闻导向和监督作用，对诚信经营的旅游企业进行专题报道、树立品牌；对少数旅游企业缺乏诚信的行为，通过开展“案件通报、案例分析、专家点评、行家忠告”等活动，进行新闻监督。

6. 提高旅游服务过程的质量，并非一件易事，涉及旅游企业必须对与此相关的、方方面面的因素实行有效的管理。要获得有效的旅游服务过程管理，提高旅游服务质量，就要求旅游企业的管理者必须善于识别本企业服务的可能失败点或压力点，并在实践中给予及时有效的解决。

(1) 加强旅游者行为管理。

在面对面的旅游服务过程中，忽视对旅游者的管理是不可能从根本上改进服务质量的，加强旅游服务过程的质量管理，必须围绕着旅游者这个中心来展开。

加强旅游者行为管理的目的，是帮助旅游者正确的享用旅游服务，使他们获得更多的消费利益和更大的消费价值，从而提高旅游者感觉中的整体服务质量。在旅游服务过程中，旅游企业对旅游者行为管理应从引导旅游者正确扮演自己的角色入手，加强对旅游者的行为管理，还必须防止旅游者之间相互的不良影响。例如，在旅游服务过程中，某一旅游者的某种行为可能导致其他旅游者的反感；像酒店这类旅游企业，对于极个别行为特别恶劣的旅游者，酒店应该学会对这些极个别的旅游者说“不”，通过制止极个别旅游者的不良行为，维护大多数旅游者和酒店的利益。

（2）把握“真实瞬间”。

“真实瞬间”是指旅游者与旅游企业“相互作用或服务接触”的每个时间。“真实瞬间”实质上意味着一种机会或时机的“关键时刻”，也就是说，只有在“客企接触”这一“瞬间”内，旅游企业才真正有展示自己的机会。显然，对于旅游企业而言，“真实瞬间”既是成功点，也是失败点。成功与否，关键在于企业如何把握它。把握得好，企业可以利用“真实瞬间”充分展示自己的优质服务，树立自己良好的形象。

同时，“真实瞬间”也最容易出服务差错。一旦“真实瞬间”出了质量问题，在这一瞬间内往往存在着无法挽回的后果。如果真的要补救，也只能到下一个“瞬间”。而后果是，旅游企业可能付出了很大的代价却未必能收到好的功效。实质上，在面对面服务过程中，旅游者实际经历的服务质量是由一系列的“真实瞬间”所构成的。因此，旅游服务过程的质量是由其“真实瞬间”所决定的，提高旅游服务过程的质量，就不能够忽视对“真实瞬间”的旅游服务管理。

（六）论述题

1.（1）旅游诚信服务建设的目标。

从目前我国旅游发展的实际和建设旅游强国的要求看，旅游诚信服务建设的目标是：通过在旅游全行业大力弘扬诚信道德，建立旅游诚信服务体系，规范旅游市场秩序，推动旅游企业诚信经营，促进从业人员树立旅游诚信服务意识和观念，不断提高旅游服务质量，树立起良好的旅游形象，正确引导旅游者的理性消费，最终实现提升旅游产业整体素质，增强旅游目的地市场竞争力，不断提高旅游产业的经济、社会、环境效益，为建设旅游强国作出更大的贡献。

（2）旅游诚信服务建设的原则。

为了加强旅游诚信服务的建设，实现旅游诚信服务建设目标，必须始终坚持旅游诚信服务建设的基本原则。

①坚持旅游诚信服务建设与规范旅游经营活动相结合原则。

②坚持旅游诚信服务建设与提高旅游服务质量相结合原则。

③坚持旅游诚信服务建设与加强旅游市场建设相结合原则。

④坚持旅游诚信服务建设与提高旅游管理水平相结合原则。

（3）旅游诚信服务建设的内容。

旅游者活动涉及食、住、行、游、购、娱等各个方面，因此旅游服务也是一种综合性的服务，从而决定了旅游诚信服务建设的内容也广泛多样。从目前我国旅游发展的实际出发，旅游诚信服务建设应重点抓好以下工作：

①大力推进旅游诚信制度建设。

②积极促进旅游行业自律工作。

③广泛开展旅游诚信服务活动。

④加强旅游企业诚信等级认定。

⑤认真做好旅游企业信息基础工作。

⑥积极建立社会舆论监督机制。

2. 加强旅游诚信服务的建设，实现旅游诚信服务建设目标，必须始终坚持旅游诚信服务建设的基本原则。

（1）坚持旅游诚信服务建设与规范旅游经营活动相结合原则。

通过规范旅游企业的经营活动，促进旅游企业依法经营、诚信经营，维护公平的旅游市场竞争环境，在有效满足旅游者的旅游需求前提下，实现旅游目的地和旅游企业的经济效益。

（2）坚持旅游诚信服务建设与提高旅游服务质量相结合原则。

通过围绕诚信经营、诚信服务的旅游诚信服务建设主题，打基础、提质量、树形象、促发展，努力提高全行业旅游诚信服务的意识和水平，不断促进旅游产业整体素质和竞争力的不断提升。

（3）坚持旅游诚信服务建设与加强旅游市场建设相结合原则。

通过加强旅游市场制度建设，促进旅游经营者创建旅游诚信服务体系，达到规范旅游市场秩序，监管旅游服务质量，维护旅游者和旅游企业的正当合法权益，为旅游诚信经营、诚信服务创造良好的市场环境。

（4）坚持旅游诚信服务建设与提高旅游管理水平相结合原则。

在抓旅游诚信服务建设的过程中，要充分发挥旅游行政管理部门的指导和管理作用，以政府旅游行政管理部门为指导，旅游行业协会为主导，旅游企业为主体，旅游从业人员为重点，从宏观上统一旅游诚信服务的规则、标准、步调和管理，同时充分发挥各地旅游行业协会、旅游企业的积极性和主动性，通过试点先行、以点带面、整体推进的方式，切实推进旅游诚信服务体系的建设。

第8章 现代旅游经济运行与调控

一、学习指导

（一）总体要求

现代旅游经济的运行不仅涉及微观旅游经济的主体的经济行为和决策，还涉及整个宏观经济的运行和调控。我们不仅要掌握微观旅游经济活动，而且更要分析和研究宏观旅游经济的运行，掌握整个旅游经济运行的状况和特点，以适当的对旅游经济进行宏观调控。

本章选择了大量的单项和多项选择题以及经典旅游经济案例，学生们通过对这些习题的实际练习，可以更加深刻地理解现代旅游经济运行的概念和内容，明确旅游经济运行的基础和条件以及旅游经济运行的过程，深刻理解旅游经济核算的意义，了解旅游经济核算的指标体系以及旅游卫星账户的内容和作用。并通过对本章案例的思考，掌握旅游经济宏观调控的目标、内容和方法，并且在现实中能够把理论运用到实践中去。

（二）主要内容和知识点

本章的主要内容和知识点主要包括以下内容：

1. 旅游经济运行的有关概念、运行基础和条件

（1）需要掌握的旅游经济运行的有关概念是旅游总需求、旅游总供给、旅游总供求平衡。

（2）旅游经济运行的基础包括自然资源、国民财产、劳动力和科学技术。

（3）旅游经济运行的条件包括三方面，一是旅游企业是旅游经济运行的微观基础，二是旅游市场是旅游经济运行的客观条件，三是政府部门是旅游经济运行的宏观环境。

2. 旅游经济运行过程

了解旅游经济运行过程的含义，知道旅游经济运行的过程表现为旅游经济的实物运动和旅游经济的价值运动，知道这两种运动的过程，而且知道旅游经济的存量和流量是怎么区分的。

3. 旅游经济核算

（1）旅游经济核算的概念。

（2）旅游经济核算的重要性。

旅游经济核算反映了旅游经济运行的总体特征，增强旅游决策的科学性、正确性，推动旅游经济更快更好地发展。

（3）旅游经济核算指标体系。

旅游经济核算指标体系包括旅游总消费指标、旅游总需求指标、旅游总供给指标、旅游增加值指标和旅游总就业指标。

（4）旅游卫星账户体系。

旅游卫星账户的概念，知道旅游卫星账户的内容包括旅游业、旅游经济和旅游就业三个方面的内容以及这三个方面所包括的具体内容，旅游卫星账户的核算方法有旅游需求方法、旅游供给方法。

4. 旅游经济宏观调控

（1）旅游经济宏观调控的必要性是由旅游资源的公共性、旅游产品的综合性、旅游活动的外部性和旅游市场竞争的不完全性等因素决定的。

（2）旅游经济宏观调控的内容。

旅游经济宏观调控的内容和目标主要是满足人们不断增加的旅游需求、促进旅游经济的持续增长、实现旅游经济的总量平衡、扩大旅游业的社会就业以及有效地保护和利用旅游资源和生态环境。

（3）旅游经济宏观调控的方法和手段。

旅游经济宏观调控的方法和手段主要有发展规划调控、经济政策调控、经济杠杆调控和行为规制调控。

（三）重点与难点

1. 教学重点

本章要学习的重点是要深刻理解整个旅游宏观经济的运行过程，掌握旅游卫星账户概念以及它所包括的主要内容，而且知道旅游经济宏观调控的手段和方法。

2. 教学难点

本章的难点在于怎么把所学习的理论应用到实践中去。在现实中，要会分析整个旅游经济的运行状况及其规律，学会运用旅游卫星账户的旅游经济核算体系来分析旅游经济的贡献等问题，而且在面对现实生活中的旅游经济运行过程中所出现的问题，能够借助本章所学习的宏观调控知识，采取一定的措施来解决实际问题。

二、练习题

（一）名词解释

1. 旅游经济运行
2. 旅游总消费
3. 旅游总供给
4. 旅游经济运行过程
5. 国民财产
6. 国民财富
7. 旅游经济实物运动
8. 旅游经济价值运动
9. 旅游经济流量
10. 旅游经济存量
11. 旅游经济核算
12. 旅游增加值
13. 旅游总就业
14. 旅游卫星账户
15. 经济政策
16. 经济杠杆
17. 行为规制
18. 政府规制
19. 社会规制
20. 行业规制

（二）判断题

1. 旅游总需求等同于旅游总消费。（　）
2. 旅游市场是旅游经济运行的微观基础 。（　）
3. 旅游经济存量可以随时间的不同而对其进行测量。（　）
4. 旅游经济宏观调控的内容就是满足人们不断增加的旅游需求。（　）
5. 旅游增加值就等于旅游总收入。（　）
6. 旅游经济运行过程是一种周而复始但是没有什么变化的过程。（　）

（三）单项选择题

1. 以下选项中（　）是旅游经济运行的宏观环境

A. 旅游市场　　B. 旅游企业　　C. 政府部门　　D. 旅游资源

2. 随着新一轮景观房地产热潮涌动，政府利益、公众利益和开发商利益围绕景区开发外溢效应的博弈也日益走向前台。句中的外溢效应是指（　）

A. 旅游产品的综合性　　B. 旅游资源的公共性
C. 旅游活动的外部性　　D. 旅游市场竞争不完全性

3. 下列选项中（　）不是旅游卫星账户的主要内容

A. 旅游业　　B. 旅游经济　　C. 旅游就业　　D. 旅游景区

4. 进入 21 世纪后，旅游业发展得越来越快，成为现代经济中的新兴产业，其核心是（　）

A. 大量运用科学技术　　B. 旅游资源丰富
C. 人民收入提高　　D. 闲暇时间多

5. 旅游总供求始终存在着从不平衡到平衡的动态变化过程，其根本原因是（　）

A. 旅游总需求的经常变化和旅游总供给的相对固定性
B. 旅游总需求大
C. 旅游总供给小
D. 旅游总供给和旅游总需求总是不平衡

6. 旅游总需求等同于旅游总供给，是由旅游产品的（　）特性决定的

A. 旅游产品的综合性　　B. 旅游产品的生产和消费同一性
C. 旅游产品的季节性　　D. 旅游产品的不可储存性

7. 下列环节中的（　）不属于现代旅游经济的实物运动

A. 旅游产品的生产　　B. 旅游产品的交换
C. 旅游产品的消费　　D. 旅游产品的分配

8. 旅游卫星账户内容中所说的旅游业和旅游经济有何关系？（　）

A. 两者相同　　B. 两者完全没有联系
C. 两者是从不同的角度来分析的　　D. 两者是包含的关系

9. 如果一个旅游者在游览一个著名的景区时，他并不能阻碍另一个游客也同时欣赏那个景区，这种现象具体说的是（　）

A. 旅游消费的非竞争性　　B. 旅游消费的非排他性
C. 旅游活动的外部经济性　　D. 旅游活动的外部不经济性

10. 1995 年国家实行一周双休制制度，1999 年“十一”开始每年又增加了“五一”、“十一”和“春节”三个假期，这增加了人们的休闲时间，极大地促进了旅游的发展，这种现象属于旅游经济宏观调控的（　）目标

A. 满足人们不断增加的旅游需求　　B. 促进旅游经济的持续增长
C. 实现经济的总量平衡　　D. 扩大旅游的社会就业

（四）多项选择题

1. 下面选项中（　　）是旅游经济运行的基础

A 自然资源　　B. 劳动力　　C. 科学技术　　D. 国民财产

2. 旅游经济运行过程具体表现在（　　）

A. 在社会再生产中的循环和扩大

B. 在社会总供求平衡过程中的循环和扩大

C. 在国民经济流量和存量的转换中的循环和扩大

D. 现代旅游经济的不断增长与发展

3. 下列属于旅游经济核算指标体系的选项有（　　）

A. 旅游总消费指标　　B. 旅游总需求指标

C. 旅游总供给指标　　D. 旅游增加值指标

4. 旅游经济宏观调控的方法和手段有（　　）

A. 制定发展规划　　B. 制定经济政策

C. 行为规制　　D. 放任市场

（五）简答题

1. 什么是旅游经济运行的基础和条件?

2. 什么是旅游经济运行的过程?

3. 旅游卫星账户中旅游业和旅游经济的差别。

（六）论述题

1. 论述进行旅游经济核算的必要性，并说明旅游经济核算体系具有哪些指标体系。

2. 论述对旅游经济运行宏观调控的必要性。

3. 论述旅游经济宏观调控的内容和手段。

三、经典案例

案例1

泸沽湖“公地现象”

泸沽湖跨越云南、四川两省，沿湖村落众多，居住着彝族、普米族、汉族等多种民族。即使同为摩梭人，泸沽湖四川岸的摩梭人和云南岸的摩梭人从宗教信仰到民族服饰也有不少差别，况且，泸沽湖并非是只有摩梭人才能利用的资源。

看着云南这头泸沽湖边的落水村的从前只能在湖里打鱼去永宁镇上换商品，如今靠旅游富裕起来的摩梭人，周边村落的村民怎么能袖手旁观？最典型的莫过于落水村旁边的三家村，近年来拷贝了落水村的划船、牵马、烧烤、晚会等全部旅游项目，采取给予司机、导游回扣等手段争夺接待基础设施相对完善的落水村的旅游客源。

在泸沽湖的乡村旅游发展中，这种现象就是旅游的“公地现象”。泸沽湖是这一地区原住居民的公共资源，旅游格局混乱，基本以自然村为对外单位，以家族为村内单位，自己干自己的。就拿落水村来说吧，村里的家家户户只要有钱，都会无休止地盖房子。据初步统计，不算普通间，落水村的标准间在 2006 年的床位就超过了 5 000 个，即使是客人最多的黄金周，日均流量也不过 1 000 多人的规模。即使接待能力严重过剩，摩梭人新的木楞房还在拔地而起。据调查盖房村民说自己都不知道为什么无休止地建房。整个泸沽湖的生态环境保护也完全属于自发状态，堪称“各村自扫门前雪”。不同的湖区分属不同的地方政府管理，在利益协调上面基本按照行政区划，由原住居民自行协调协商。

云南落水与湖对面的四川左所，谈判后就划船往来业务做出了规定，各自只能带游人划船去对方地盘停靠，除了随原船返回的游客，不得从对方地盘捎带新的游客。这样的办法能够维系，因为左所和落水都是摩梭人的村落。前面说的那个位居湖边的三家村，跟落水村早已势不两立，原因在于三家村是个汉族村子，村民穿着摩梭服装招揽生意。落水人不是泸沽湖的所有者，当然也不能阻止世代在此居住的三家村人开展划船项目，可是对此落水村最新的村政策是，所有前往三家村划船的团队被发现后，就会被落水村旅游管委会处以与划船费相当的罚款，否则拒绝接待。

上面所出现问题的根源不是人们认为的商业化的结果，正是因为此地区没有引进正常的市场机制来完成其良性开发，才导致生态旅游保护自然环境和维护当地文化的双重责任无法实现。单纯的利益追逐导致竞争的产生，竞争是市场化趋于良性循环的最初动力。可是由于没有现代化的市场发展手段、社会责任、经济契约乃至道德原则的约束，与很多非城市景区一样，泸沽湖旅游发展的话语权并没有遵循市场之路，而是依靠族人的力量和政府的管制力量强硬维护。落水村附近的里格村强制拆迁、整体后挪 80 米修建排污管道的工程，为了补偿费用问题足足拖了几年，就是一个证明。旅游市场被扭曲了，封闭的、垄断的利益暂时脱离了市场化本质得以延续，却最终造成资源枯竭，生态旅游的可持续发展无法实现。

（资料来源：改编自《中国旅游报》）

案例思考题：

1. 根据上例，分析泸沽湖景区的旅游经济运行过程中出现了什么问题？

2. 谈谈在旅游经济运行中市场和政府应该如何发挥各自的作用来解决“公地现象”？

案例 2

重庆市采取措施全面激活旅游业市场恢复旅游经济

四川地震波及重庆，国内外旅游者误认为重庆也是地震重灾区，导致重庆旅行社客源锐减，地震给该市旅游业造成5亿人民币直接损失。为此，重庆市政府把握旅游态势，积极营造旅游氛围，开发旅游新项目，优化旅游线路，开拓旅游市场，采取一系列措施全面激活旅游市场。

一是迅速向国内外公告重庆旅游实际情况，向全国各省市（区）旅游局以及国家旅游局驻各国办事处致函，郑重声明国家旅游局限制进入灾区旅游不包括重庆，目前重庆各大景区和旅游公路等基础设施未受到破坏，交通畅达，接待设施完备，景区环境安全，旅游秩序良好，尽可放心组团前往。

二是积极主动促销，激活并拓展海内外旅游市场。采取“请进来，走出去”、“合作干”等方式，集中6月至10月几个月时间，全面开展激活重庆旅游市场的市场促销工作。首先办好6月21—27日举办的“第十三届中国重庆三峡国际旅游节”和9月份举办的“中国重庆第十二届山水都市旅游节”，广邀海内外旅游客商和游客来重庆考察山水都市旅游、三峡旅游，让其真切感受重庆旅游、三峡旅游安全良好的自然环境和社会环境。其次，组织市内主要国际旅行社、国内旅行社、景区、游船公司、航空公司为主干的促销队伍，组团到长江三角洲、珠江三角洲、环渤海湾等主要客源地和西部十一省区开展宣传促销活动。突出宣传长江三峡、山水都市旅游产品，突出宣传重庆是中国西部旅游的集散中心和交通枢纽，树立灾后重庆旅游自然、安全、社会环境良好的形象，直接效果是全面启动重庆旅游暑期市场。2008年下半年，还将组团赴美国、加拿大、欧洲四国、日本、台湾等国家和地区开展宣传促销。同时进一步争取国家旅游局和国家旅游局驻各国办事处的支持，加强对海外游客来重庆旅游和三峡旅游是安全的、舒适的系列宣传。此外，还将进一步强化与上海春秋、广州广之旅等重庆市主要客源地领头旅游企业的合作，有效整合政府公益性宣传和企业盈利性营销，实行互动双赢。

三是设计新线路推出新产品。重庆市旅游局与旅游企业一道，根据四川地震后西南旅游格局的新变化，尽快设计出以重庆和三峡旅游为主的跨区域旅游精品线路，推出对中外游客都有吸引力的新产品，联线西藏、张家界、桂林的跨区域旅游线路，拓展重庆旅游市场，把重庆真正打造成为旅游目的地。

四是加大宣传力度，树立重庆的良好形象。运用各类宣传媒体，多形式、多角度、全方位的宣传重庆旅游。

五是加大政策扶持力度，为旅游企业提供良好的发展环境，帮助和维护旅游企业渡过难关，刺激旅游市场早日复苏。

（资料来源：中央政府门户网站，www. gov. cn，2008 - 06 - 23）

案例思考题：

根据案例，分析旅游经济宏观调控的目标和手段。

案例3

乡村旅游新模式：真人CS + 农家乐

所谓真人CS，由反恐精英CS网络游戏演化而来。该游戏已经风靡全球，国内从学生到成人都有众多的拥护者。真人CS，顾名思义，就是真人通过角色的扮演来进行模拟对抗，其中体现了团队协作精神，同时也达到了健康休闲的目的。根据场地的不同，真人CS可分为野战（户外）和巷战（室内）两种。

2007年年底，26岁的嵊州小伙裘国钟买了10套真人CS的装备。与杭州周边不少真人CS俱乐部将场地安置在知名风景区相区别，裘国钟把眼光投向了乡村里的农家乐。一开始，他只是认为农家乐的地理环境同样适合这个游戏。然而，无心插柳的“裘式CS”却为乡村游和新农村建设开拓了思路。虽然经营不到一年，但是，裘国钟的账簿已经小有分量，营业额最高一月就有2万多元。目前每人每次游戏168元，一个月总有80 ~ 100人慕名而来。嵊州浦桥村西大湾农庄提供农庄边上的一片竹林作为场地，并进行粗略布置，裘国钟则负责将客户带往农庄，并推荐他们在农庄里消费。这样，经营者既取得很大的经济收益，而旅游者也同时达到了休闲体验的目的。

现在的农家乐到处都有，而且几乎都是一个模式。所以有人认为，现在城里人上农家乐，好像都是为了吃。但是这种传统的经营模式下人们越来越感觉不到新鲜感，如果农家乐这种经营模式再得不到创新，那么农家乐在竞争如此激烈的情况下如何才能立足呢？所以农家乐这种传统经营模式需要增加一些新的、时尚的元素。乡村旅游的内容和形式应该是很丰富的，地点虽然在农村，但其实玩的内容可以很时尚。像真人CS游戏，就吸引了一批80后甚至90后的旅游者。如果经过实践，一些亮点可以为乡村旅游吸引不同年龄层次的客源，何乐而不为呢？

把时尚游乐引入传统农家乐，形成新的乡村休闲模式，反映了旅游产业的创新本色。时尚元素+乡土特色，创新游憩模式，低成本，共同构成了具有竞争力的商业模型。

（资料来源：中国经济网）

案例思考题：

1. 根据以上真人CS案例，分析科技和创新在旅游经济中的作业？
2. 要实现旅游经济的科学发展，我们应该怎么做？

案例4

2004年中国旅游业经济影响

从2002年起，世界旅游理事会每年使用旅游卫星账户体系，对全球经济、各大旅游区域和主要旅游发达国家进行虚拟旅游经济核算，客观而全面地分析和评价旅游业的经济影响力。下面是世界旅游理事会发布的2004年中国旅游业测算及其经济影响。

2004年中国旅游业将有望创造价值15 367亿元人民币的经济活动，而未来十年预计中国旅游总需求将以每年10.4%的实际速度增长。2004年中国旅游行业将为GDP贡献2.3%的增长率，到2013年旅游经济在同一时期对GDP的贡献率将从10.2%增至11.3%。2004年旅游经济的特点如下：

一、中国旅游业需求的长期增长潜力非常巨大，主要表现在以下几个方面：

1. 中国居民个人消费为6 108亿元人民币，占个人消费总量的10.1%。从1998年开始至2002年间，中国个人旅游增长了153%。在未来的十年中，中国个人旅游预计将以每年9.8%的速度增长。

2. 国内企业或政府职员商务支出和政府支出584亿元人民币，其中88%为企业旅游，12%为政府旅游。在未来的十年中，企业政府旅游预计将以10.9%的年增长率增长，我国居民的个人和商务旅行支出也将保持增长。

3. 政府用于旅游的日常经营性支出为696亿元人民币，占中国政府支出总额的3.8%。它主要用于政府向游客、旅游公司和社会提供个别及集体旅游服务。而未来十年间，中国政府旅游支出预计实际年增长率将达到7.1%——在WTTC

所研究的所有国家中位居第一。

4. 旅游业资本投资促进了建筑和制造业的发展。资本投资的主要部分来自私营部门对建设新设施、工厂和设备的投资以及公共部门对旅游基础设施的投资。2004 年中国旅游经济资本投资预计将达至 5 121 亿元人民币，占投资额的 9.4%；到 2013 年投资将有望以每年实际 8.7% 的高速增长，投资总量将增至 14 530亿元人民币，在资本投资总额中位居第一。

5. 旅游业是主要的出口部门，入境旅游游客直接将外汇注入旅游目的地，从而对旅游目的地经济产生重大影响。2004 年旅游出口为 1 243 亿元人民币，占中国出口总额的 3.1%；其他出口价值 1 617 亿元人民币，占中国出口额的 4%。中国的出口额很小但是却促进了旅游业对 GDP 的贡献率。在中国出口服务和商品总量中，旅游业所占的份额预计在 2013 年将增至 7.5%。

二、就业机会广泛

旅游业是人力资源密集型行业，创造了广泛的就业机会。中国旅游行业 2004 年将有望直接创造 1 362 万份工作，占总就业量的 1.9%；到 2013 年中国旅游行业将增加 250 万份工作，旅游就业量预计将增至 1 610 万份工作，占总就业量的 2%。旅游经济所涉及的旅游公司、政府部门和供应公司将共同创造 5 410 万份工作，占总就业量的 7.4%，平均每 13 份工作中就有一份由旅游业创造；预计未来十年间旅游经济所涉及的公司、部门每年可以创造 118 万份工作，至 2013 年总就业数字将增至 6 580 万个，占总就业量的 8.3%。

三、旅游业 GDP 和旅游经济 GDP 增长乐观

2004 年，中国旅游行业将直接创造 2 892 亿元人民币的国内生产总值，占全部国内生产总值的 2.3%；旅游业 GDP 增长的长期预测十分乐观，超过 9.9% 的年实际增长率。同时，由于旅游业涉及的各个部门，它的实际影响要大得多。从旅游经济看，中国旅游业直接和间接创造 12 736 亿元人民币的国内生产总值，占全部国内生产总值的 10.2%；到 2013 年预计旅游经济 GDP 增长率将达到 11.3%，总值 37 472 亿元人民币。

（资料来源：WTTC2004 Tourist Satellite Account/China）

案例思考题：

1. 分析旅游经济的影响力。
2. 旅游卫星账户中旅游业和旅游经济有何区别？

案例 5

浙江四县“景政合一”创新管理体制

浙江“江南仙境游”联合体的缙云、仙居、武义、龙游四个县境内都具有丰富的旅游资源，面对日益竞争激烈的市场竞争和日新月异的旅游发展，四县按照“风景与旅游一体、产品与市场结合、开发与保护统一”的原则，实行“景政合一”的运作模式，促进资源优势向市场优势、产业优势、效益优势转化，走出了一条以体制创新促进旅游业发展，尤其是旅游景区的发展的成功之路。

武义县于1996年成立了县风景旅游管理局，由分管副县长担任武义温泉旅游度假区管委会主任，旅游局长兼任管委会副主任，承担温泉水的结合、开发和供应，把重点资源的保护、开发权掌握在旅游管理部门手中。为了开发利用好稀有的温泉资源，在旅游局下面设立县景区管理处，负责重点风景名胜区的经营管理，着重树立全县统一的温泉生态旅游品牌形象。龙游县则把县文化局、旅游局、风景管理局、龙游石窟旅游度假区管委会四合一，实行“一套班子、四块牌子”，打破了原有的条块分割状态，实现资源整合、功能互用，使龙游拥有了龙游石窟和民居苑两个成功品牌。而仙居县结合当地实际，把全县景区统一归口纳入旅游行业管理，建立了有利于旅游发展的、相对统一规范的管理机制。

作为“江南仙境游”联合体的轮值“盟主”，缙云县不仅把风景区纳入旅游管理部门，而且把旅游开发保护管理机构与当地行政管理有机统一起来。缙云县成立仙都风景旅游管理局后，又由政府财政投入1 250万元作为注册资金成立了仙都开发有限公司，公司董事长、总经理由仙都风景旅游管理局局长兼任。为解决在具体运作中遇到的开发用地处理难、资源保护难等现实问题，县委、县政府决定赋予仙都风景旅游管理局一定的行政区域综合管理职能，即把主风景区内的有近万人口的12个行政区村由五云镇政府委托给仙都风景旅游管理局。仙都风景旅游管理局下设农村管理处，由一名副局长兼任农村管理处主任，具体负责乡镇行政事务。后来又成立管委会，进一步去管理景区。

“景政合一”这种管理模式是以旅游管理机构为基础，以资源管理与产业发展相结合为核心，建立起责、权、利相统一的旅游管理机制，融管理、经营、发展为一体的管理模式，既克服了中小景区的先天不足，又解决了交叉管理的诸多矛盾。“景政合一”，一方面使旅游局承担了旅游资源统一规划、统一管理的行政职能；另一方面坚持市场为导向，实行市场化运作、企业化经营，使各环节更加协调，各要素连接更为紧密，这就解决了发展与投入的矛盾，由于管委会直接对县政府负责，它对景区内的一切资源和事务可全权负责处理，从体制上消除条块之间的矛盾。景区内的旅游工作与农村也由管委会统一负责，这就解决了农村工作与旅游发展无法兼顾的难题，可以更好地发挥旅游业的带动作用，吸纳农村富余劳动力转移就业。

纵观“江南仙境游”联合体的四县管理体制改革，政府这只“有形的手”一直在发挥着至关重要的作用。四县均充分发挥政府对旅游资源配置的引导和带动作用，通过旅游区发展规划、产业发展政策的制定和实施，运用经济和行政手段，引导外来投资按规划进行项目开发。同时，充分运用市场化的运作方式，实行政府投入、群众投入、社会投入相结合的多元化的投资渠道，解决了旅游发展面临的资金来源问题。

（资料来源：改编自《中国旅游报》，2006－7－14）

案例思考题：

1. 以上“景政合一”的局面反映了旅游经济学的什么原理？
2. 旅游经济管理中市场调节和政府调控是怎样相互结合的？

四、练习题参考答案

（一）名词解释

1. 现代旅游经济运行是指一个国家（或地区）在一定时期内旅游总需求和旅游总供给的发展变化及均衡运动的过程，其不仅反映了一定时期内旅游产品的生产、交换、分配和消费的总运动过程；而且反映了一定时期旅游经济活动（流量）的状况和特征，反映了特定时点上旅游经济成果（存量）的数量和特点。

2. 旅游总消费：由于旅游产品具有生产和消费同一性特点，因此旅游总需求等同于旅游总消费，旅游总消费是指旅游经济消费主体在旅游经济运行中购买和消费的旅游产品和服务的总量，也即是各种旅游消费支出的总和。

3. 旅游总供给是指一个国家（或地区）在一定时期内，其所有旅游企业能够提供的旅游产品或服务的能力和水平。由于旅游产品具有不可转移性和依存性等特点，因此对旅游总供给必须从短期和长期两个方面进行分析和掌握。

4. 旅游经济运行过程是指一个国家（或地区）在一定时期内旅游产品的生产、交换、分配和消费的总运动过程。在现代市场经济条件下，旅游经济运行通常表现为两种相对的运动过程，一种是旅游产品的实物运动过程，另一种是旅游产品的价值运动过程，两种运动始终处于对立统一，既分离又结合的运行之中。

5. 国民财产是一个国家（或地区）社会生产成果历年积累的总和，其作为国民财富的主要组成部分，反映了一个国家（或地区）的经济实力和经济发展水平，是社会再生产的重要物质条件。国民财产一般包括生产性财产、非生产性财产和居民个人财产等。

6. 国民财富即物质资料的总和，集中反映了一个国家（或地区）旅游经济发展潜力和可能的发展水平。

7. 旅游经济的实物运动是指旅游产品的生产、交换和消费的运动过程，其反映了旅游产品在旅游经营者和旅游者之间的流动过程。

8. 旅游经济的价值运动是从价值角度反映旅游产品的生产、分配和消费的全部运行过程，其反映了旅游收入在各旅游经营者和各相关部门之间的分配和再分配过程。

9. 旅游经济流量是反映旅游经济随着时间变化而改变的变量，如接待旅游者的数量、旅游收入、旅游消费支出、旅游投资等。旅游经济流量是有时间维度的，其反映在一定的时间期间内旅游经济发展变化的状况。

10. 旅游经济存量是反映旅游经济在某个特定时点上发展状态的变量，如在某个时点上旅游饭店客房数、旅游景区景点数量、旅游交通运输能力、旅游职工数量、旅游固定资产数量等。旅游经济存量一般没有时间维度，只是反映了在一定时点上旅游经济发展的规模和水平状况。

11. 旅游经济核算是以整个旅游经济为对象的宏观分析与核算，是对一个国家（或地区）在一定时期内的整个旅游经济运行及其经济成果进行全面的统计、计算和测定，目的是为一个国家或地区规划旅游经济发展、制定旅游经济政策、加强旅游经济宏观管理等提供准确的信息和科学的依据。

12. 旅游增加值亦称为旅游国内生产总值（GDP），是指一个国家（或地区）在一定时期内全部最终旅游产品和服务的市场价值总和，即整个旅游经济活动的新增价值。

13. 旅游总就业是指一个国家（或地区）在一定时期内，随着旅游经济发展而直接和间接吸收社会就业的总量。

14. 旅游卫星账户，简称TSA，是指在国民经济账户之外设立一个模拟账户，按照国际统一的国民账户的分类和核算要求，将所有旅游消费部门和相关部门中由于旅游消费所引起的直接和间接的产出分离出来，统一纳入模拟账户中进行核算，以准确计算和测量旅游经济运行状况和发展水平，分析和评价旅游经济在国民经济中的地位和影响力。

15. 经济政策是由政府制定并用于指导旅游经济活动，调整各种经济利益关系，促进旅游经济发展的各种准则和措施，是在充分认识客观经济规律基础上，对旅游经济进行宏观调控的主要方法和手段之一。

16. 经济杠杆是指对旅游经济运行具有调节和转化作用的各种手段和方法，一般有财政杠杆、信贷杠杆、价格杠杆和对外经济杠杆等。

17. 行为规制，通常是指政府或社会为实现一定的经济社会目标，对旅游市场中各经济主体做出具有直接或间接的具有法律或准法律约束力的行为规范及相应的措施，简言之，就是政府或社会对各旅游经济主体及其行为进行限制、规范的具体行动和措施。

18. 政府规制是政府对旅游企业和旅游者行为采取的具有法律约束力的限制和规范，是针对旅游市场失灵而采取的治理行动和措施，目的是维护良好的旅游市场秩序，限制市场垄断势力，提高市场配置资源的效率，保护旅游者和旅游经营者的利益不受侵犯。政府规制一般分为直接规制和间接规制。

19. 社会规制，通常是指市场机制对旅游经济主体行为的各种直接或间接的准法律的约束、限制和规范，以及社会为促进旅游经济主体行为符合上述规制的各种行动和措施。

20. 行业规制是指由旅游行业协会自主地对旅游企业行为进行约束和规范的行动和措施，是一种旅游企业之间相互约定的组织规制。

（二）判断题

1. √ 2. × 3. × 4. × 5. × 6. ×

（三）单项选择题

1. C 2. D 3. A 4. A 5. A 6. B 7. D 8. C 9. B 10. A

（四）多项选择题

1. ABCD 2. ABCD 3. ABAD 4. ABC

（五）简答题

1. 旅游经济运行的基础包括自然资源、国民财产、劳动力和科学技术；旅游经济运行的条件包括旅游企业、旅游市场和政府部门。其中，旅游企业是旅游经济运行的微观基础，旅游市场是旅游经济运行的客观条件，政府部门是旅游经济运行的宏观环境。

2. 旅游经济运行的过程是指一个国家（或地区）在一定时期内旅游产品的生产、交换、分配和消费的运动过程，通常包括旅游经济的实物运动（旅游产品的生产、交换和消费过程，反映旅游产品在旅游经营者和旅游者之间的流动过程）和价值运动（其反映了旅游收入在各旅游经营者和各相关部门之间的分配和再分配过程），它是一种周而复始的循环运动，这种运动不是出于一个固定水平上，而是出于不断循环和扩大之中的，具体表现为在社会再生产过程中的循环和扩大，在社会总供求平衡过程中的循环和扩大，在国民经济流量和存量的转换过程中的循环和扩大，从而体现了现代旅游经济的不断增长与发展过程。

3. 旅游卫星账户中旅游业和旅游经济的差别是：出发点不同，内涵不同。旅游业是从旅游消费，即从“产业”的角度出发，旅游业是为旅游者旅行和旅游消费而生产和提供各种物质产品和服务，其内容包括个人消费支出、商务旅游支出、政府支出和旅游出口四部分消费支出。旅游经济是从旅游需求即“经济”的角度出发，旅游经济不仅包括直接为旅游者消费提供的各种物质产品和服务，同时也包括为旅游业发展而提供的各种产品和服务。具体包括政府支出、资本投资、出口。

（六）论述题

1. 旅游经济核算的必要性主要表现在：一是旅游经济核算反映了旅游经济运行的总体特征，二是旅游经济核算增强旅游决策的科学性和正确性，三是旅游经济核算推动旅游经济更快更好的发展。旅游经济核算指标体系包括旅游总消费指标、旅游总需求指标、旅游总供给指标、旅游增加值指标和旅游总就业指标。

2. 旅游经济宏观调控是指国家出于满足人们不断增长的需要和旅游经济持续、快速、稳定发展的需要，运用经济计划以及经济的、法律的和必要的行政手段，对整个旅游经济进行调节和控制。在现代市场经济条件下，旅游经济的运行是建立在旅游市场和市场机制作用基础之上的，但是由于旅游的特殊特点等因素，决定旅游经济运行不能完全依靠旅游市场的自发调节作用实现旅游经济运行的有效性，所以也必须加强政府的宏观调控来促进旅游经济的健康发展。它的必要性主要是由以下几方面决定的：

（1）旅游资源的公共性。作为旅游经济活动主要对象的大多数资源都具有公共物品的属性。旅游资源的公共性决定了旅游消费具有非竞争性和非排他性特征。比如旅游资源的非排他性容易导致“搭便车”现象：人们会压低显示其真实支付意愿倾向，因而旅游资源在市场机制下其供给不足，旅游者或旅游经营者很可能以零价格进行更多的旅游资源消费，从而容易导致对旅游资源的过度使用，造成旅游景区景点拥挤，甚至污染、损坏等。面对市场失灵这种现象，必须依靠具有强制权利的政府来调控。

（2）旅游产品的综合性。旅游产品是一种包括吃、住、行、游、购、娱多要素集合的综合生产，只有各要素相互配合、相互补充、有机结合，才能获得旅游业良好的综合效益。但是，在现实中，旅游产品的各要素是由不同的旅游经营者进行生产和供给的，由于旅游资源的不同、旅游企业实力的差别、旅游信息的不充分、不同行业竞争的差异因素，导致旅游市场作用的局限性，无法完全通过市场机制实现产品的最优配置，所以政府有必要对旅游产品的综合性特点对旅游经济运行进行调节。

（3）旅游活动的外部性。旅游活动的外部性包括旅游活动的外部经济和外部不经济。当旅游活动存在外部经济时，市场提供的产品数量往往不能达到社会需要的水平；但是当旅游活动存在外部不经济时，市场提供的产品往往会超过社会需求的水平。由于旅游活动的外部性特征往往使市场调节下的产品供需不平衡，无法实现帕累托最优，导致市场失灵，所以要求政府必须加强对旅游经济运行的宏观调控，发挥旅游活动的外部经济，尽量消除和减少旅游活动的外部不经济。

（4）旅游市场的不完全性。由于旅游资源或产品的垄断性特点会限制旅游市场的竞争力，降低旅游资源的有效配置。旅游信息的不完全性会导致旅游者或旅游经营者无法获得充分的旅游信息，所以往往会使他们作出错误的决策；旅游信息的不对称性会使旅游市场上出现“劣质服务驱逐优质服务”的情况，造成旅游市场混乱。面对这种情况，政府就需要加强宏观调控，强化旅游市场的公平性，提供更多的信息，确保旅游经济的健康运行。而且由于市场经济的滞后性，市场机制关注个人利益，难以达成社会目标；市场机制以公平为代价，遵循效率优先等原则，往往会造成收入差距，社会贫富不均；市场机制更注重经济利益，忽视社会利益等；面对经济的全球化和激烈的国际竞争，也需要我国政府适度地保护国内经济和民族产业，有计划有步骤地参与国际经济一体化。

根据以上所述，说明我国对旅游经济运行的宏观调控是不可缺少的而且是非常重要的。

3. 旅游经济宏观调控的内容包括以下几个方面：

（1）满足人们不断增加的旅游需求。

（2）促进旅游经济的持续增长。

（3）实现旅游经济总量的平衡。

（4）扩大旅游业的社会就业。

（5）有效地保护和利用旅游资源和生态环境。

旅游经济宏观调控的手段有以下几个方面：

（1）发展规划调控。

（2）经济政策调控。包括收入政策、产业政策、财政政策、货币政策、汇率政策等方面。

（3）经济杠杆调控。包括财政杠杆、信贷杠杆、价格杠杆和对外经济杠杆等。

（4）行为规制调控。包括政府规制、社会规制和行业规制等。

第9章 现代旅游投资与决策

一、学习指导

（一）总体要求

旅游业的发展，依赖于旅游投资的不断增加，它是一个国家或地区旅游经济发展不可缺少的物质条件，也是旅游业实现扩大再生产的重要物质基础。旅游投资主要表现为对旅游项目的投资。旅游项目投资的分类研究一方面便于旅游投资主体对投资项目的确定，另一方面便于国家对投资项目的有效管理。发展旅游经济，必须根据旅游需求、旅游消费特点和市场竞争态势，进行旅游产品的投资开发和建设，不断提供适应市场需求的旅游产品。

本章通过对练习题以及经典旅游投资案例的学习，可以更加深刻地理解现代旅游投资的概念，明确旅游投资的目的、内容和形式，熟悉旅游投资决策的相关概念、内容和方法，掌握旅游投资项目可行性研究的原则、内容和主要类型，并结合这些经典案例理解和掌握旅游投资宏观评价、风险评价和经济评价的理论和方法。

（二）主要内容和知识点

本章的主要内容和知识点主要包括以下内容：

1. 旅游投资概述

（1）旅游投资的概念。

旅游投资是指旅游目的地政府或旅游企业在一定时期内，根据旅游市场需求及发展趋势，把一定数量的资金投入某一旅游项目的开发建设，获取比投入资金数量更多的产出，以促进旅游业发展的经济活动。

（2）旅游投资的内容。

旅游业是一个集食、住、行、游、购、娱六大要素于一体的综合性经济产业，它向旅游者提供的是含多种产品和服务的综合。因此现代旅游投资必须综合考虑上述六大要素的配套建设，建设精品旅游项目，才能促进旅游业的协调发展。根据旅游业发展对旅游开发和旅游项目建设的要求，现代旅游投资项目主要有旅游景区景点、旅游饭店餐饮、旅游娱乐设施、旅游商品开发、旅游交通建设等方面。

(3) 旅游投资的目的。

旅游投资的根本目的是为了促进旅游经济的发展，但是由于政府和企业的经济运行目标不一样，因此政府和企业在进行旅游投资方面的目标是有差别的。

对于旅游目的地的政府来讲，现代旅游投资的目的是促进旅游业的发展，获取宏、微观效益，即包括旅游经济效益、社会效益、生态效益在内的综合性效益。

对于旅游目的地的旅游企业来讲，由于旅游企业是直接从事旅游产品生产和供应的基本单位，因而旅游投资的目的是根据旅游市场供求状况和旅游消费特点，选择旅游投资项目并投入一定的资金，通过要素市场而购买各种生产要素，按一定的方式投入旅游生产过程，并组合为各种旅游产品销售给旅游者，以获取应有的经济效益。

(4) 旅游投资的形式。

根据旅游业发展的需要和旅游产业的特点，按照对旅游项目的开发程度和建设性质，可以将旅游投资形式分为新建旅游项目、改造旅游项目和维护旅游项目。

2. 旅游投资可行性研究

(1) 旅游投资可行性研究的必要性。

所谓旅游投资项目的可行性研究是在旅游投资项目建设之前，由旅游开发者、旅游投资者、旅游经营者委托项目可行性研究单位或人员，以市场为前提、以技术为手段、以包括经济效益在内的综合效益为最终目标，对旅游投资项目是否可行所进行的全面分析、论证和评估，其内容包括旅游投资项目在技术上是否先进可行，开发上是否可能，经济上是否合理优化，等等。

(2) 旅游投资可行性研究的原则。

旅游投资可行性研究作为对拟建的旅游投资项目进行科学分析研究，并论证其技术上、开发上和经济上是否可行的重要基础工作，在进行可行性分析论证时，必须坚持客观性原则、目的性原则、科学性原则和公正性原则。

(3) 旅游投资可行性研究的类型。

从旅游投资项目的实际情况出发，按照现行基本建设的要求，旅游投资可行性研究可分为投资机会研究、初步可行性研究和最终可行性研究三种类型。

(4) 旅游投资可行性研究的内容。

(5) 为了保证旅游投资可行性研究的准确性和可操作性，必须对旅游投资进行全面的分析和研究。通常，旅游投资可行性研究的规范性内容主要有以下几方面：

①旅游市场需求调查和预测。

②旅游投资项目的选址方案。

③旅游投资项目工程方案研究。

④投资额及资金筹措。

⑤劳动力的需求和供应。

⑥主要原材料、燃料、动力供应。

⑦综合效益分析和评价。

3. 旅游投资决策概述

（1）旅游投资决策分类。

现代旅游投资决策是为达到一定旅游投资目标，而对有关旅游投资项目在资金投入上的多个方案比较中，选择和确定一个最优方案的过程。现代旅游投资决策有各种各样的类型，通常可按投资目的和决策条件进行分类。

①按现代旅游投资目的分类。

按现代旅游投资主体和目的分类，一般可把旅游投资决策分为政府性投资决策和企业性投资决策两种类型。

②按现代旅游决策条件分类。

按现代旅游决策条件分类，一般可将旅游投资决策分为三种类型，即确定型决策、风险型决策和非确定型决策。

（2）旅游投资决策中的相关概念。

投资决策对旅游部门和企业来说是十分重要的，因为它关系到旅游开发建设和未来发展方向、发展速度和获利的可能性。为了保证投资决策的正确性，必须对有关投资决策的数据进行收集，为投资方案的比较和选择提供定量的依据。通常，涉及旅游投资决策数据的一些基本概念及其计算方法主要有以下几种：

①资金时间价值。

资金时间价值是指在不考虑通货膨胀因素情况下，资金所有者放弃现在使用资金的机会，而把资金存入银行，并按存入资金时间的长短而获得的利息报酬。

②机会成本。

机会成本又称为择一成本，它是指对一项旅游投资项目若同时具有多个投资方案时，将资金投入到其中一个方案而放弃其他方案可能丧失的收益。

③现金流量。

现金流量是指任何一项旅游投资项目在未来一定时期内的现金流出和现金流入的数量。为了正确评价各个旅游投资项目的经济效益大小，必须对旅游投资项目的现金流量进行科学的分析和预测，并计算出净现金流量，作为旅游投资项目评价的依据。

④投资风险。

投资风险是指一项旅游投资所取得的实际收益和与预期收益之间的差异。对大多数投资活动来说，都存在一个风险问题，只是风险程度不同而已。

4. 旅游投资评价与方法

（1）旅游投资的宏观评价。

现代旅游投资除了进行可行性研究外，还必须从宏观角度进行评价，即分析旅游投资项目是否符合国家或地方政府的旅游政策及发展目标，是否属于政府重点发展的旅游建设项目，是否符合整个社会经济发展的要求。通常，对现代旅游投资进行宏观评价时，主要用一些代表性的数量指标来反映投资项目实现某一特定目标的程度，常用的数量指标主要有投资效果系数、旅游创汇指标、提供就业指标、社会文化影响指标以及综合效益指标。

（2）旅游投资的风险评价。

由于现代旅游投资具有一定的风险性，因此必须对旅游投资项目进行投资风险评价。可以用投资风险率指标来评价旅游投资风险的大小。所谓投资风险率，就是指标准离差率与风险价值系数的乘积。标准离差率是标准离差与期望利润之间的比率，而风险价值系数一般由投资者主观决定。当投资风险率计算出来后，就与银行贷款利率相加，所得之和如果小于投资利润率，那么方案是可行的，否则是不可行的。

（3）旅游投资的经济评价。

任何旅游投资都必须以盈利为目标，即旅游投资不仅要收回投资成本，而且必须取得一定的利润。因此，对现代旅游投资的经济评价，就是按照利润最大化为标准来确定投资方案的优劣。通常，旅游投资的常用评价方法主要有投资回收期法、净现值法、内部投资回收率法以及利润指数法。

（三）重点与难点

1. 教学重点

理解旅游投资的概念、内容、目的和形式，深入领会旅游投资可行性研究的相关知识，熟悉旅游投资决策活动的分类和相关概念。

2. 教学难点

理解投资和资产、资本、筹资、融资等该概念的区别与联系、领会涉及旅游投资决策数据的基本概念和计算方法，掌握旅游投资宏观评价、风险评价和经济评价的理论与方法。

二、练习题

（一）名词解释

1. 旅游投资
2. 旅游投资决策
3. 资金时间价值
4. 净现金流量
5. 机会成本
6. 投资风险
7. 可行性研究
8. 市场风险
9. 企业风险
10. 期望利润
11. 投资回收期法
12. 净现值法
13. 内部投资回收率法
14. 利润指数法

（二）判断题

1. 由于政府和企业的经济运行目标不一样，因而政府和企业在进行旅游投资方面的目标是有差别的。（ ）

2. 改造旅游项目是指对原有旅游产品进行恢复、保护的旅游投资项目。（ ）

3. 最终可行性研究是确定旅游投资项目是否可行的最终依据，也是向有关管理部门和银行提供进一步审查和进行资金借贷的依据。（ ）

4. 通常，投资效果系数越大，则说明旅游投资的经济效果越好；反之，投资效果系数越小，说明旅游投资的经济效果越差。（ ）

5. 旅游投资评价中的投资回收期法未能考虑资金的时间价值。（ ）

6. 净现值法的优点是不仅考虑了投资方案经济效益量的方面（即盈亏总额），而且说明了投资方案经济效益质的方面，即每单位资金投资的效率。（ ）

（三）单项选择题

1. 旅游投资决策的条件和影响因素均处于确定情况下的决策属于（ ）

A. 确定型决策　　B. 非确定型决策

C. 风险型决策　　D. 统计型决策

2. 在不考虑通货膨胀因素情况下，资金投入生产经营过程，随时间长短而获得的利息报酬是指（ ）

A. 资金时间价值　　B. 资金的风险价值

C. 资金的终值　　D. 资金净现值

3. 对一项旅游投资项目若同时具有多个投资方案时，将资金投入其中一个方案，而放弃其他方案可能丧失的收益叫做（ ）

A. 现金流量　B. 机会成本　C. 投资风险　D. 投资收益

4. 旅游投资可行性研究中，（ ）要求依据必须充分，论证必须全面

A. 目的性原则　B. 客观性原则　C. 科学性原则　D. 公正性原则

5. （ ）是在旅游投资项目提出建议的基础上，对拟设的旅游投资项目的可行性进行的进一步研究

A. 投资机会研究　　B. 初步可行性研究

C. 最终可行性研究　　D. 项目建议

6. 每单位国民经济增量所需要的旅游投资额是（ ）

A. 投资效果系数　　B. 外汇收入指标

C. 提供就业指标　　D. 投资系数

7. 如果两个旅游投资项目的期望利润不相等，要比较它们的风险大小，应使用（ ）

A. 利润期望值　B. 标准离差　C. 方差　D. 标准离差率

8. 现代旅游投资评价指标中，（ ）不能反映资金的时间价值，只能反映项目一部分的盈亏程度

A. 投资回收期　B. 净现值　C. 内部投资回收率　D. 利润指数

9. （ ）是旅游投资无法规避的风险，也是所有旅游投资项目都共同面临的风险

A. 系统风险　B. 非系统风险　C. 经营风险　D. 财务风险

10. （ ）的主要目的是为了获取超过投资成本的利润，并努力实现利润最大化

A. 企业性投资决策　　B. 政府性投资决策

C. 行业性投资决策　　D. 国际性投资决策

（四）多项选择题

1. 根据旅游业发展的需要和旅游产业的特点，可将旅游投资形式分为（ ）

A. 新建旅游项目　　B. 改造旅游项目

C. 待开发旅游项目　　D. 维护旅游项目

2. 在旅游决策中，非确定型决策的原则，一般包括（ ）

A. 乐观决策原则　　B. 主观决策原则

C. 悲观决策原则　　　　　　　D. 折中决策原则

3.（　　　）属于现代旅游投资风险中无法规避的风险，即系统风险

A. 管理不当　　B. 经济不景气　　C. 物价上涨　　D. 自然灾害

4. 一般来说，旅游投资项目对于社会文化的影响主要包括（　　）

A. 对人们思想与职业道德的影响

B. 对恢复、保护和合理利用名胜古迹的影响

C. 对当地居民消费方式的影响

D. 对传统艺术和文化遗产的作用

（五）简答题

1. 旅游投资可行性研究有哪些原则和内容？

2. 阐述旅游投资的重要意义。

3. 为什么要进行旅游投资项目的宏观评价？

4. 内部投资回收率法有何重要性？

（六）论述题

1. 试论述为什么要进行旅游投资项目的可行性研究？

2. 分析现代旅游投资决策可以分为几种类型？

3. 阐述旅游投资有哪些风险？应如何防范？

4. 试比较旅游投资项目的评价方法。

（七）计算题

1. 某旅行社想在10年后得到一笔5万元的资金，按照年利率8%计算，则现在需要一次存入银行多少钱？

2. 某旅游饭店欲购置新型制冷设备需要投资55万元，运费1 500元，安装费2 000元，预计可用8年，投资后每年增加收入30万元，增加费用15万元，所得税率33%，预测投资回收期是多少年？

3. 某家旅游公司有A、B、C三个可以选择的投资项目，资金成本率为10%，这三个项目预计现金流量表如下所示，试用净现值法对这三个旅游投资项目方案进行计算，确定哪个是最佳投资方案。

各项目预计现金流量表

单位：元

年份	项目A	项目B	项目C
0	－20 000	－40 000	－60 000
1	12 000	8 000	－10 000
2	13 000	18 000	40 000

续　表

年份	项目 A	项目 B	项目 C
3	8 000	18 000	40 000
4	—	18 000	—

注：表中的负值净现金流量是指旅游投资额，正值净现金流量是指税后净利润总量。

三、经典案例

案例 1

中青旅：经济型连锁酒店成新利润增长点

中青旅控股股份有限公司是以中国青年旅行社总社作为主发起人，通过募集方式设立的股份有限公司。1997 年 11 月 26 日公司创立，12 月 3 日公司股票在上海证券交易所上市，是我国旅行社行业首家 A 股上市公司。

中青旅坚持"以资本运营为核心，以高科技为动力，构建以旅游为支柱的控股型现代企业"的发展战略，坚持"发展决定一切"的价值取向，坚持以"细分市场，重塑业务流程，走专业化道路"为旅游主业的变革方向，旨在建立专业化的中国公民旅游综合服务机构，打造中国公民旅游第一品牌。

1. 发展战略更加明确，旅游主业更加突出。

在旅游主业方面，公司将继续坚持"以旅行社业务为主干，以景区、酒店业为两翼"的产业架构，以中国旅行社行业第一品牌为目标，不断强化旅行社业务在旅游主业中的核心地位；积极发掘旅游业升级过程中不断出现的结构性机会，在产业价值链上拓展新的增长空间；引导旅游业务各板块重视协同，追求复合竞争优势和边际价值的实现。自 2003 年以来，中青旅陆续转让了太湖度假区、尚洋电子、房地产参股项目等策略性投资，除兴建中青旅大厦外，陆续投入遨游网、主题公园、连锁酒店等领域，有效加强了旅游主业。

2. 短期内形成新的利润增长点。深圳山水酒店投资管理公司最初是一家夫妻店，由蔡海洋夫妇投资经营。至 2007 年底中青旅山水酒店已经拓展到 12 家，相对于一般意义上的经济型酒店和星级酒店，山水连锁酒店的主要特点是：

(1) 投资成本相对较低。一般采用租借旧房旧楼就地改造形式，相对于全新建设一家现代化的新酒店，旧楼的翻新改造所需要的投资，只是其 1/3 左右，最多也不超过一半。而且酒店只投资经营客房和西餐，中餐和娱乐对外出租。配套设施分割外包带来的好处是直接的：一是带来稳定的租金收入；二是降低了单体酒店的投资总额；三是减少了人手。山水酒店一般仅用两千万到三千万元资金就可以建成一家较高档次的星级酒店，并且其配备的服务员平均每间客房仅相当于其他酒店的一半。

（2）定位较高，一般档次在3星级以上，平均房价在300元以上。

（3）突出时尚特点。酒店在环境布局和整体装修上，尤为注重装饰材料、空间架构、色彩组合三者之间的搭配和协调，再辅以巧妙的灯光设计，以最佳的视觉艺术效果传递“山水”品牌的个性品位。酒店之所以能有如此高的利润率，主要原因是出租配套设施的租金收益足以抵偿整个酒店的租金，且人员配备尽量控制在最低程度。

3. 山水连锁酒店可复制性强。这种模式投入资本较低，盈利能力强，具有较强可复制性。中青旅介入后，一方面可利用其资本优势，加快扩张；另一方面，可利用其品牌和网络，为酒店带来稳定客源，保障其盈利水平。

上市几年来，公司走过了创业积累期，将迎来加速发展期。公司力争通过未来的努力和发展，实现成为国际化大型旅游运营商的目标。

（资料来源：根据中青旅官方网、新浪网资料整理）

案例思考题：

1. 分析中青旅投资的经济型连锁酒店为何能成为新利润增长点？
2. 试分析中青旅未来提高投资收益的途径。

案例 2

世纪金源集团旅游投资：以酒店行业作为切入点

世纪金源集团是著名实业家、旅菲爱国华侨黄如论先生创办的综合性跨行业国际集团，目前在中国内地已投资400多亿元人民币，缴纳各项税费达50亿元人民币，捐资公益事业达4.65亿元人民币。集团以“诚信创业、造福社会”为企业宗旨，以“房地产开发、星级大饭店、大型购物中心、金融资本运营”为四大支柱产业，属下北京、云南、重庆、福建、上海五个区域集团，四十多家公司，投资地域遍及福建、北京、上海、江西、重庆、云南、湖南，以及中国香港、菲律宾等海内外各地。该集团进军旅游业始于2000年，以地产为基础修建了五星级的福州金源国际大饭店，至此迈出了投资旅游业的步伐。目前集团旗下已有六家建成并投入使用的五星级大饭店，另有两家大饭店在建设和启动中。

世纪金源集团对旅游业的投资主要是选择以酒店且是五星级酒店作为切入点，对于酒店的投资决策是和金源集团的行业背景与行业偏好密切相关的。大量的房地产资本积累、内行的建筑成本控制、前期的物业管理基础都为酒店的建设创造了良好条件，同时酒店作为集团的固定资产可以享受土地升值带来的高额收益，高星级酒店较高的出租率将为集团提供稳定的长期经营回报，为集团开辟新的产业增长空间。除此之外，金源酒店的选址多与其大型购物中心（shopping mall）、物业小区紧挨在一起，它们相得益彰，酒店既有较稳定的高端消费者来源，同时也为整个地产提升了形象。

世纪金源集团的积极投资很大部分源于政府部门在集团投资过程中给予的政策优惠和支持。2003年金源集团在重庆投资36.8亿元，兴建金源时代购物广场、金源大饭店及嘉陵公园整体改造项目。为了更好地吸引、配合金源的投资行为，重庆市政府制定了一系列的优惠政策，除此之外，还力所能及地改善投资环境，提高政府工作效率，为投资商提供优质、高效的服务。重庆市江北区花费4亿元，专门为其修建了万唐路、万新路、兴竹路3条道路，并对于金源时代购物广场的招商方面作出6项优惠承诺。政府的大型接待任务也多次交于金源大饭店与君豪酒店，目前金源大饭店经营状况良好，其利润在2005年金源旗下所有饭店中排名第三。政府的政策倾斜、大力支持，以及集团与政府良好的合作关系促使着金源酒店业的顺利发展。

资本问题对于一个企业的发展来说始终是头等大事，不管是什么样的企业要想得到长足的发展必须具有雄厚的资金支持。对于资本运作问题，金源集团有不同于传统民营企业的做法。2002年，世纪金源集团注资2.1亿元人民币成立世纪隆盛投资管理有限公司，介入银行不良资产的处置。同年，投资1.7亿元人民币，成功入股北京银行，成为北京银行的第四大股东，促成了集团公司的金融背景。2003年，成立香港金源恒业国际控股投资公司为介入国际性资本运作做准备。这一切为金源提供了大量的资本存量，避免了民营企业融资困难的通病，保障了投资的顺利进行，同时建成的这6家酒店每年几个亿的贡献又为集团的后续发展提供了大量的资本来源。

（资料来源：《商业现代化》2007年3月）

案例思考题：

1. 根据案例分析世纪金源集团为何主要选择酒店作为旅游投资对象？
2. 作为一个民营企业，世纪金源具备了哪些成功的要素？
3. 世纪金源集团在酒店行业的投资获得成功对其未来发展有什么样的借鉴意义？

案例3

青岛国家级森林公园项目

一、项目内容

青岛国家级森林项目位于青岛经济技术开发区小珠山景区内。小珠山地处海滨，呈东南、西北走向，长约13公里，宽约8公里，主峰海拔724.9米，目前已被国家批准为国家级森林公园。小珠山名胜古迹众多，景色独特，拟修建一处5~10平方公里的集观赏、餐饮、健身、休闲、度假为一体的综合性国家级森林公园。目前，小珠山风景区总体规划已经做出，至风景区的道路、电力、通信等基础设施完善，景区内主要道路已完成。

二、项目可行性

小珠山具备开发国家级森林公园的基本条件。区内旅游资源丰富，类型较多，景点集中，分布合理，自然和人文特色并重，文物古迹具有一定的品位。区内植被覆盖度较高，生态环境保护较好，山、水、林、动物优势明显，气候、光照、生物等相得益彰，构成天然的自然生态区。经过多年努力，区内投资环境有了明显的改善，交通运输便利，道路网络纵横交错，四通八达，是青日高速公路及开发区疏港迎宾路和胶州湾高速公路的主要出入口。从青岛流亭机场经环胶州湾高速公路至柳花泊仅需1小时；从青岛乘快艇到黄岛仅需15分钟，从黄岛至柳花泊的公交车每5分钟一班次，全程仅需25分钟；从日照乘车到景区需1小时；从胶南到景区需半小时；从胶州至景区需半小时；从烟台至景区需3小时；从济南至景区需4小时。北线横贯境内的省级公路——柳王路与胶州实现对接，可辐射潍坊等周边地区；南线直通胶南、日照的柳大路也已建成通车，打开了西南地区的门户。

区域内通信设施先进，水电资源十分充足，具备了开发的外部条件。近年，开发区不断加大对该区的投入资金，整个景区旅游基础设施日趋完善，旅游环境得到了大幅度改善，游客量稳步递增。2001年，游客达到37万人次。随着人们旅游经历的增加，旅游意识的转变，旅游消费结构发生了很大变化，旅游者在消费过程中追求走向大自然、贴近大自然的生态旅游和参与外出的休闲娱乐旅游、康乐休闲旅游将成为现代旅游的主题。该公园项目采用保护自然生态环境为主，营造自然观赏环境的设计手法，为多层面游客兴建一处综合性公园。该项目市场定位为以胶东市场为主体，一级客源市场为青岛市及周边城市居民，二级客源市场为青岛市作为旅游目的地，国家森林公园为旅游外围辐射区的国内其他城市居民。由于小珠山与我国著名旅游城市青岛之间有着良好的区位及交通关系，使其二级客源市场具有较大辐射范围和较强的吸引力，极具开发潜力。根据近几年游客人数的不完全统计，1999—2001年游客量年增长率在20%~30%之间，随着娱乐设施的不断完善，游客数量逐年递增，到2015年游客流量将达到400万人次以上，市场前景十分广阔。该项目建成后，平均每年接待海内外游客85万人次以上，年经营收入不低于1 300万美元。

（资料来源：《旅游项目之国家级森林公园》新浪网）

案例思考题：

该案例中的项目可行性分析研究是从哪些方面进行的？

案例4

“长三角”民营资本投资旅游业的基本特点

长江三角洲（简称“长三角”）地区是指在长江入海口地区形成的扇形冲积平原上，以上海为龙头，由浙江的嘉兴、杭州、绍兴、宁波、湖州、舟山、台州和江苏的苏州、无锡、常州、镇江、南京、扬州、泰州、南通等16个城市所组成的城市群。“长三角”地区的旅游业凭借良好的经济、区位和资源优势，发展如火如荼，近年来吸引了大量的民营资本进入。

1. 投资主体资本实力雄厚，经营形态各异，主营业务与旅游业务共同发展。“长三角”是我国民营经济起步最早、发展最快、活力最强的地区之一。在全国民营经济总量中，“长三角”地区民营企业数量占到全国的近1/3，产业规模占全国民营经济总产值的40%以上。全国工商联公布的2005年度民营企业500强中，浙江203家，江苏104家，上海26家，三地合计占500强的66.6%。排名前30位的企业中23家是江浙沪企业，其中9家涉及旅游业务。这些企业2005年的营业收入都超过100亿元，雄厚的资本实力为其进军旅游业提供了充裕的资金保证。从“长三角”39家投资旅游业的大型民营企业来看，绝大多数企业的总资产都超过5亿元。这些企业经营形态各异，既有以旅游业为核心业务的企业，也有以房地产、制造业为经营主体的企业。后者大多是发展到一定规模后才进军旅游业的，是其多元化经营的策略之一。尤其是经营房地产的民营企业纷纷进入旅游业，逐渐成为“长三角”地区旅游业的投资主体。

2. 旅游投资主要集中于景区（点）、酒店和旅行社，开始涉足旅游新业态。

民营资本在旅行社方面的投资主要集中在国内旅行社。2005年占全国国内旅行社比重达15.5%的2 367家“长三角”国内旅行社，绝大多数是私有或者民营控股，投资主体多是自然人资本或个体工商户资本。在以入境旅游为主的旅游业发展初期，旅行社作为投资回报率较高、进入壁垒较多的行业，进入主体多为一些具有政府背景的机构和组织。直到 1996 年新的《旅行社管理条例》颁布，国内才出现公开运作的民营旅行社。但由于民营旅行社资格审查手续烦琐，多数民营旅行社都是通过改制方式组建，由此形成了目前“长三角”大型旅行社中股份制旅行社数量较多的格局，如南京原野国旅、上海春秋等都属于这一类型。

在饭店投资方面，民营资本主要集中在景区度假型酒店和经济型酒店以及少部分星级酒店。各大城市的高星级酒店多数由外资和国有资本主导。近些年，由于国有饭店的改制和国内旅游的大众化，“长三角”民营资本抓住机遇，采用直接投资、输出管理、依托房产等方式纷纷进入饭店业，一些有实力的民营大企业开始直接并购星级饭店。比如，如家连锁酒店公司已经成为国内经济型酒店的第一品牌，并成功海外上市。上海莫泰 168 也已成长为行业知名品牌。开元旅业集团、上海协通都已经进入外省市饭店市场，综合实力不断提升。但也有一些经营其他主营业务的民营企业家把拥有饭店看成是公司的一种形象，违背饭店管理规律，导致经营不善。

与此同时，“长三角”的民营资本也开始关注旅游新业态和旅游业的衍生业态，如特色旅游街区、旅游电子商务、旅游航空等。比如“携程旅行网”在短短六七年时间就成长为国内旅游电子商务第一网站；春秋国旅投资航空成为国内第一家低成本航空公司。

3. 投资分布集中于“长三角”区域，江浙沪各具特点。

由于区域经济联系紧密和文化的同源性，“长三角”民营资本将本区域作为投资首选地。从浙江省政府 2006 年 6 月公布的浙商在省外投资分布来看，上海是浙江民营投资的主要区域之一，吸引了近 2 000 亿的浙江民营资本和 30 万浙商，同时，江苏接受浙江的投资额也达到 650 亿。就区域内部来看，由于江浙沪旅游资源和旅游产业发展的差异，“长三角”各地民营投资的情况也不尽相同，浙江投资旅游业的大型民营企业数量多于江苏和上海。在三省市中浙江旅游产业中民营经济比例最高，其 80% 以上的休闲旅游项目、娱乐项目和社会餐馆有民营资本参与。在浙江新确定的总投资超过 800 亿元的 300 多个重点旅游项目中，民营资本投资占 60 % 以上。而上海的民营旅游企业专业化程度比江浙高，企业品牌度较高，进入 100 强旅行社的数量也高于浙江和江苏。从企业分布区域来看，浙江民营投资旅游是遍地开花，江苏则主要集中在苏南。

（资料来源：《我国“长三角”地区民营资本投资旅游业研究》载《旅游科学》2007 年第 2 期）

案例思考题：

1. 分析研究哪些因素导致“长三角”地区的民营资本不断进入旅游行业？
2. “长三角”地区民营资本投资旅游业具备哪些显著的特征？

案例5

上海春秋国际旅行社的产业延伸实践——以低成本航空为例

上海春秋国际旅行社成立于1981年，从两平方米的铁皮房子起家，艰苦创业。经过13年的发展，到1994年上海春秋初步完成了从创业到成长阶段的资本积累。此时行业出现竞争加剧和利润摊薄的局面，国内投资活跃、增长迅猛，主观和客观两个方面都产生了新业务选择和产业延伸的强烈需要。

正是在这一阶段，全国旅行社业出现了多元化经营的热潮，资金和贷款大量投向房地产、景区、娱乐、宾馆甚至制造业，个别旅行社还投资于能源开发。从1994年开始，春秋团队开展了“春秋下一个战略制高点是什么”的大讨论，他们通过对国际旅游跨国集团经典业务模式的比较研究分析，结合中国自身经济发展现状和国家政策法律法规，最终选择了旅游加低成本航空的发展道路。

春秋为了进入航空业，做了整整10年准备。春秋的决策团队走访了几乎世界上所有航空公司，重点学习、考察了低成本航空公司，例如美国西南航空、JETBLUE以及日本航空、韩亚航空、澳大利亚快达航空等公司，学习研究了上述航空公司的业务模式和管理经验。同时还组织学习航空理论和航空公司的经营管理，为日后的新事业做知识和学习上的准备。春秋还积极进行实践，他们选择的航空实践是基于旅行社组团业务的旅游包机经营。自1997年以来的8年，春秋包位、包机近30 000航次，总平均客座率99.07%，把国内几乎所有航空公司的旅游包机都包遍了。春秋人在包机经营的同时，几乎每隔三个月或者半年就向国家民航总局递送报告，汇报旅游包机经营情况和心得，逐步赢得了国家民航总局的信任和支持。当2005年中国民航总局决定允许设立少量民营航空公司时，自然想到了不断递送旅游包机报告的上海春秋旅行社。在1994年以后的10年中，上海春秋还做了另外一项重要的准备，这就是资金准备。春秋旅行社将企业做大后10年的利润积累起来，累计近两亿元，一心等待成立春秋航空的那一天。这笔资金便是春秋航空公司的种子资金。正是由于春秋旅游的10年资金积累，不做航空以外的任何投资，才使得春秋航空的成立和初期运营可以完全利用自有资金，并保持远低于同行业的资金负债率，从而确保了春秋航空公司对经营风险的有效控制和良好的融资能力。

春秋航空的市场定位是基于对国际航空市场的深入分析。在对国际上航空公司的考察研究过程中，主要选择了美国的西南航空公司作为学习榜样。春秋航空主要以旅游观光客和对价格比较敏感的商务客为主要客源市场，让更多的乘坐火车和汽车等地面交通工具和从未坐过飞机的人，尤其是自费客人乘坐飞机旅行。开拓了“三多”新市场：旅客第一次乘飞机的多、周边来乘飞机的多、自费掏腰包客人多。

春秋航空公司的低成本战略体现在诸多方面。春秋航空有着“两高、两低、两单”的特征。所谓“两高”，就是高客座率，最高客座率95.4%；高日利用率，从早上6时至凌晨零时，长航线为主，飞行时间13小时左右，比传统公司平均9小时摊薄成本44%。所谓“两低”，就是低营销费用，不用少用代理、不外设营业部；低管理费用。所谓“两单”，就是单一机型，全部采用空客320，减少航材储备、减少培训费用，技术人员可以通用，摊薄成本50%；单一舱位，传统公司空客320一般设置156座，春秋安排180座，除去头等舱和公务舱，约摊薄成本10%。春秋集团在管理上高度重视航空与旅游的融合，注意防止出现脱节和分离。在管理上有分有合，分合有度，始终是个整体，集约化使用资源，以老业务服务于新业务，以新业务带动老业务，使传统业务与延伸业务齐头并进。

（资料来源：《旅游绿皮书：2008年中国旅游发展分析与预测》）

案例思考题：

1. 上海春秋国际旅行社在向航空业延伸之前做了哪些充分准备？
2. 上海春秋国际旅行社进入低成本航空的战略选择主要体现在哪些方面？

四、练习题参考答案

（一）名词解释

1. 旅游投资就是指旅游目的地政府或旅游企业在一定时期内，根据旅游市场需求及发展趋势，把一定数量的资金投入某一旅游项目的开发建设，获取比投入资金数量更多的产出，以促进旅游业发展的经济活动。

2. 旅游投资决策是指为达到一定旅游投资目标，而对有关旅游投资项目在资金投入上的多个方案比较中，选择和确定一个最优方案的过程。

3. 资金时间价值是指在不考虑通货膨胀因素情况下资金所有者放弃现在使用资金的机会，而把资金存入银行，并按存入资金时间的长短而获得的利息报酬。

4. 净现金流量就是旅游投资项目完成投产后，每年现金流入量超过现金流出量的净值。

5. 机会成本又称为择一成本，它是指对一项旅游投资项目若同时具有多个投资方案时，将资金投入到其中一个方案而放弃其他方案可能丧失的收益。

6. 投资风险是指一项旅游投资所取得的实际收益与预期收益之间的差异。

7. 可行性研究是研究一个建设项目、技术方案、计划方案能够做到或实现的可能性，其几乎可以应用到社会经济的任何方面。

8. 市场风险是旅游投资无法规避的风险，也是所有旅游投资项目都共同面临的风险，如物价上涨、经济不景气、高利率和自然灾害等所引起的风险。

9. 企业风险是指由于旅游企业对旅游投资项目经营不善，或者管理不当等因素所引起的风险。

10. 期望利润是指旅游投资方案最可能实现的利润值。它是各个随机变量以其各自的概率进行加权平均后得到的平均数。

11. 投资回收期法就是根据某项旅游投资项目的回收期，来判断旅游投资项目是否可行的方法。

12. 净现值法就是对未来收益按资金时间价值折算后再与总投资额现值比较，并评价和比较旅游投资项目的各个方案是否可行，从中选择最佳方案的方法。

13. 内部投资回收率法就是通过对内部投资回收率与利息率的比较来评判投资项目是否可行的方法。

14. 利润指数法是通过对单位投资所获得的净现金收益同投资费用进行比较来评价投资方案经济效果的方法。

（二）判断题

1. √ 2. × 3. √ 4. √ 5. √ 6. ×

（三）单项选择题

1. A 2. A 3. B 4. B 5. B 6. D 7. D 8. A 9. A 10. A

（四）多项选择题

1. ABD 2. ACD 3. BCD 4. ABCD

（五）简答题

1. 旅游投资可行性研究，作为对拟建的旅游投资项目进行科学分析研究，并论证其技术上、开发上和经济上是否可行的重要基础工作，在进行可行性分析论证时，必须坚持客观性原则、目的性原则、科学性原则和公正性原则。

为了保证旅游投资可行性研究的准确性和可操作性，必须对旅游投资进行全面的分析和研究。通常，旅游投资可行性研究的规范性内容主要有以下几方面：

（1）旅游市场需求调查和预测。

（2）旅游投资项目的选址方案。

（3）旅游投资项目工程方案研究。

（4）投资额及资金筹措。

（5）劳动力的需求和供应。

（6）主要原材料、燃料、动力供应。

（7）综合效益分析和评价。

2. 旅游投资就是指旅游目的地政府或旅游企业在一定时期内，根据旅游市场需求及发展趋势，把一定数量的资金投入某一旅游项目的开发建设，获取比投入资金数量更多的产出，以促进旅游业发展的经济活动。旅游投资是一个国家或地区发展经济必不可少的前提条件，也是旅游业实现扩大再生产的重要物质基础。

旅游投资，既是旅游经济活动正常运行和发展必不可少的资金投放活动，以满足旅游经济发展具有足够的固定资产和流动资金的投入，实现旅游业的扩大再生产和促进旅游经济持续地发展；又是通过增量投入来优化旅游经济存量结构，提供更多的旅游产品和服务，以满足人们日益增长的旅游需求的重要经济活动。

3. 现代旅游投资除了进行可行性研究外，还必须从宏观角度进行评价，即分析旅游投资项目是否符合国家或地方政府的旅游政策及发展目标，是否属于政府重点发展的旅游建设项目，是否符合整个社会经济发展的要求。通常，对现代旅游投资进行宏观评价时，主要用一些代表性的数量指标来反映投资项目实现某一特定目标的程度。

4. 内部投资回收率，又称内部投资利润率，是指旅游投资方案的未来预期净收益与投资总额之差等于零时的利息率或贴现率。

通常当计算出投资方案的内部投资回收率大于企业或主管部门规定的投资回收率，则投资方案可取；当计算出投资方案的内部投资回收率小于规定的投资回收率，则投资方案不可取。在实践中，通常把内部投资回收率同利息率进行比较，若内部投资回收率大于利息率，则旅游投资项目方案可行；反之，若内部投资回收率小于利息率，则旅游投资项目方案不可行。

从经济意义上说，内部投资回收率实质上是资金成本的加权平均数，其优点在于它为企业或主管部门评价旅游投资项目的经济效果提供了一个本行业内部统一的衡量标准，这对加强旅游投资效果评价和旅游投资管理都具有十分重要的现实意义。

(六) 论述题

1. 进行旅游投资项目的可行性研究主要有以下原因：

(1) 可行性研究是现代旅游投资项目决策的重要依据。

任何旅游投资项目的开发和建设都包括三个主要的阶段，即投资建设前阶段，投资建设过程阶段和生产经营过程阶段，可行性研究属于旅游投资项目建设前阶段的主要工作内容。

为了保证旅游投资项目的有效实施，达到投资的基本目标，并且在生产经营过程中实现投资利润的最大化，就必须对旅游市场，包括竞争者市场进行研究分析；对旅游投资项目的选址和区域特点进行分析；对旅游生产经营过程中的各种要素资源的来源渠道、价格等进行分析；对旅游投资项目的建设总成本进行估算；对生产经营成本与收益进行分析；以确定旅游投资项目在技术上是否可行，开发上是否可能，经济上是否合理，从而为投资开发者提供决策的依据。因此，可行性研究是现代旅游投资项目决策的重要依据。

(2) 可行性研究是现代旅游投资项目评估的重要依据。

可行性研究不仅是旅游投资项目建设前期工作的重要内容，而且是旅游投资项目建设得以顺利进行的基础和必要环节。可行性研究的主要目的就是判断拟建的旅游投资项目能否使投资者获得预期的投资收益，而要达到或实现这一目的，就必须用科学的研究方法，对旅游投资项目进行多方案分析和评价，从中选择最佳投资方案，并编制旅游投资可行性研究报告，作为向审批部门申请审批该项目或投资者提供投资时，对该旅游投资项目进行审查、评估和决策的重要依据。

(3) 可行性研究是现代旅游投资项目筹措资金的重要依据。

旅游投资项目大多属于资金密集型项目，特别是建设初期往往需要注入大量的资金。资金来源除自筹资金和国家少量预算内拨款外，其余大部分需要向金融市场融资，其中主要渠道就是向银行贷款。在现代金融体制下，为了保证或提高贷款质量，确保资金的按期收回，商业银行往往要实行贷前调查，并对旅游投资项目的可行性研究报告进行详细审查和评估。因此，可行性研究报告可为银行或资金借贷机构贷款决策提供参考依据，也为通过其他方式筹集旅游项目资金提供依据。

2. 现代旅游投资决策是为达到一定旅游投资目标，而对有关旅游投资项目在资金投入上的多个方案比较中，选择和确定一个最优方案的过程。现代旅游投资决策有各种各样的类型，通常可按投资目的和决策条件进行分类。

(1) 按现代旅游投资目的分类：一般可把旅游投资决策分为政府性投资决策和企业性投资决策两种类型。

政府性投资决策：政府性投资决策是紧紧围绕发展当地名牌旅游产品，促进旅游业发展，并使当地经济效益、社会效益、生态环境效益都得到综合性改善和提高而进行的。如改善和提高交通运输设施，为旅游者进入创造便捷的通达条件；开设免税商场和旅游购物中心，方便旅游者购物，同时增加旅游目的地的外汇收入；建设旅游院校或培训设施，以培养和训练旅游业发展所需要的各类人才，等等。

企业性投资决策：旅游企业的投资决策大多数是为获取经济和财务收益的决策。如对旅游饭店、旅游餐馆、旅游购物店的投资建设等。由于企业性投资决策比较注重经济效益，因而在评价企业性投资决策方案时，要重视对其社会效益和生态环境效益进行评价。

（2）按现代旅游决策条件分类：一般可将旅游投资决策分为三种类型，即确定型决策、风险型决策和非确定型决策。

确定型决策是指旅游投资决策的条件和影响因素均处于确定情况下的决策。例如，某旅游企业有一笔资金，可以用来购买利率为9%的五年期的国库券，也可以用来购买某公司利率为12%的三年期的企业债券。这两种投资的预期收益都是确定的，而且不存在多少风险，但是二者利率不同，还本付息期也不一样。因而旅游企业可根据自己的经营战略和目标，从中比较选择最优的方案，这就是旅游投资的确定型决策。

非确定型决策是指旅游投资决策的条件和影响因素处于完全不确定情况下的决策。由于决策条件和因素既不确定也不能估计，所以只能在投资决策时先做出各种可行方案，然后对各种方案按照一定的原则进行比较，从中选择最优方案。非确定型决策的原则很多，一般有乐观决策原则、悲观决策原则、折中决策原则等。在旅游投资决策中，可根据投资目的和决策条件进行合理的选择。

风险型决策是指旅游投资决策的条件和影响因素不仅不确定，而且决策失误会给企业和投资者带来风险和损失的决策，亦称统计型决策或随机型决策。但是，决策人员可以对不同方案在不同条件及影响因素作用下的损益值进行计算，并对各种条件及影响因素作用的概率进行估计，从而为旅游投资决策提供比较和决策的依据。因此，风险型决策的关键是计算损益值和估计影响因素作用的概率。

3. 在一般情况下，现代旅游投资风险有两种类型：一是系统风险，又称市场风险，是旅游投资无法规避的风险，也是所有旅游投资项目都共同面临的风险，如物价上涨、经济不景气、高利率和自然灾害等所引起的风险。二是非系统风险，又称企业风险，是指由于旅游企业对旅游投资项目经营不善，或者管理不当等因素所引起的风险。对这类风险可以通过改善经营和加强管理等方式来抵消或减少，如采取投资多样化，就是分散和减少这类风险的最佳途径之一。

由于现代旅游投资具有一定的风险性，因此必须对旅游投资项目进行投资风险评价。可以用投资风险率指标来评价旅游投资风险的大小。所谓投资风险率，就是指标准离差率与风险价值系数的乘积。标准离差率是标准离差与期望利润之间的比率，而风险价值系数一般由投资者主观决定。当投资风险率计算出来后，就与银行贷款利率相加，所得之和如果小于投资利润率，那么方案是可行的，否则是不可行的。

4. 对现代旅游投资的经济评价，就是按照利润最大化为标准来确定投资方案的优劣。通常，旅游投资的常用评价方法主要有以下几种：

(1) 投资回收期法：投资回收期法就是根据某项旅游投资项目的回收期，来判断旅游投资项目是否可行的方法。这种方法主要是通过计算旅游投资项目未来产生的税后净利总量与最初的投资总量相等情况下，旅游投资项目所需要的回收期长短。如果每年的净现金流量相等，可用每年净现金流量除旅游投资项目的投资额，即可得到回收期。如果每年的净现金流量不等，就需要用推算的方法求回收期，一般也可计算年均净现金流量来推算。

使用投资回收期法评价旅游投资项目方案，需要首先确定一个标准投资回收期，即最低限度的投资回收期，然后将各投资方案的回收期与其进行比较，凡小于标准投资回收期的方案均可接受。其中，投资回收期最短的方案为最优方案。

(2) 净现值法：净现值是指某项投资方案未来预期总收益现值减去总投资额现值后的余额。通常，任何一项旅游投资都希望未来的收益比原投资额更多。因此，对未来收益按资金时间价值折算后再与总投资额现值比较，就可以评价和比较旅游投资项目的各个方案是否可行，并从中选择最佳方案。在多方案比较中，若净现值越大，则投资收益越多，该方案可行性就越强。

(3) 内部投资回收率法：内部投资回收率，又称内部投资利润率，是指旅游投资方案的未来预期净收益与投资总额之差等于零时的利息率或贴现率。所谓贴现率，就是在投资决策分析中，把未来值折算为现值的系数。如果贴现率定得高了，现值就小；贴现率定得低了，现值就大。所以，合理确定贴现率是正确计算内部投资回收率的关键。

通常，当计算出投资方案的内部投资回收率大于企业或主管部门规定的投资回收率，则投资方案可取；当计算出投资方案的内部投资回收率小于规定的投资回收率，则投资方案不可取。在实践中，通常把内部投资回收率同利息率进行比较，若内部投资回收率大于利息率，则旅游投资项目方案可行；反之，若内部投资回收率小于利息率，则旅游投资项目方案不可行。

(4) 利润指数法：利润指数法是通过对单位投资所获得的净现金收益同投资费用进行比较来评价投资方案经济效果的方法。

设：PI——旅游投资利润指数

C——旅游投资项目的投资总额

Rt——旅游投资项目在未来 t 年的净现金收益

i——旅游投资项目的资金成本率

则有利润指数计算公式：

$$PI = \frac{Rt}{(1+i)^t} \div C$$

根据公式计算，若利润指数 $PI > 1$，则该旅游投资项目有盈利，说明该旅游投资项目方案可接受；若利润指数 $PI < 1$，则该旅游投资项目产生亏损，说明该旅游投资项目方案应该放弃。

（七）计算题

1. $PV = Sn \div (1+i)^n$

$= 5 \div (1+8\%)^{-10}$

$= 5 \times 0.463$

$= 2.315$（万元）

该旅行社要想在 10 年以后得到一笔 5 万元的资金，现在需要一次存入银行 2.315 万元。

2. 根据上述资料计算如下：

总投资额 $= 550\,000 + 1\,500 + 2\,000 = 553\,500$（元）

年折旧额 $= 553\,500 \div 8 = 69\,187.5$（元）

净现金流量 $= (300\,000 - 150\,000 - 69\,187.5) \times (1 - 33\%) + 69\,187.5$

$= 123\,331.87$（元）

投资回收期 $= 553\,500 \div 123\,331.87 = 4.5$（年）

该项投资额只需要 4.5 年就可以收回。

3. 项目 A 的净现值为：

$NPV_A = [12\,000 \times (1+10\%) - 1 + 13\,000 \times (1+10\%) - 2 + 8\,000 \times (1+10\%) - 3] - 20\,000$

$= (12\,000 \times 0.909 + 13\,000 \times 0.826 + 8\,000 \times 0.751) - 20\,000$

$= 21\,646 - 20\,000$

$= 7\,654$（元）

项目 B 的净现值为：

$NPV_B = (8\,000 \times 0.909 + 18\,000 \times 0.826 + 18\,000 \times 0.751 + 18\,000 \times 0.683) - 40\,000$

$= 47\,952 - 40\,000$

$= 7\,952$（元）

项目C的净现值为；

NPV_C =（-10 000×0.909+40 000×0.826+40 000×0.751）-60 000

=53 990-60 000

=-6 010（元）

根据计算结果可以得出结论：A、B方案的净现值为正数，说明这两方案可行。C方案净现值为负数，这方案不可行。比较A方案和B方案的净现值，可知B方案优于A方案。

第10章 现代旅游收入与分配

一、学习指导

（一）总体要求

旅游收入是旅游经济活动的主要成果，反映了旅游部门和企业在旅游经济活动过程中所创造的价值，体现着旅游经济对国民经济发展的贡献。旅游收入从旅游经济运行角度对旅游经济活动进行量化的考察和研究，具有重要的意义。本章通过对相关典型案例的学习和配套练习的训练，要求学习和掌握旅游收入的概念、分类和计算指标；了解旅游收入的形成以及旅游收入初次分配和再分配的内容和流程；理解旅游乘数效应与旅游收入漏损的基本理论及其相互关系；并通过对旅游收入分配作用的分析，进一步学习和掌握旅游经济对国民经济的促进作用和影响。

（二）主要内容和知识点

1. 旅游收入概念及分类

（1）旅游收入的概念。

现代旅游收入是指旅游目的地国家或地区在一定时期内（以年度、季度、月度为单位），通过向旅游者销售旅游产品及相关商品和服务所得到的全部货币收入的总和。旅游收入反映了旅游经济活动的成果，体现着旅游业对国民经济的贡献，体现了货币回笼和创汇的状况。

（2）旅游收入的分类。

按旅游收入来源旅游收入可分为国际旅游收入和国内旅游收入。国际旅游收入是指旅游目的地国家或地区的旅游企业通过经营国际旅游业务，向国际旅游者提供旅游产品所取得的外国货币收入，通常被称为旅游外汇收入；国内旅游收入是指旅游目的地国家或地区通过经营国内旅游业务，向国内旅游者提供旅游产品而取得的本国货币收入。

按旅游需求弹性旅游收入可分为基本旅游收入和非基本旅游收入。基本旅游收入是指旅游目的地国家或地区向旅游者提供旅游交通、食宿、游览景点等旅游产品和服务所获得的货币收入的总和，是每个旅游者在旅游过程中必需的旅游消费支出；非基本旅游收入是指在旅游活动中，旅游目的地国家或地区的旅游相关部门和企业，通过向旅游者提供医疗、电信、购物、美容、银行、保险、娱乐等服务所获得的货币收入的总称，是指旅游者在旅游过程中可能发生的各种费用支出。

按旅游消费支出构成旅游收入可分为商品性旅游收入和劳务性旅游收入。商品性旅游收入是指为国内外旅游者提供物质形态的旅游产品而得到的收入；劳务性旅游收入是指为旅游者提供各种劳务性旅游服务而获得的收入。

(3) 旅游收入的影响因素。

旅游收入是一个受多种因素影响的函数，这些影响因素主要有接待旅游者人数多少、旅游者人均消费水平、旅游者停留时间、旅游产品吸引力、旅游产品价格、外汇汇率变化、旅游统计因素。

2. 旅游收入指标

旅游收入指标是用货币单位计算和表示的，反映旅游经济发展的水平、规模、速度、结构及其他比例关系的指标。在旅游统计工作中，通常把旅游收入的衡量指标归纳为三大类：旅游收入总量指标、旅游收入平均指标和旅游收入比率指标。

(1) 旅游收入总量指标。

国际旅游收入指标、国内旅游收入指标、旅游总收入指标。

(2) 旅游收入平均指标。

人均旅游外汇收入、国内人均旅游花费、人均旅游收入。

(3) 旅游收入比率指标。

旅游收入增长率、旅游换汇率、旅游创汇率。

3. 旅游收入的分配

旅游收入的分配与国民收入分配一样，通常经过初次分配和再分配的两个过程来完成。

(1) 国民收入循环与分配。

两部门两市场模式、两部门三市场模式、四部门三市场模式。

(2) 旅游收入的初次分配。

旅游收入初次分配的内容，通常是旅游营业收入中扣除了当年旅游产品生产中所消耗掉的生产资料价值后的旅游净收入。旅游业作为综合性经济产业，包括旅行社、饭店、交通、购物商店、景点、娱乐等，包价旅游收入的初次分配是在各旅游行业和企业中进行的，旅行社的包价旅游收入表现为组团旅行社的营业总收入，在扣除了旅行社的经营费用和应得利润后，旅行社根据其他各旅游企业提供产品和服务的数量和质量，按照预定的收费标准、所签订的经济合同中列定的支付时间、支付方式和其他有关规定，将旅游收入分配给有关的旅游行业和企业。

(3) 旅游收入的再分配。

旅游收入的再分配是指在旅游收入初次分配的基础上，按照价值规律和经济利益的原则，在旅游业外部即全社会范围内进一步对旅游收入进行分配，以实现旅游收入的最终用途的过程。

4. 旅游收入分配的作用

(1) 旅游收入分配的重要作用。

旅游收入分配促进社会经济发展；旅游收入分配带动相关产业发展；旅游收入分配促进产业结构的合理化。

(2) 旅游收入乘数效应。

旅游收入乘数是指通过旅游者的花费而对某一地区旅游经济的注入，从而引起国民收入的变化和经济影响。旅游收入乘数是衡量旅游业在国民经济中地位和作用的重要定量指标。

(3) 旅游收入漏损。

旅游收入漏损是指旅游目的地国家或地区为了维持和发展旅游经济而支付外汇或因其他原因造成的旅游外汇的流失。旅游收入漏损的原因包括直接漏损、间接漏损、无形漏损、先期漏损、后续漏损。减少旅游收入漏损的对策：第一，不断提高本国产品的质量，尽量使用本国产品和设备；第二，积极培养旅游管理专门人才，学习现代管理方法，使用高效管理手段，树立现代市场经营观念，逐步减少外方管理人员数量；第三，着力开发低漏损旅游产品；第四，加强旅游外汇收支的宏观控制，完善税利机制，以形成公平竞争环境，避免低税企业削价竞争；第五，制定和完善经济法规和外汇管理方法，对违法经营、干扰市场环境的行为要给予必要的行政与法律制裁，以建立良好的市场秩序。

(三) 重点与难点

1. 教学重点

旅游收入的概念、分类和计算指标；旅游收入的形成以及旅游收入初次分配和再分配的内容和流程；旅游乘数效应与旅游收入漏损的基本理论及其相互关系；旅游经济对国民经济的促进作用和影响。

2. 教学难点

旅游收入的形成以及旅游收入初次分配和再分配的内容和流程；旅游乘数效应与旅游收入漏损的基本理论及其相互关系。

二、练习题

（一）名词解释

1. 旅游收入
2. 旅游外汇收入
3. 国内旅游收入
4. 基本旅游收入
5. 非基本旅游收入
6. 商品性旅游收入
7. 劳务性旅游收入
8. 旅游收入指标
9. 旅游换汇率
10. 旅游创汇率
11. 旅游收入乘数
12. 旅游收入漏损

（二）判断题

1. 旅游收入按旅游消费支出构成可分为商品性旅游收入和劳务性旅游收入。（　）

2. 旅游无形漏损是指旅游企业因开展旅游业务而直接发生的旅游收入的流失。（　）

3. 旅游收入乘数效应的形式必须以一定的边际消费倾向为前提。（　）

4. 旅游收入不能体现货币回笼和创汇的状况。（　）

5. 国际旅游收入和国内旅游收入在计价货币上没有差别。（　）

6. 基本旅游收入是一种刚性的旅游消费支出。（　）

7. 接待旅游者人数多少是直接影响旅游收入变化的基本因素。（　）

8. 国内旅游收入指标的计算公式与国际旅游收入指标的计算公式不同。（　）

9. 旅游收入平均增长率是用某期旅游收入同其上一期旅游收入进行比较的比值。（　）

10. 旅游收入初次分配可分解为职工工资、政府税收、企业利润。（　）

（三）单项选择题

1. （　）是一定时期内旅游外汇纯收入与同期旅游外汇总收入的比率

A. 旅游换汇率　　B. 旅游收汇率

C. 单位旅游产品收汇额　　D. 单位时间旅游收汇量

2. （　）参与旅游收入的初次分配

A. 宾馆　　B. 餐馆　　C. 交通部门　　D. 旅行社

3. 一般来说，发展中国家的旅游换汇率要（　）其他出口商品

A. 高于　　B. 低于　　C. 等同于　　D. 无法比较

4. 旅游乘数效应的形成必须以一定的（　）为前提

A. 边际消费倾向　　B. 边际储蓄倾向

C. 边际进出口物资倾向　　D. 边际效益

5. （　）是指旅游目的地国家或地区向国际旅游者提供单位本国货币旅游产品所能获取的外国货币的数量比例

A. 旅游收汇率　　B. 旅游换汇率

C. 旅游创汇率　　D. 旅游外汇率

6. 以下关于国内旅游收入的叙述，正确的是（　）

A. 国内旅游收入参加国民收入初次分配

B. 国内旅游收入不参加国民收入再分配

C. 国内旅游收入增加国民收入总量

D. 国内旅游收入不增加国民收入总量

7. （　）是在一定时期内，旅游目的地国家或地区平均每接待一个外国旅游者所获得的旅游外汇收入额

A. 人均旅游外汇收入指标　　B. 旅游收汇率

C. 旅游换汇率　　D. 单位时间旅游收汇量

8. 旅游目的地国或地区提供单位货币的旅游产品所获取的外汇数量称为（　）

A. 旅游流动比率　　B. 旅游收汇率

C. 旅游换汇率　　D. 旅游速动比率

9. 下列选项中的（　）用以衡量一国或地区旅游业发展的广度

A. 基本旅游收入　　B. 非基本旅游收入

C. 旅游总收入　　D. 人均旅游收入

10. 下列选项中的（　）用以衡量一国或地区旅游业发展的深度

A. 基本旅游收入　　B. 非基本旅游收入

C. 旅游总收入　　D. 人均旅游收入

（四）多项选择题

1. 旅游收入按来源可分为（　　）

A. 商品性旅游收入　　B. 国际旅游收入

C. 劳务性旅游收入　　D. 基本旅游收入

E. 国内旅游收入　　F. 非基本旅游收入

2. 旅游收入初次分配的内容，通常是旅游收入中的旅游净收入，即旅游从业人员所创造的新增价值，其在初次分配中可分解为（　）

A. 职工工资　　B. 设备和设施的折旧

C. 原材料消耗　　D. 建筑物折旧

E. 企业利润　　F. 政府税收

3. 造成旅游收入漏损的原因主要有（　）

A. 直接漏损　　B. 间接漏损

C. 无形漏损　　D. 有形漏损

E. 后续漏损　　F. 先期漏损

4. 旅游收入比率指标通常有以下的表示方法（　　）

A. 人均旅游花费率　　B. 国内人均旅游花费率

C. 旅游收入增长率　　D. 旅游换汇率

E. 旅游创汇率　　F. 旅游总收入

（五）简答题

1. 简述旅游收入的概念和分类。
2. 影响旅游收入的因素有哪些？
3. 简述旅游收入的特征。
4. 简述旅游收入分配对国民经济的意义和作用。
5. 什么是旅游收入乘数，有何重要意义？
6. 简述国民收入的循环和分配过程。

（六）论述题

1. 结合实际谈谈旅游收入漏损产生的原因、旅游收入漏损的形式及减少和避免旅游外汇收入漏损的对策。
2. 试述旅游收入的初次分配和再分配是如何展开的。

三、经典案例

案例 1

2007 年中国旅游业总收入 10 957 亿，增长 22.6%

根据国家旅游局《2007 年中国旅游业统计公报》，2007 年中国旅游业发展势头良好，三大市场保持稳定增长。全年共接待入境游客 13 187.33 万人次，国内旅游人数16.10亿人次，中国公民出境人数达到4 095.40万人次。旅游业总收入10 957亿元人民币，比上年增长22.6%。

《公报》显示，中国入境旅游市场继续稳步发展，主要统计指标同比均有所增长：其中，入境旅游人数达13 187.33万人次，比上年增长5.5%。入境过夜旅游人数达5 471.98万人次，比上年增长9.6%。国际旅游（外汇）收入达419.19亿美元，比上年增长23.5%。2007年，中国国内旅游继续强劲增长，出游人数和旅游收入均维持两位数的增长。全国国内旅游人数达16.10亿人次，比上年增长15.5%。全国国内旅游收入7 770.62亿元人民币，比上年增长24.7%。全国国内旅游出游人均花费482.65元，比上年增长8.0%。在春节、"五一"、"十一"三个"黄金周"期间，全国共接待国内游客4.17亿人次，实现旅游收入1 816亿元。

（资料来源：中新网）

案例思考题：

1. 根据案例分析旅游收入的概念、旅游收入的构成以及影响旅游收入的因素。

2. 根据案例分析旅游收入的指标和计算方法。

案例2

旅游扶贫致富，缩小地区差别

世界不同国家和地区，或者一个国家的不同地区，由于自然条件、开发历史等方面的不同，经济发展水平是不平衡的。而旅游业的发展在缩小这种地区差别方面能够起到一定的积极作用。国际旅游可以引起旅游客源国的财富向旅游目的地国转移，在一定程度上使各国的财富再分配，国内旅游则可以把国内财富从客源地向目的地转移，使国内财富在区域间进行再分配。就一般情况而论，经济较发达的地区外出旅游的人数较多，经济落后地区外出旅游的人数较少。当经济落后地区的旅游资源足以吸引经济发达地区的居民前往旅游时，这些旅游者在旅游目的地的旅游消费对当地经济是一种显而易见的外来刺激。这种刺激促进了当地旅游业的发展，在一定程度上带动了落后地区整个社会经济的发展，从而发挥旅游扶贫致富的作用。西班牙的巴列阿利斯群岛，原来经济十分落后，现成为拥有优良的沙滩、阳光、海水的著名旅游胜地，年接待旅游者达到800万人次，旅游收入达60亿美元。

旅游扶贫是一种特殊的扶贫形式。在我国，贫困地区大多在山区、半山区、荒漠化地区和少数民族聚集地区。交通不便、产业基础薄弱等是造成这些地区贫困的重要原因，但与此同时，这些客观原因使这些地区保存了比较原始的地形地貌、人文景观和特色鲜明的风土人情。所以在分析研究我国旅游资源的分布情况时就会发现，我国旅游资源蕴藏丰富的地区与贫困地区有很大的重合性，这种资源分布的特点，就在"发展旅游业"与"扶贫"之间建立了有机联系。

20世纪80年代中期以后，我国各地政府积极引导、扶持旅游资源丰富且具有开发价值和开发潜力的贫困地区，积极发展旅游业，走"旅游脱贫致富"的道路。目前，开展旅游扶贫的地区遍及全国各地，几乎所有具备旅游开发基本条件的贫困地区都有这样的事例，相当一大批农民由此迅速走上脱贫致富之路。贵州省施秉县是国家级贫困县，自1998年将旅游业作为龙头产业后，2001年共接待了游客35.6万人次，当年旅游直接收入512万元，综合收入4 810万元，带动第三产业创税605万元，占县财政收入的1/3。

河源市是位于广东西北部的山区市，过去经济发展缓慢，一直被看做是广东境内仅有的几个贫困县市之一。20世纪90年代中期，广东最大的旅行社国旅假期和《羊城晚报》联合发起了旅游与新闻扶贫行动，保护性开发新丰江水库万绿湖旅游资源，把沉寂的河源市引上了一条以旅游带动全市经济整体发展的新路。目前，河源市与珠江三角洲的经济联系明显增加。

据不完全统计，目前我国通过发展旅游业脱贫致富的村庄超过12 000个，有600多万人摆脱了贫困。仅贵州省旅游局所选择扶持的50多个民族风情旅游点，就使3万多人直接或间接参与了旅游开发。可谓"开发一方景区，繁荣一方经济，致富一方百姓，丰富一方生活"。

（资料来源：中国成功网新闻中心）

案例思考题：

1. 结合本案例分析旅游收入分配的意义。

2. 结合本案例和旅游业相关实际，说明应如何发展贫困地区旅游业，实现案例中提到的"开发一方景区，繁荣一方经济，致富一方百姓，丰富一方生活"。

3. 结合旅游经济学相关理论和本案例分析云南众多的少数民族贫困地区应如何发展旅游业？

案例 3

“非典”肆虐　北京旅游下滑

2002 年 11 月 16 日，我国广东省出现首例传染性非典型肺炎病例。“非典”的肆虐对我国的经济发展、社会生活和国际交往等方面都产生了很大的影响。2003 年 4 月 18 日专业机构对北京市可能直接受“非典”影响的酒店、旅行社、旅游景点、航空公司、铁路部门、餐饮、零售、会展和出租车等九个行业进行了实地抽样调查。调查结果显示，除零售业中的连锁超市以外，其他被调查的行业自 4 月初以来经营情况都受到了“非典”的负面影响，而且负面影响在继续扩大。其中，旅游业所受打击最大，调查主要结果如下：

酒店业：四星或五星级酒店当前的入住率在 10% ~20% 之间，而去年同期同类酒店的入住率都达到近 100%；三星以下酒店入住率所受的影响不大，但由于今年不再实行“五一”黄金周放假，“非典”在北京的流行情况日趋严峻，这些酒店的入住率将大幅下滑。

旅行社：由于“非典”的影响，除了一些不能取消的会议，境外游客入境旅游基本都已经取消行程，旅行社的入境业务均减少 60% 以上；国内游客出境游基本停顿；国内业务减少至少 50%，大部分旅行社估计“非典”对其业务影响至少还要持续半年。

旅游景点：以外地、境外游客为主的北京市著名景点自 4 月以来开始受到影响，4 月 12 日开始影响尤为明显，外宾减少 80%，外省的游客减少暂时不明显，但也会迅速下降。以北京市市民和国内游客为主的旅游景点，游客减少了 50% 左右。

其他如航空业、铁路客运和会展业等都受到了严重的波及和影响。

从 3 月份开始，到北京的境外游客人数减少了 80% 左右。由于旅游的季节性和旅游需要提前计划的特点，加上从流行病学和香港、新加坡经验来看，“非典”不太可能很快得到完全控制，再加上旅游者信心的恢复需要一段时间，因而年内外国游客的数量很难复苏。估计北京市全年的对外旅游收入将减少 60% ~ 70%，仅此一项，北京市旅游业的损失将达约 160 亿人民币，北京市的国内外旅游收入至少损失 200 亿元。

“非典”造成旅游收入的下降还将通过消费乘数效应对整个经济产生间接影响。经济学家在估计我国旅游的乘数效应时通常采用的乘数为 2.3，考虑到“非典”的影响从第二季度开始显现，现采用 1.5 作为乘数来估计旅游的乘数效应。“非典”对旅游业的影响通过乘数效应将给北京市的 GDP 带来 300 亿 ~600 亿元的损失，保守估计北京市的 GDP 将出现零增长，极有可能出现负增长。国家旅游局于2003年4月21日发出紧急通知，提出在4月下旬到5月底"提倡各地在本地区旅游，不组织跨区域促销和跨区域旅游，不组织到疫情发生地区的旅游；疫情发生地要从防止疫情传播和扩散这个大局出发，不得组织到其他地区的旅游"。保守估计全国的国内旅游收入至少减少10%，损失达500亿元。仅此两项，国内外旅游损失将高达1 400亿元，按照1.5的乘数计算，GDP所受影响约为2 100亿元。

（资料来源：北京旅游网）

案例思考题：

1. 结合本案例分析影响旅游收入的因素有哪些？
2. 结合本案例分析旅游产品的脆弱性特征，联系实际说说你的看法。
3. 结合本案例说说你对旅游收入乘数及其意义的理解和认识。

案例4

旅游业——巴厘岛经济发展的重要动力

巴厘岛因其独特的旅游资源，从20世纪60年代起旅游业就开始蓬勃发展，尤其是20世纪90年代游客大量到来和印尼旅游年的宣布而引起的旅游热潮使该岛的面貌大为改观。

巴厘统计局每年发布的报告显示，自1969年以来，这个省的地区国民生产总值持续升高，增长的比率超过了全国的平均水平：第一个计划期间为10%，第二个计划期间为12%，第三个计划期间为9%，第四个计划期间为8%，第五个计划期间为8.5%。在1994年地区国民生产总值超过20亿美元，人均收入达到900美元（略超过全国平均水平）。在这期间，巴厘的经济经历了一个大的转变，农业的重要性迅速下降，工业、建筑业和管理的重要性上升，贸易、交通和饭店业大幅增长。

由巴厘经济学家做的研究表明了旅游业在经济上的重要性：1983年，旅游带来的产值估计占地区国民生产总值的10.3%左右，1987年达到32.8%，该研究的研究者认为旅游的贡献很快会超过农业。根据地方发展规划局的说法，1994年旅游业占地方国民生产总值的42.2%，而农业只占28%。此外，根据巴厘的一个经济学家的估计：旅游收入乘数从1984年的1.2%上升到1994年的1.5%，这在加勒比和太平洋的岛屿中处于平均水平。由联合国开发署为印尼政府做的研究表明，20世纪80年代巴厘经济的增长的一些现象如地区国民生产总值大幅增长、失业率低、增长带来的收入在人口中广泛分配、该岛贸易平衡的调整等都应归功于旅游业。印度尼西亚银行在 Denpasar 的分行所登记的外汇交易数量，从1970年的213万美元增加到1994年的12.2亿美元（巴厘旅游收入的估计数字），是印尼全国旅游收入的四分之一。

许多巴厘人由于农田短缺，收入不多，手工业成为第二职业，越来越多的手艺人全职为旅游者和出口工作。根据研究，到1980年止巴厘旅游业直接或间接地创造了78 500个工作机会。1980年旅游局估计旅游业直接创造了7 500个工作岗位。1987年旅游业高速发展时，估计有18 000个工作岗位：饭店11 000个、餐饮2 300个、旅行社和交通1 700个，其他3 000个。1994年，直接创造就业岗位47 000个：饭店32 000个、餐饮8 300个、旅行社1 800个、交通1 900个、导游3 000个。此外，还有很多或专职或兼职的为游客制作工艺品和服装的人。联合国开发署估计，1989年有310 000人（占总人口150万的20%）在旅游相关部门工作。旅游发展所带来的另一个好现象是农村人口不再涌向城市，当地的农业无法养活的人口现在由手工业养活了，巴厘岛在服装、雕塑和珠宝生产上的成功被经济学家们作为吸收印尼和第三世界国家农村剩余人口的好方法。

旅游业扩大了巴厘岛的知名度，旅游业在巴厘岛经济中的地位越来越重要。

（资料来源：张文：《旅游影响——理论与实践》，社会科学文献出版社2007年版）

案例思考题：

1. 结合本案例说说你对旅游乘数的理解。
2. 结合巴厘岛旅游发展的情况分析旅游业乘数效应的重要意义。
3. 结合本案例分析旅游收入初次分配和再次分配的内容和流向。

四、练习题参考答案

（一）名词解释

1. 旅游收入是指旅游目的地国家或地区在一定时期内（以年度、季度、月度为单位），通过向旅游者销售旅游产品及相关商品和服务所得到的全部货币收入的总和。

2. 旅游外汇收入即国际旅游收入，是指旅游目的地国家或地区的旅游企业通过经营国际旅游业务，向国际旅游者提供旅游产品所取得的外国货币收入，通常被称为旅游外汇收入。

3. 国内旅游收入是指旅游目的地国家或地区在一定时期内向国内旅游者提供旅游产品和其他相关服务所获得的本国货币收入的总额，也是国内旅游者出游的全部消费支出总额。

4. 基本旅游收入是指旅游目的地国家和地区向旅游者提供旅游交通、食宿、游览景点等旅游产品和服务所获得的货币收入的总和，这也是每个旅游者在旅游过程中必需的旅游消费支出。

5. 非基本旅游收入是指在旅游活动中，旅游目的地国家或地区的旅游相关部门和企业，通过向旅游者提供医疗、电信、购物、美容、银行、保险、娱乐等服务所获得的货币收入的总称，是指旅游者在旅游过程中可能发生的各种费用支出，具有很大的随机性。

6. 商品性旅游收入是指为国内外旅游者提供物质形态的旅游产品而得到的收入，主要包括销售旅游商品和提供餐饮等所获得的收入，商品性旅游收入主要以有形旅游产品的交易为主，其成交表现为以物质产品使用价值与价值所有权的长期转移为主要特征。

7. 劳务性旅游收入是指为旅游者提供各种劳务性旅游服务而获得的收入，包括交通、住宿、游览、邮电通信、文化娱乐及其他各种服务性收入，劳务性旅游收入主要以无形旅游产品的交易为主，其成交表现为以劳务性产品使用价值和价值的暂时转移为主要特征。

8. 旅游收入指标是用货币单位计算和表示的，反映旅游经济发展的水平、规模、速度、结构及其他比例关系的指标，在旅游统计工作中，通常把旅游收入的衡量指标归纳为三大类：旅游收入总量指标、旅游收入平均指标和旅游收入比率指标。

9. 旅游换汇率是指旅游目的地国家或地区向国际旅游者提供单位本国货币旅游产品所能获取外国货币的数量比例。

10. 旅游创汇率，又称为旅游外汇净收入率，是指在一定的时期内，旅游目的地国家或地区经营国际旅游业务所取得的全部外汇收入扣除了旅游业经营中必要的外汇支出后的余额，并与全部旅游外汇收入相除的比值。

11. 旅游收入乘数是指通过旅游者的花费而对某一地区旅游经济的注入，从而引起国民收入的变化和经济影响。旅游收入乘数表明了旅游者在旅游目的地的消费支出，即对旅游业的注入所引起该地区综合经济效益最终量的增加。旅游收入乘数是衡量旅游业在国民经济中地位和作用的重要定量指标。

12. 旅游收入漏损是指旅游目的地国家或地区为了维持和发展旅游经济而支付外汇或因其他原因造成的旅游外汇的流失。

（二）判断题

1. √ 2. × 3. √ 4. × 5. × 6. √ 7. √ 8. × 9. × 10. √

（三）单项选择题

1. B　2. D　3. A　4. A　5. B　6. D　7. A　8. B　9. C　10. B

（四）多项选择题

1. BE　2. AEF　3. ABCEF　4. CDE

（五）简答题

1.（1）旅游收入的概念。

旅游收入是指旅游目的地国家或地区在一定时期内（以年度、季度、月度为单位），通过向旅游者销售旅游产品及相关商品和服务所得到的全部货币收入的总和。

（2）旅游收入的分类。

按旅游收入来源旅游收入可分为国际旅游收入和国内旅游收入。国际旅游收入是指旅游目的地国家或地区的旅游企业通过经营国际旅游业务，向国际旅游者提供旅游产品所取得的外国货币收入，通常被称为旅游外汇收入；国内旅游收入是指旅游目的地国家或地区通过经营国内旅游业务，向国内旅游者提供旅游产品而取得的本国货币收入。

按旅游需求弹性旅游收入可分为基本旅游收入和非基本旅游收入。基本旅游收入是指旅游目的地国家或地区向旅游者提供旅游交通、食宿、游览景点等旅游产品和服务所获得的货币收入的总和，是每个旅游者在旅游过程中必需的旅游消费支出；非基本旅游收入是指在旅游活动中，旅游目的地国家或地区的旅游相关部门和企业，通过向旅游者提供医疗、电信、购物、美容、银行、保险、娱乐等服务所获得的货币收入的总称，是指旅游者在旅游过程中可能发生的各种费用支出。

按旅游消费支出构成旅游收入可分为商品性旅游收入和劳务性旅游收入。商品性旅游收入是指为国内外旅游者提供物质形态的旅游产品而得到的收入；劳务性旅游收入是指为旅游者提供各种劳务性旅游服务而获得的收入。

2. 影响旅游收入的因素有接待旅游者人数多少；旅游者人均消费水平；旅游者停留时间；旅游产品吸引力；旅游产品价格；外汇汇率变化；旅游统计因素。

3. 旅游收入直接反映了某一旅游目的地国家或地区旅游经济的运行状况，是评价和衡量旅游经济活动效果的综合性指标，也是衡量某一国家或地区旅游业发达与否的重要标志：

（1）旅游收入反映了旅游经济活动的成果。

（2）旅游收入体现着旅游业对国民经济的贡献。

（3）旅游收入体现了货币回笼和创汇的状况。

4. 旅游收入分配对国民经济的意义和作用主要表现为：

（1）旅游收入分配促进社会经济发展。

（2）旅游收入分配带动相关产业发展。

（3）旅游收入分配促进产业结构的合理化。

5. 旅游收入乘数是指通过旅游者的花费而对某一地区旅游经济的注入，从而引起国民收入的变化和经济影响。旅游收入乘数表明了旅游者在旅游目的地的消费支出，即对旅游业的注入所引起该地区综合经济效益最终量的增加。旅游收入乘数是衡量旅游业在国民经济中地位和作用的重要定量指标。旅游业的存在和发展必须靠物质生产部门的支持，因此对其他经济部门和整个社会经济产生了较大的促进和带动作用，从而带动整个国民经济的发展。

6. 根据现代西方经济学国民收入核算理论，整个国民经济体系可以概括为由家庭、企业、政府、外国四个部门和产品、要素、金融三个市场所组成。家庭部门包括所有家庭和非盈利组织，企业部门包括所有以追求利润为目标的厂商。家庭部门通过要素市场向企业部门提供生产要素并获得国民收入，同时又通过产品市场购买产品而形成家庭部门的消费支出；企业部门通过产品市场销售产品而获得企业收入（即国民产出），同时又通过要素市场购买生产要素而形成企业的要素支付。家庭部门从要素市场获得的收入并不会完全用于消费支出，会把其中一部分通过金融市场（银行或证券公司）储蓄起来，而金融市场则将储蓄存款转化为贷款提供给企业部门，企业部门用得到的贷款在产品市场中购买投资品，家庭部门因储蓄而发生的漏出，又通过企业部门的投资而得到注入，从而实现了国民收入的循环和分配。政府部门通过税收和政府借款（即发行国债等）形成政府收入；同时又通过政府购买和转移支付形成政府支出。政府征税和借款会使消费支出减少而导致国民收入漏出，而政府购买和转移支付则使消费支出增加而形成注入。外国部门指对外贸易，即通过出口而输出本国产品和劳务，获得外汇收入而使本国国民收入增加，属于注入变量；通过进口而使本国家庭、企业、政府部门形成对外国产品的购买，会使本国国民收入减少而属于漏出变量。以上就是国民收入在四部门三市场之间的流量循环和分配过程。

（六）论述题

1. 旅游收入漏损是指旅游目的地国家或地区为了维持和发展旅游经济而支付外汇或因其他原因造成的旅游外汇的流失。

旅游收入漏损的形式包括直接漏损、间接漏损、无形漏损、先期漏损、后续漏损等。

通常，造成旅游收入漏损的原因主要有以下几方面：

（1）直接漏损是指旅游行业和企业因开展旅游业务而直接发生的外汇收入的流失，如购买旅游开发建设与经营运转所需要的各种进口物资的外汇支出；为发展旅游业而向国外筹措资金的利息，合资或独资旅游企业中外国投资者所获利润的外流等；旅游企业雇用外国员工而支付的薪金和其他外籍人员的劳务费用，外方管理公司应得的管理费用等；政府旅游管理部门、各个旅游团体组织和旅游企业在国外进行旅游宣传促销所支付的各种费用等。

（2）间接漏损是指为配套旅游发展而产生的其他方面的外汇支出，如向旅游业供应各种物资和服务的相关企业为满足旅游业需要而从国外进口各种物品和劳动力所造成的外汇流失，为发展旅游而使用进口物资或劳动力程度较高的各种基础设施，以及由此而引起耗用加大、进口增多而造成的外汇支出等。

（3）无形漏损是指由于旅游者增多而使旅游目的地的道路、桥梁、机场设施、排污系统等各种公共设施的磨损加剧，引起各种人造和自然旅游资源损坏和自然环境污染，使旅游目的地为此而进行修复、弥补和清除时，需要从国外进口某些物资造成的外汇流失。

（4）先期漏损是指旅游经营商向旅游者销售某一国家的旅游产品所获得的全部收入中未进入这一旅游目的国的那部分收入。

（5）后续漏损亦称诱导性漏损，是指旅游从业人员个人生活消费中涉及的外汇流失。

减少和避免旅游收入漏损的对策：第一，不断提高本国产品的质量，尽量使用本国产品和设备。对引进技术和先进设备，要组织人员攻关、研究，就地消化，在符合质量标准前提下尽快投入生产。第二，积极培养旅游管理专门人才，学习现代管理方法，使用高效管理手段，树立现代市场经营观念，逐步减少外方管理人员数量。第三，着力开发低漏损旅游产品，如生态旅游、自然旅游、探险旅游、游客主动参与式旅游等。第四，加强旅游外汇收支的宏观控制，完善税利机制，以形成公平竞争环境，避免低税企业削价竞争。第五，制定和完善经济法规和外汇管理方法，对违法经营、干扰市场环境的行为要给予必要的行政与法律制裁，以建立良好的市场秩序。

2. 旅游收入的分配与国民收入分配一样，通常经过初次分配和再分配两个过程来完成。

（1）旅游收入的初次分配。

旅游目的地国家或地区在取得旅游收入后，首先应该在直接经营旅游业务的企业内部进行分配。在一定时期内，旅游企业付出了物化劳动和活劳动，向旅游者提供满足他们需要的旅游产品，从而获得营业收入。旅游收入初次分配的内容，通常是旅游营业收入中扣除了当年旅游产品生产中所消耗掉的生产资料价值后的旅游净收入。旅游净收入就是旅游从业人员所创造的新增价值，其在初次分配中可分解为职工工资、企业利润及政府税收三大部分，使国家、企业、旅游从业人员三方都得到了各自应得到的初始收入。在旅游收入初次分配中由于旅游业作为综合性经济产业的特殊性，还存在着包价旅游收入的初次分配，旅游收入的初次分配是在各旅游行业和企业中进行的。旅行社根据市场的需求，首先向经营旅游住宿、餐饮、交通、游览、娱乐的企业预订单项旅游产品，经过加工、组合而形成不同的综合性旅游产品（即包价旅游），出售给旅游者，从而获得包价旅游收入。旅行社的包价旅游收入首先表现为组团旅行社的营业总收入，在扣除了旅行社的经营费用和应得利润后，旅行社根据其他各旅游企业提供产品和服务的数量和质量，按照预定的收费标准、所签订的经济合同中列定的支付时间、支付方式和其他有关规定，将旅游收入分配给有关的旅游行业和旅游企业。各旅游行业和旅游企业获得营业收入后，才按照前述的分配方式进行旅游收入的初次分配。

（2）旅游收入的再分配。

旅游收入的再分配是指在旅游收入初次分配的基础上，按照价值规律和经济利益的原则，在旅游业外部即全社会范围内进一步对旅游收入进行分配，以实现旅游收入的最终用途的过程。首先，旅游收入再分配的内容，是指旅游企业、旅游行业职工及旅游目的地政府用初次分配得到的旅游收入进行消费或投资，从而形成旅游收入在整个旅游目的地社会中进行再分配。其次，旅游收入再分配的流向，是在初次分配的基础上，按照职工工资、政府税收和企业利润的使用而流向不同的方面，最终形成消费基金和积累基金。

综上所述，旅游收入经过初次分配和再分配的运动过程，实现了最终用途而形成两大部分，一部分形成消费基金，一部分形成积累基金。旅游收入的初次分配与再分配应始终把国家整体利益摆在第一位，把国家利益、企业利益、职工个人利益有机结合起来，正确处理好三者之间的关系，正确处理好眼前利益与长远利益的关系。

第11章 现代旅游经济结构与优化

一、学习指导

（一）总体要求

通过本章的学习，要重点理解旅游经济结构的概念和基本特征，分析影响现代旅游经济结构的各种因素，熟悉现代旅游经济结构的主要内容，并从旅游经济发展的角度理解现代旅游经济结构优化的重要意义，掌握现代旅游经济结构合理化和高度化的概念和优化标志，实现旅游经济结构优化的目标、内容和对策措施以及旅游经济集聚的概念、特征和影响因素。

（二）主要内容和知识点

1. 现代旅游经济结构

（1）现代旅游经济结构的概念。

现代旅游经济结构是指旅游产业内部各组成部分的数量比例关系及其相互联系、相互作用的形式。

（2）现代旅游经济结构的特征。

现代旅游经济结构既有一般经济结构所具有的共同特征，又有不同于其他经济结构的典型特征，主要表现在现代旅游经济结构的整体性、功能性、动态性和关联性。

（3）现代旅游经济结构的影响因素。

现代旅游经济结构的影响因素主要有旅游资源因素，包括旅游资源状况、资金和劳动力状况、创新能力和信息资源状况；旅游市场因素，包括市场需求和市场供给状况；科技进步因素，该因素会影响旅游境界结构的变动、人们需求结构的变动与旅游业的经营和管理；社会经济因素以及政策和法律因素等。

2. 现代旅游经济结构的内容

现代旅游经济结构的内容有旅游市场结构，包括旅游需求结构、旅游供给结构和旅游供求适应结构；旅游产品结构，包括旅游产品消费结构、旅游产品要素结构、旅游产品组合结构；旅游产业结构，包括旅行社业、旅游饭店业、旅游交通业、旅游景区景点、旅游娱乐业和旅游购物业结构；旅游区域结构，包括旅行社区域结构、旅游饭店区域结构、旅游交通区域结构、旅游商品区域结构、旅游资源区域结构、旅游市场区域结构、旅游市场区域结构和旅游投资区域结构；旅游投资结构，即投资额在不同旅游建设项目之间、不同旅游目的地之间的比例关系；旅游经济管理结构，包括旅游业所有制结构、旅游企业规模结构和旅游管理体制结构。

3. 现代旅游经济结构的优化

（1）现代旅游经济结构优化的概念。

现代旅游经济结构的优化是指通过对旅游经济结构的调整，使整个旅游经济结构实现合理化和高度化，从而保持旅游经济协调发展，不断满足社会日益增长的旅游需求的过程。旅游经济结构优化，就是要通过旅游经济结构的合理化和高度化，实现旅游市场结构、旅游产品结构、旅游产业结构、旅游区域结构和旅游经济管理结构的优化。

（2）现代旅游经济结构优化的意义。

现代旅游经济结构的优化是旅游业发展的战略，是旅游生产力体系形成的要求，是旅游经济良性发展的根本保障，也是提高旅游经济效益的有效手段。

（3）现代旅游经济结构优化的标志。

现代旅游经济结构优化的标志，一是表现为旅游资源配置的有效性，二是表现为旅游产业结构的协调性，三是表现为旅游产业布局的合理性，四是表现为旅游经济发展的持续性，五是表现为生态环境的融合性。

（4）现代旅游经济结构优化的实现。

现代旅游经济结构优化的实现，一是要实现旅游产品结构的优化，即各种旅游产品之间在规模、数量、类型、层次等各种指标的比例方面形成一种协调的组合关系，包括各种旅游产品之间要保持合理的数量比例关系，同种旅游产品在不同消费者类型之间要保持合理的数量比例关系等，要实现旅游产品结构的优化，必须加强旅游产品开发，优化旅游产品结构，培育品牌旅游产品；二是要实现旅游产业结构的优化，即旅游业内部各行业之间形成协调的组合关系，包括旅游产业在类型、规模、发展水平等各方面结构的合理化，要实现旅游产业结构的优化，必须坚持宏观调控与市场调节相结合，使主导行业与关联行业相适应，并加快旅游企业的集团化发展；三是要实现旅游区域结构的优化，从我国区域旅游经济不平衡发展的现状以及不同地区旅游资源和社会经济发展的差异性出发，实现旅游区域经济结构优化应突出重点发展的原则，遵循旅游点—轴发展的规律，强调合理分工和互相补充，积极发展国内外区域的合作。

4. 旅游经济的集聚

（1）旅游经济集聚的概念。

旅游经济集聚是大量旅游相关行业、企业、部门围绕优势旅游资源或区位条件优越的旅游目的地而形成的空间地域集聚体，它是基于对不同区域的资源因素、区位因素、市场因素、社会经济因素及政策、法规因素等的分析，形成旅游景区景点的空间布局结构，是促进实现整个区域旅游竞争力不断提高和持续发展的过程。旅游经济集聚是旅游产业高级化阶段的产物，是适应经济全球化和集聚化发展的必然趋势。

旅游经济集聚可以分为空间格局的集聚与行业部门的聚集两个方面，旅游开发建设的地域格局是旅游经济集聚发展的骨架基础，而旅游行业部门及相关行业部门的聚集与优化联系则是旅游经济集聚发展的内涵深化。影响旅游产业集聚的因素主要有资源和区位因素、客源市场的发展变化、产业链作用和制度因素等。

（2）旅游经济区域集聚。

旅游经济区域集聚是指与旅游活动联系密切的大量行业、企业及相关支撑机构，根据自然和社会资源优势在一定的区域内集中布局，从而将某一区域的旅游产业要素有效地组织起来，构成自发性企业群落，通过衍生、扩张、拓展为更大范围、更大影响的区域布局，带动生产要素集聚和释放规模经济效应，形成旅游经济核心竞争力和发展优势的现象。评价旅游经济区域集聚，主要包括旅游经济发展实力、旅游品牌效应、旅游企业间联系和政府部门间协作几个指标。

（3）旅游经济产业集聚。

从产业经济的角度来看，旅游经济产业集聚表现为以具有竞争力或竞争潜力的旅游企业为链核，以产品、技术、资本等为纽带，通过包价或零售方式将旅游产品间接或直接地销售给旅游者，以助其完成客源地与目的地之间的旅行和游览，从而在旅行社、饭店、餐饮、旅游景区、旅游交通、旅游商店等行业之间形成产业链条的关系。旅游经济产业集聚特征包括产业分工明确、经济联系密切、发展环境共享；旅游经济产业集聚的影响因素包括资源禀赋与区位因素、客源市场的发展变化、产业链作用和制度因素。

（三）重点与难点

本章要重点掌握经济结构、旅游经济结构、旅游市场结构、旅游消费结构、旅游产品结构、旅游产业结构、旅游区域结构、旅游投资结构、旅游组织结构、旅游经济结构合理化、旅游经济集聚等概念；理解旅游经济结构的特征、旅游经济结构的内容、旅游经济结构的优化以及旅游经济集聚特征、影响因素等；能够运用相关旅游经济结构及优化、旅游经济集聚的知识，对旅游经济结构和旅游产业集聚问题进行分析与判断。

二、练习题

（一）名词解释

1. 经济结构
2. 旅游经济结构
3. 旅游市场结构
4. 旅游企业规模结构
5. 旅游产品结构
6. 旅游区域结构
7. 旅游需求结构
8. 旅游供给结构
9. 旅游投资结构
10. 旅游经济管理结构
11. 旅游产业结构
12. 旅游经济结构合理化
13. 旅游经济结构高度化
14. 旅游经济结构优化
15. 旅游经济集聚
16. 旅游经济区域集聚
17. 旅游经济产业集聚

（二）判断题

1. 结构和功能是密切相关的，经济结构决定经济功能，经济功能又促进经济结构的变化。（　）

2. 判断旅游经济结构功能好坏的标准，就是看这种旅游经济结构能否有效地提供和满足人们不断变化需求的功能，能否形成一种自我协调、自我适应、具有充分活力的旅游经济机制，从而促进旅游业的快速发展和社会生产力的不断提高。（　）

3. 旅游经济结构质的变化主要表现在旅游经济的效益和水平上，并通过各种量的指标反映出来，但总的情况是表现为旅游业的综合发展水平和不断提高的经济效益。（　）

4. 从旅游市场需求角度看，旅游者的旅游需求是影响旅游经济结构的普通因素。（　）

5. 旅游产品消费结构是指旅游者在旅游过程中所消费的各种类型旅游产品

及相关消费资料的关系。（ ）

6. 旅游产品组合是按照一定的旅游需求和旅游供给条件，把各种单项旅游产品有机组合起来，形成一定区域内旅游活动的消费行为层次结构和空间结构。（ ）

（三）单项选择题

1. 对各种自然旅游资源与人文旅游资源的开发及利用，并形成一定的旅游景观、旅游景区及各种旅游产品和组合称为（ ）

A. 旅游资源开发　　B. 旅游开发

C. 旅游产品开发　　D. 旅游景观开发

2. 从生产关系角度研究旅游经济的所有制结构、企业规模结构和相应的体制结构称为（ ）

A. 旅游管理体制结构　　B. 旅游经济管理结构

C. 旅游企业规模结构　　D. 旅游经济所有制结构

3. 从宏观角度所表现的有关旅游行业的政策保障体系、行业管理体制及实施手段体系的状况称为（ ）

A. 旅游管理体制结构　　B. 旅游经济管理结构

C. 旅游企业规模结构　　D. 旅游经济所有制结构

4. 由食、住、行、游、购、娱等要素所组成且缺一不可的产业是（ ）

A. 饭店业　　B. 交通业　　C. 旅游业　　D. 娱乐业

5. 反映了旅游企业大、中、小结构比例和旅游企业集团化发展的状况的是（ ）

A. 旅游管理体制结构　　B. 旅游经济管理结构

C. 旅游企业规模结构　　D. 旅游经济所有制结构

6. 指投资额在不同旅游建设项目之间，不同旅游目的地之间的比例关系，其对于旅游市场结构、旅游产品结构、旅游产业结构、旅游区域结构等都会产生不同程度的影响称为（ ）

A. 现代旅游投资结构　　B. 现代旅游经济管理结构

C. 现代旅游区域结构　　D. 现代旅游产业结构

7. 反映了旅游业所有制关系的构成及比例称为（ ）

A. 旅游经济所有制结构　　B. 现代旅游经济管理结构

C. 现代旅游区域结构　　D. 现代旅游产业结构

8. 旅行社在不同地区的配置情况，包括不同数量、规模、性质的旅行社在不同地区的布局特点以及区域内各旅行社的协作发展关系称为（ ）

A. 旅游饭店区域结构　　B. 旅行社区域结构

C. 旅游交通区域结构　　D. 旅游投资区域结构

9. 资金在各旅游区域的流动及分布关系称为（　）

A. 旅游饭店区域结构　　B. 旅行社区域结构

C. 旅游交通区域结构　　D. 旅游投资区域结构

10. 产业分类方法中，将全部产业分为第一产业、第二产业、第三产业的分类方法是（　）

A. 两大部类分类法　　B. 三次产业分类法

C. 标准产业分类法　　D. 我国产业分类法

（四）多项选择题

1. 现代旅游经济结构的特征包括（　　）

A. 整体性　　B. 动态性　　C. 功能性　　D. 关联性

2. 旅游产业集聚的影响因素主要有（　　）

A. 资源禀赋与区位　　B. 客源市场的发展变化

C. 产业链作用　　D. 制度因素

3. 评价旅游区域集聚的指标主要包括（　　）

A. 旅游经济发展实力　　B. 旅游品牌效应

C. 旅游企业间的联系　　D. 政府部门间的协作

4. 旅游区域结构研究的内容主要包括（　　）

A. 旅游管理体制结构　　B. 旅游区域的市场结构

C. 旅游区的特点与构成　　D. 旅游产业布局

（五）简答题

1. 何为旅游经济结构？其有何特征？
2. 旅游经济结构包括哪些内容？
3. 旅游产业结构包括哪些内容？
4. 旅游区域结构的内容有哪些？
5. 如何评价旅游经济区域集聚？
6. 影响旅游经济产业集聚的因素有哪些？

（六）论述题

1. 试论影响旅游经济结构的因素有哪些？
2. 现代旅游经济结构优化的标志和措施是什么？
3. 何为旅游经济集聚？有何特征？

三、经典案例

案例 1

云南旅游市场分析

一、云南旅游市场发展态势分析

深入剖析 2006 年和“十五”期间云南旅游市场发展情况，呈现出以下几方面发展态势：

（一）入境旅游市场呈现出快速发展态势

“十五”期间，由于受到伊拉克战事、非典型肺炎、禽流感及国内外旅游市场竞争加剧等因素的影响，使云南入境旅游市场呈现出低速增长的发展态势（见表 1）。云南入境旅游市场曾一度进入 20 多年来发展的低谷，使云南入境旅游市场面临着极为严峻的形势，加快入境旅游发展已成为云南旅游发展的必然选择。2004 年云南提出了加快旅游发展的倍增计划，2006 年云南开始全面推进旅游“二次创业”，通过采取一系列强有力的措施，使云南入境旅游市场迅速恢复并实现了快速发展。

表 1　云南入境旅游市场增长与发展状况

年份	入境游客		海外旅游者（过夜）		边境　日游游客		旅游外汇收入	
	人数（万人次）	增长率（%）	人数（万人次）	增长率（%）	人数（万人次）	增长率（%）	人数（万人次）	增长率（%）
2000	275.64	—	100.11	—	176.63	—	3.39	—
2001	293.78	6.6	113.13	13.0	180.65	2.3	3.67	8.3
2002	324.45	10.4	130.36	15.2	194.09	7.4	4.19	14.3
2003	282.73	-12.9	100.01	-23.3	182.72	-3.4	3.40	-18.9
2004	326.17	15.4	110.10	10.1	216.07	18.3	4.22	24.1
2005	347.59	6.5	150.28	36.5	197.31	-8.7	5.28	25.0
“十五”合计	1 574.72	6.6	603.88	8.5	970.84	2.2	20.77	9.3
2006	394.44	13.5	181.01	20.4	213.44	8.2	6.58	24.7

（二）边境旅游市场处于徘徊发展态势

边境入境旅游一直是云南入境旅游市场的重要组成部分。从总体上看，云南边境入境旅游保持了持续增长的发展态势，但分析“十五”期间各年增长情况，可以看出边境旅游市场始终处于波动和徘徊发展的态势。究其原因：一方面受各种突发因素的影响较大，如2001年，由于云南周边国家的政策波动，使当年边境一日游游客仅增长了2.3%，与上年增幅相比下降了3个百分点；2003年突发的非典型肺炎，使当年边境一日游游客下降了3.4%。另一方面，受我国有关政策因素的影响比较突出，如2005年以来国家加强对边境地区社会治安环境的整治政策，使云南当年边境一日游游客下降了8.7%。2006年，边境地区的各州市采取了一系列措施，虽然使当年边境一日游游客增长了8.2%，扭转了下滑的局面，但是，从目前国家有关政策看，在今后一段时间内边境入境旅游市场仍将处于低速增长和徘徊发展的态势。

（三）国内旅游市场呈现出稳步发展态势

云南的国内旅游市场，在1999年中国昆明世界园艺博览会的强力拉动下，呈现出稳步发展的势头，在整个“十五”期间，除了2003年受非典型肺炎突发事件影响，其他各年都保持了10%以上的增长率，2006年接待国内游客增长率为12.5%，说明云南的国内旅游市场已进入成长期，呈现出稳步持续发展的良好态势。特别值得注意的是，几年来国内（过夜）旅游者和一日游游客一直保持6:4的比例，说明云南确实已成为国内人们出游的重要旅游目的地。从国内（过夜）旅游者和国内一日游游客的增长率看，“十五”期间前者一直低于后者，但到2006年这一状况已有根本改变，首次出现国内（过夜）旅游者增长率高于国内一日游游客增长率，说明国内（过夜）旅游者市场呈现出良好的发展态势。再从国内旅游收入与接待游客量比较看，几年来旅游收入的增长率始终高于接待游客的增长率，说明近几年来云南实施旅游结构转型、提质增效工作已经初步产生了良好的效应。见表2。

表2　云南国内旅游市场增长与发展状况

年份	国内游客		国内（过夜）旅游者		国内一日游游客		国内旅游收入	
	人数（万人次）	增长率（%）	人数（万人次）	增长率（%）	人数（万人次）	增长率（%）	人数（万人次）	增长率（%）
2000	3 841.04	—	2 409.02	—	1 432.02	—	183.20	—
2001	4 579.00	19.0	2 702.93	12.2	1 876.07	31.0	226.00	23.4
2002	5 110.09	11.8	3 012.13	11.4	2 097.96	11.8	255.00	12.8
2003	5 168.82	1.2	3 266.88	8.5	1 901.94	-9.4	278.30	9.1

续　表

年份	国内游客		国内（过夜）旅游者		国内一日游游客		国内旅游收入	
	人数（万人次）	增长率（%）	人数（万人次）	增长率（%）	人数（万人次）	增长率（%）	人数（万人次）	增长率（%）
2004	6 010.64	16.3	3 706.57	13.5	2 304.07	21.1	334.08	20.1
2005	6 860.74	14.1	4 107.02	10.8	2 753.71	19.5	386.15	15.6
"十五"合计	27 729.29	12.3	16 795.53	11.3	10 933.75	14.0	1 479.54	16.1
2006	7 721.30	12.5	4 748.32	15.6	2 972.98	8.0	447.10	15.8

（四）出境旅游市场呈现出快速发展态势

"十五"期间，随着我国经济社会发展和人均收入水平的提高，尤其是2001年我国加入世界贸易组织后，进一步推动了我国公民出境旅游的发展。按照国际旅游的规律性，人均国民收入突破1 000美元就会产生中短距离的跨国旅游。2006年云南省人均国民收入突破1 000美元，因此云南省出境旅游也迅速发展，旅行社组织的出境旅游人数首次突破10万人，达到10.3万人，比2000年和"十五"期间增加了两倍多。出游的目的地主要有越南、泰国、马来西亚、新加坡、缅甸和中国香港、中国澳门等周边国家和地区；此外远程国际旅游主要有西欧、俄罗斯、日本和韩国、澳洲及其他东南亚国家等，出境旅游市场呈现出快速增长与发展的态势。

二、云南旅游市场发展特点分析

（一）旅游客源市场多元化发展

近几年来，随着云南旅游的快速发展，旅游客源市场呈现出多元化发展格局。从云南省入境旅游前十位客源地的发展情况看（见表3）：一方面已经扭转了由于'99中国昆明世博会结束和2003年"非典"的影响造成2000年和2003年入境旅游增长率两次下滑的被动情况，近三年保持了持续快速的发展；另一方面，前十位客源地的旅游者比重已从2000年的77.2%下降到2006年的70.1%，并且日本、韩国、美国、法国等经济发达国家的客源比重呈现出快速发展的势头，港澳台地区的旅游客源再次进入高速增长态势，进一步显示了旅游客源多元化发展的态势。从国内旅游市场看，2006年省外入滇游客达到4 161.78万人次，占全省国内游客比重为53.9%，旅游客源来自全国30个省区市，其中来自东北三省和北京、天津、河北、山西和内蒙古等省区市的旅游者占入滇游客比重达24.2%；来自长江三角洲的江、浙、沪三省市和福建、安徽、江西、山东等省的旅游者比重达24.1%；来自广东、广西、海南、湖南、河南和湖北的旅游者比重达23.8%；来自西南四川、重庆、贵州和西藏四省区市的旅游者比重达22.8%；

从入滇游客的客源分布看也呈现出多元化发展的格局，说明云南旅游的知名度和影响力在国内已有普遍的影响。

表3　云南省入境旅游前十位客源地

客源地区	2000年		2004年		2005年		2006年	
	人次数	增长率（%）	人次数	增长率（%）	人次数	增长率（%）	人次数	增长率（%）
台湾地区	221 070	26.6	183 205	−7.9	277 973	51.7	348 448	25.4
香港地区	105 704	−15.9	156 648	26.7	193 423	23.5	307 306	58.9
马来西亚	61 149	21.5	75 307	30.6	128 062	70.1	112 708	11.9
日本	115 489	−15.9	77 735	13.8	85 448	9.9	108 503	27.0
韩国	61 149	74.5	46 225	9.3	76 771	66.1	90 180	17.5
美国	40 908	−1.1	50 766	67.7	62 981	24.1	75 234	19.5
泰国	61 166	−7.0	44 380	24.4	81 172	82.9	72 047	−11.2
新加坡	85 555	3.7	50 614	13.7	58 111	14.8	66 125	13.8
法国	13 731	−14.2	28 557	110.4	43 768	53.3	45 368	3.7
澳门地区	8 448	−15.8	28 914	42.2	34 864	20.6	42 519	22.0
合计	773 369	—	742 351	16.9	1 042 573	40.4	1 268 436	21.7
占全省入境游客比重（%）	77.2		67.4		69.4		70.1	

（二）旅游者消费水平不断攀高

近几年，随着云南旅游产品结构的调整，海内外旅游者的旅游消费水平不断攀升（见表4）。虽然入境旅游者人均花费连续三年呈现增长态势，但是可以看出前两年主要是以停留天数增加为主，而2006年在平均停留天数不变情况下，人均天花费增加了16.97美元。从国内旅游者消费看，在2004年增长的基础上，2005年国内旅游者人均花费首次突破1 000元，比2004年人均花费增加137.39元；2006年人均花费再次增长到1 177.68元，比2005年人均花费增加129.31元。国内旅游者人均花费增加既来自人均天花费的增加，也有平均停留天数增加的因素。以上分析表明，近年来云南加大旅游产品结构调整，从观光旅游向观光休闲度假旅游产品的转型已初见成效。

表4 云南海内外旅游者近两年人均消费表

客源地区	2000年		2004年		2005年	
	数量	增加	数量	增加	数量	增加
入境旅游者						
人均花费（美元）	480.45	77.23	531.94	51.49	581.49	49.55
人均天花费（美元）	181.99	5.82	182.17	0.18	199.14	16.97
平均停留天数（天）	2.64	0.34	2.92	0.28	2.92	持平
国内旅游者						
人均花费（元）	910.98	88.22	1 048.37	137.39	1 177.68	129.31
人均天花费（元）	374.89	8.53	395.61	20.72	413.22	13.62
平均停留天数（天）	2.43	0.18	2.65	0.22	2.85	0.20

（三）旅游消费结构趋向合理

云南由于地处中国西南边陲，长期以来赴滇旅游者的消费结构一直不太合理，长途交通一般占整个旅游消费结构的40%以上，其他方面的消费则普遍偏低。通过近几年对旅游产品结构的调整转型，从表5对旅游者抽样调查结果可以看出，随着旅游者消费观的变化和云南旅游产品结构的调整，不论是入境旅游者还是国内旅游者在云南的花费结构都已经出现了显著的变化，这对提高云南旅游的综合效益，带动相关产业发展具有十分重要的意义。

表5 2006年云南省国内外旅游者消费结构和变化

消费内容	入境旅游者			国内旅游者		
	构成	比2004年变化	比2005年变化	构成	比2004年变化	比2005年变化
长途交通	29.14	-1.88	2.91	15.35	-6.63	-5.49
住宿	17.32	0.19	2.90	17.84	0.65	2.68
餐饮	6.21	-0.19	-0.05	13.45	-0.66	1.27
景区游览	3.83	1.00	0.43	12.75	2.12	2.97
娱乐	2.80	0.15	-0.59	7.33	2.01	1.92
购物	22.44	1.16	-1.05	21.46	-0.41	-3.48
市内交通	1.52	0.29	0.13	3.04	1.07	0.66

续 表

消费内容	入境旅游者			国内旅游者		
	构成	比2004年变化	比2005年变化	构成	比2004年变化	比2005年变化
邮电通信	1.87	-0.35	-0.45	2.27	1.23	0.44
其他	14.89	-0.34	-0.42	6.50	-0.09	-0.32
合计	100.0	—	—	100.0	—	—

（四）旅游目的地市场形成梯度

在云南国内外旅游客源市场多元化发展，旅游者消费水平不断攀升，旅游消费结构趋向合理的同时，云南旅游目的地市场逐渐形成梯度发展的态势。根据对全省州市2006年接待海内外旅游者情况分析，入境旅游形成以昆明、滇西北和滇西为重点的区域旅游目的地市场，其中昆明接待海外旅游者达到70.75万人次，占全省入境旅游者的39.1%，为第一梯次；滇西北的丽江、迪庆和大理共接待海外旅游者82.60万人次，占全省入境旅游者的45.7%，为第二梯次；滇西的德宏、保山和滇南的红河州共接待海外旅游者15.88万人次，占全省入境旅游者的8.7%，为第三梯次；以上三个梯次共接待海外旅游者达到169.23万人次，占全省入境旅游者的93.5%。国内旅游同样形成了五个梯次，其中第一梯次是接待国内游客超过1 000万人次的昆明市，比重占全省接待国内游客的28.1%；第二梯次是接待国内游客超过500万人次的大理、玉溪、红河、曲靖4个州市，比重共占全省的32.5%；第三梯次是接待国内游客300万至500万人次的丽江、保山、版纳、楚雄4个州市，比重共占全省的19.8%；第四个梯次是接待国内游客200万至300万人次的德宏、文山、迪庆、昭通4个州市，比重共占全省的13.9%；第五个梯次是接待国内游客200万人次以下的思茅、临沧和怒江3个州市，比重共占全省的5.7%。

（五）旅游市场形象更加鲜明

到目前，全省已有昆明、大理、景洪、瑞丽、潞西、丽江等6个城市荣获中国优秀旅游城市称号，丽江、石林、世博园等景区进入中国文明风景旅游示范区及创建先进工作单位行列。继2005年昆明和丽江同时获得“欧洲旅客最喜爱的中国旅游城市”美称，大理市被评为“中国十大魅力城市”之一，腾冲的和顺古镇位居“中国十大魅力名镇”之首，荣膺“中国魅力名镇展示2005年度大奖”后，2006年丽江、香格里拉、石林、西双版纳又入选“中国青年喜爱的旅游目的地”前30名景区景点，昆明市、丽江市入选前30名城市；大理州的民族文化旅游线、迪庆州的香格里拉旅游线、思茅的自驾车和民族风情旅游线入选

"2006 完美假期旅游线设计大赛"中全国最受观众喜爱的 20 条旅游线；丽江市在《新周刊》创刊十周年新锐光荣榜颁奖庆典上被评为 10 年来中国唯一的一个最新锐的旅游城市，并被中央电视台评为"2006 年度中国十大魅力城市"之一。云南已成为深受中外游客喜爱的旅游目的地，被有关媒体评为"2006 年中国千万富豪最青睐的旅游胜地"。随着云南旅游品牌的不断增加，"七彩云南，旅游天堂"的市场形象更加鲜明和富有特色，进一步提升了云南旅游在海内外的知名度和影响力，增强了云南旅游的市场吸引力和竞争力。

（资料来源：摘编自罗明义：《云南旅游"二次创业"的市场分析和对策》，《旅游学刊》2007 年第 5 期）

案例思考题：

1. 试分析云南旅游市场发展面临的竞争环境。
2. 云南旅游市场的发展应采取何种对策措施以提升竞争力？

案例 2

云南参与泛珠三角区域合作旅游产品结构调整

泛珠三角区域（包括广东、湖南、福建、江西、广西、海南、四川、云南、贵州等 9 省区，以及香港、澳门特区）整体上是我国旅游业较发达的地区，受我国旅游业总体发展水平的限制以及我国主要旅游客源市场特点的影响，泛珠三角区域的旅游产品也多以观光型产品为主，但与我国其他主要旅游区域（如长三角旅游区、环渤海旅游区等）的旅游产品现状相比较，泛珠三角区域的旅游产品具有明显的多样性特点。

从旅游产品结构看，虽然泛珠三角区域总体旅游产品还是以基础层次的观光型产品为主，但区域内各省（区）旅游产品构成差异仍较大。从整个珠江流域来看，其中，处于珠江出海口（下游）的广东、香港、澳门和海南主要以商务会展、美食购物、海洋度假、博彩娱乐、主题公园、现代城市观光等旅游产品为主；处于珠江中游地区的江西、湖南和福建 3 省主要以山水观光、红色旅游等旅游产品为主；而处于珠江上游地区的广西、贵州、云南和四川 4 省（区）则主要以自然奇观、民族风情等旅游产品为主。区域内旅游产品结构的差异、旅游资源的差异和旅游业发展水平的差异，使泛珠三角区域旅游产业之间存在着较强的互补关系，进而为处于旅游业不同发展水平的各省（区）之间提供了较大的合作空间。

一、泛珠三角区域各省（区）旅游产品结构分析

（1）香港、澳门旅游区位良好，旅游业发展较早，旅游业发展水平最高，两者的旅游产品发展层次都较高，香港以基础层次的都市观光，提高层次的购物、美食、娱乐和专门层次的商务会展等旅游产品为主，已形成观光、娱乐度假、专项旅游三足鼎立的产品结构；澳门则以提高层次的博彩娱乐旅游产品为主。

（2）广东旅游区位良好，旅游业发展也较早，旅游业发展水平较高，主要旅游产品有基础层次的现代城市观光、山水观光，提高层次的主题公园娱乐、温泉度假，以及专门层次的商务会展等，但总体上仍以基础层次的观光型产品为主，正处于基础层次的旅游产品向提高层次和专门层次的旅游产品过渡的阶段。

（3）海南旅游区位良好，海洋旅游资源优势突出，度假旅游发展潜力巨大，近年来旅游业发展也较快，但旅游发展起步较晚，度假旅游产品没有得到突破性的发展。目前仍以基础层次的热带海洋观光、民族风情观赏等旅游产品为主，提高层次的热带海洋度假旅游产品虽已有较大发展，但仍未能形成主要旅游产品。

（4）福建、湖南、江西3省所处旅游区位都较好，但旅游业发展水平差异较大。其中，福建旅游业发展水平较高，在泛珠三角区域内地9省区中仅次于广东；湖南、江西两省旅游业发展水平在全国处于中等水平，在泛珠三角区域中处于中下水平，仅高于贵州和海南。但3省之间旅游资源类型较相似，山水旅游资源优势突出，各有世界遗产地一处（分别为福建的武夷山、湖南的张家界、江西的庐山），故旅游产品结构也较相似，都以基础层次的自然山水观光、民族风情观赏等旅游产品为主。

（5）广西、贵州、云南和四川4省（区）旅游资源都较丰富，但旅游业发展水平差异较大，其中，四川、云南多年来处于全国第10位左右，广西处于全国第15位左右，3省（区）在泛珠三角区域中处于中上水平；而贵州多年来一直处于全国倒数10名内。4省（区）之间旅游资源类型较相似，自然风光、民族风情、文化旅游资源优势突出，旅游产品结构都以基础层次的自然山水观光、民族文化考察等旅游产品为主，提高层次和专门层次的旅游产品发展缓慢。

二、泛珠背景下的云南旅游产品结构特征及存在的问题

（1）旅游产品结构单一，以基础层次的观光型旅游产品为主。云南旅游资源丰度大、品位高、组合好，可开发的旅游产品层次齐全。但到目前为止，云南已开发旅游产品基本上都属于基础层次的观光型旅游产品。基础层次的旅游产品所占比例过高，度假、娱乐、商务、生态旅游等提高层次和专门层次的旅游产品开发滞后，发展缓慢，规模小，所占比重极低，三个层次的旅游产品构成比例严重失衡，与云南多样高质的旅游资源赋存极不协调。

(2) 主体（观光型）旅游产品开发水平层次较低。云南已开发的观光型旅游产品，档次较低，缺少参与性、娱乐性和体验性；旅游资源大多还停留在表层开发阶段，旅游产品附加值较低，经营效益不高。旅游产品的开发水平层次较低，尚处于静态观光型的“初级产品”阶段，存在观光旅游资源的高等性能与已开发旅游产品的初级性的矛盾。在泛珠三角区域中，旅游产品的开发水平明显低于港澳、广东和福建。

(3) 与泛珠三角区域其他省（区）旅游产品结构趋同。云南以基础层次的观光型旅游产品为主的旅游产品结构，与四川、贵州、广西、湖南、江西、福建等省（区）存在结构趋同现象。在旅游资源上与周边省（区）具有极大的相似性，所开发旅游产品类型也较相似。旅游产品结构和旅游产品类型的这种趋同性、相似性，加剧了各省（区）之间旅游产品的竞争，削弱了云南旅游产品在国内外旅游市场上的竞争力。

三、泛珠三角区域合作背景下的云南旅游产品结构调整优化

（一）调整方向

随着旅游业的不断发展，旅游活动的日益普及国内外旅游需求正不断向个性化和多样化转变。据泛珠三角区域内外旅游市场的需求特征及云南自身旅游产品结构调整优化的需要，云南必须提升基础层次的观光型旅游产品，实现传统观光型旅游产品的高级化；大力发展提高层次和专门层次的旅游产品，优化旅游产品结构，逐渐形成基础层次、提高层次和专门层次三个层次旅游产品三足鼎立的局面，见表1。

表1　云南旅游产品结构调整的资源和市场分析表

云南主要旅游资源特征⇒三大层次旅游产品的调整方向⇒泛珠旅游市场特征		
观光型旅游资源：壮观多样的自然旅游资源，多姿多彩的民族风情，自然与人文资源的完美组合，使云南的观光型旅游资源在泛珠区域内具有相对的垄断地位	基础层次：观光型旅游产品（包括自然风光、民族风情观光体验等） 深化提升 短期内仍占主体地位，中远期逐渐降低比重	港澳、广东、福建等观光市场发展较成熟，开发潜力不大，但对深层次观光产品需求较大；湖南、江西、海南等观光市场正在形成，开拓潜力较大；四川、广西、贵州等观光市场较小

续　表

云南主要旅游资源特征⇒三大层次旅游产品的调整方向⇒泛珠旅游市场特征		
度假娱乐旅游资源：国内唯一位于内陆的国家级旅游度假区（滇池），四季如春的气候资源，独具特色的运动康体、文化娱乐资源，在泛珠区域中具有一定的比较优势	提高层次：避暑度假休闲旅游产品及康体、文化娱乐旅游产品 大力发展 不断提高比重，力争中远期成为主体旅游产品	粤港澳经济较发达，夏季炎热，对避暑度假、高尔夫度假、康体娱乐旅游产品需求很大；区域内其他省（区）度假娱乐市场尚未形成，度假休闲、文化娱乐市场开拓潜力较大
专项旅游资源：全年宜人的气候优势，多样性生态系统、多民族文化、多层次的特色工农业等，为云南开发特色专项旅游产品提供了巨大的资源支撑	专门层次：商务会展、生态旅游、民族文化旅游、工农业旅游等旅游产品 积极发展 适当提高比重，发展成独具特色的专项旅游产品系列	港澳、广东、福建等省（区）经济发展水平较高，商务会展市场较大，其他专项市场正在形成，开拓潜力也较大；区域内其他省（区）专项市场尚未形成

（二）调整内容

在泛珠三角区域中，除香港、澳门外，内地9省（区）基本上都以基础层次的观光型旅游产品为主，急需进行旅游产品结构调整，提升提高层次和专门层次旅游产品的比重，以促进泛珠三角区域整体旅游产品结构的合理优化。各省（区）在进行旅游产品结构调整时，应配合区域整体旅游资源优势，注意旅游产品的合理分布，开发特色旅游产品，避免出现旅游产品重复建设、恶性竞争等问题。在泛珠三角区域中，云南具有开发高原湖泊度假、民族文化旅游、生态旅游等较高层次旅游产品的独特优势；但从目前云南旅游发展状况看，云南传统观光型旅游产品仍具有很强的吸引力和发展潜力，仍有较大的观光客源市场有待进一步开拓。因此云南旅游产品结构的调整，近期（2006—2010 年）应以提升基础层次的观光型旅游产品、实现传统观光型旅游产品的高级化为主，适当发展提高层次、专门层次的旅游产品；中远期（2010 年以后）大力发展提高层次和专门层次的旅游产品，逐渐形成基础层次、提高层次、专门层次三个层次旅游产品三足鼎立的局面，实现旅游产品结构的优化，进而促进泛珠三角区域整体旅游产品结构的优化，见表 2。

表2　泛珠三角区域合作背景下的云南旅游产品结构调整表

产品层次	主要旅游产品	在旅游产品整体构成中的地位	比重变化趋势	目标市场
基础层次	自然风光观赏	主导产品	逐渐下降	泛珠区域大众市场，国内外中远程大众市场
	民族风情观光体验	主导产品	近期内上升，中远期逐渐下降	泛珠区域大众市场，国内外大众市场
提高层次	避暑度假休闲	主导产品	逐渐上升	泛珠区域东部度假市场，国内外度假市场，省内市场
	康体娱乐	重要产品	逐渐上升	泛珠区域康体市场，省内外康体娱乐市场
	商务会展	重要产品	逐渐上升	泛珠区域发达地区市场，国内外商务市场
	生态旅游	重要产品	逐渐上升	泛珠区域部分中青年市场，欧美等海外市场
专门层次	民族文化旅游	主导产品	逐渐上升	泛珠区域大众市场，国内外中远程大众市场
	科考探险	重要产品	逐渐上升	泛珠区域科考市场，国内外部分科考市场
	工农业旅游	辅助产品	逐渐上升	泛珠区域部分特定市场，省内外部分市场
	修学旅游	辅助产品	逐渐上升	泛珠区域发达地区市场，中国台湾、欧美等部分海外市场

（三）调整途径

1. 使传统观光型旅游产品高级化

发挥云南自然生态、地质地貌、动植物资源等优势，大力提升石林、西双版纳热带雨林、玉龙雪山、苍山洱海、腾冲火山热海、珠江源、九乡溶洞等传统或已开发的自然观光旅游产品的观赏性和体验性，充分利用现代科技手段丰富旅游产品的内容，增强旅游产品的冲击力和震撼力；合理开发“三江并流”、梅里雪山、老君山、高黎贡山、独龙江、大盈江等新兴自然风光旅游产品，对旅游资源进行精深加工，提高旅游区（点）的建设水平，对新开发旅游产品进行精心包装，建设成为泛珠三角区域内新的旅游亮点。依托云南25个少数民族绚丽奇异的民俗风情，提高西双版纳傣族园、云南民族村、大理古城（白族）、丽江古城（纳西族）、宁蒗泸沽湖（摩梭人）、香格里拉（藏族）等已开发民族风情观赏旅游产品的参与性和娱乐性，丰富产品的内容和文化内涵，不断提升旅游产品的档次；深入挖掘云南丰富的民族风情和地方文化，适度开发德宏景颇族、元江哈尼族、沧源佤族、贡山独龙族、澜沧拉祜族、维西傈僳族、兰坪普米族等云南特有的民族风情旅游产品，打造泛珠三角区域内规模最大、特色最明显的民族旅游胜地。

2. 大力发展提高层次的度假休闲、康体娱乐旅游产品

充分利用云南高原湖泊众多的资源优势，依托国家级、省级旅游度假区和新开发的度假休闲地，加强湖泊型国家级和省级旅游度假区的建设。加快滇池国家旅游度假区的进一步开发建设，将其发展成为泛珠三角区域内具有国际竞争力的旅游度假区；加快抚仙湖、玉龙雪山、大理、西双版纳、腾冲、阳宗海、泸沽湖、普者黑等省级旅游度假区的开发建设，将其建设成为泛珠三角区域内重要的旅游度假区。发挥云南为我国三大地热温泉密集区之一的资源优势，全力培育安宁、腾冲火山热海等以温泉康复疗养度假为主要功能的“温泉 SPA”旅游产品。建设和培育一批以满足省内居民节日度假、城市休闲为重点的旅游度假休闲区。充分发挥云南四季如春的气候优势和得天独厚的高原体育运动环境，根据泛珠三角区域内外康乐旅游市场的需求变化，开发和建设以高尔夫旅游为重点的康体娱乐旅游产品。抓好高尔夫旅游产品的发展，培育有影响力的国际高尔夫赛事，逐步实现云南高尔夫运动旅游的全面提升，形成在泛珠三角区域内具有国际竞争力的高尔夫旅游品牌，成为在泛珠区域内、国内和东南亚、东亚旅游市场具有较高知名度的国际高尔夫旅游度假胜地。把红塔体育基地和海埂、呈贡等体育训练基地建设成为国际体育名队训练基地，发展高原体育训练产业，培育体育竞赛市场，带动云南康体旅游的发展。

3. 积极发展商务会展旅游、生态旅游、民族文化旅游等专门层次的旅游产品

充分发挥云南毗邻东南亚、南亚的良好区位优势和四季如春的气候优势，加快面向泛珠三角区域及周边国家市场的商务会展旅游产品的开发和建设。加快商务会展基地建设，把昆明建设成为泛珠三角区域内面向东南亚、南亚的国际商务会展基地，把玉溪、大理、西双版纳、腾冲、曲靖等建成次级商务会展旅游基地，在重点旅游区和度假休闲地发展一批中小型会展中心；加大各种会展设施的建设力度，加快昆明国际贸易中心的改造和扩建；培育会展业和中介组织，引入泛珠三角区域内国际商务会展管理经验，加快会展专业人才的培养，不断提高商务会展组织和管理水平，打造泛珠三角区域内的国际知名会展品牌。

（资料来源：摘编自廖春花、明庆忠、邱膑扬《区域合作背景下的地方旅游产品结构调整研究》，《旅游学刊》2006 年第 7 期）

案例思考题：

1. 泛珠背景下云南旅游产品开发和结构优化的有利条件和优势有哪些?
2. 你认为还可以采取哪些措施进一步调整优化云南旅游产品的结构?

案例 3

珠海旅游产业集群研究

一、珠海旅游产业集群的现状分析

通过对珠海旅游产业集群的实地调研和研究分析，可将其组成要素分为旅游者、核心层、要素供应层和相关辅助层四部分，并构建珠海旅游产业集群内部各要素之间的相互关联程度。

（一）旅游者

旅游者是旅游业的服务对象，是旅游价值链的终端，也是当前国内旅游产业集群研究者忽视的一个重要部分。成熟游客的需求变化是引导旅游产品创新的重要因素，而创新恰恰就是旅游产业集群的重要特征，因此，旅游者应该作为产业集群的一个重要组成要素。

在 2004 年珠海市国内旅游抽样调查报告中，珠海国内旅游人数为 1 029.62 万人次，珠海市国内客源的 60.74% 来自广东省，其中珠三角成熟游客又占了很大的比重；游客的职业结构有公务员、技工/工人、离退休人员等十多种类型。近年来，珠海市的入境游客一直处于上升趋势，1998 年为 136.14 万人次，2004 年已经达到 243.94 万人次。2004 年在酒店接待的外国游客中，前 10 位客源国依次是日本、美国、马来西亚、新加坡、韩国、法国、泰国、英国、加拿大、印度尼西亚。由此可见，珠海旅游业的客源市场比较多元化且相当成熟，以珠三角和日本游客为代表的“挑剔”的旅游需求为旅游产品带来了创新的压力和动力，在一定程度上促进了珠海旅游产业集群的形成和发展。在访谈中得知，珠海市政府和旅游企业对游客进行抽样调查的重视程度不够，不能及时准确地掌握旅游者多样化和个性化的需求（比如多数游客要求增加参与型和体验性项目的建议等），这在很大程度上影响了“旅游者”这一重要要素在珠海市旅游产业集群发展中的作用。

（二）核心层

旅游产业集群的核心层主要由吸引游客的目的地景观和旅游活动组成。珠海市的旅游吸引物比较丰富，除了珠海城市本身的休闲度假、海岛旅游、主题公园、节事活动，还包括观光农业、历史遗迹等。核心层是旅游产业集群发展的基础，珠海旅游集群核心层主要以圆明新园为主。圆明新园于 1997 年成功开业以后，在其周围已聚集了众多的旅游企业及相关机构。景点有 1999 年开业的梦幻水城和中药谷，餐饮有宫廷食府、新星海鲜城、中国城酒店（三星级），还有一些按摩、足疗等休闲娱乐项目的配套，交通方面已有珠海市的公交车与景点连通，景点周围更是集聚了大量的景观房产项目。圆明新园自身也在不断创新而推出新的主题活动，比如近几年的大清王朝、大清海战演出、梦幻飙水节等等。据实地访谈调研，圆明新园与周围的景点保持着良好的合作关系，比如已经与珍珠乐园、澳门环岛游等联合实行套票制运营。作为珠海市的龙头景点，圆明新园在珠海旅游集群中的地位很重要，但目前其管理者还没有推动产业集群式发展的意识，与其他旅游企业（比如酒店、旅行社等）之间的合作不主动，缺少与旅游局、高校科研单位等机构的交流，这十分不利于珠海旅游集群的完善和发展。通过实地调研和深入访谈分析，珠海旅游集群的核心层相对较弱，旅游产品类型单一且创新性不够。核心层内部的交流互动不明显，观光农业、历史遗迹等其他景点尚处于孤立发展状态；除了政府在大力推动核心层的发展以外，核心层与其他要素层应有的交流合作均显得十分单薄。

（三）要素供应层

在旅游产业集群理论中，为旅游者提供交通、酒店、购物、餐饮、娱乐场所等服务的旅游企业被定义为集群的要素供应层，它们共同构成旅游业的供应价值链。珠海旅游集群要素供应层主要以岐关车路公司、珠海宾馆、怡景湾大酒店、君悦国际旅行社等为主。

岐关车路公司是珠海旅游集群内最大的旅游交通公司，参与旅游业已经有六年的历史，在海滨泳场、珠海宾馆等众多旅游企业附近都有上落点。通过访谈得知，珠海市内旅游交通与城市公交的冲突大，旅游交通公司在市内旅游运输中规模小，不被景点、旅行社和酒店重视，只能在旺季时提供一些简单的包车服务。

酒店是要素供应层的主体部分，目前珠海市共有 80 家星级酒店，主要分布在吉大、拱北和香洲。珠海宾馆（四星级）位于吉大九州城的商业中心地带，周围聚集了假日酒店、海天城购物广场、岐关巴士等众多旅游企业。在其 20 多年的发展中，专业化程度逐步加深，由原来融旅行社、酒店、交通为一体的企业转变为专门的酒店企业，同时与政府、旅游协会、景点、旅行社等都建立了比较持久稳定的关系。怡景湾大酒店（五星级）于 1998 年开业，区位条件十分优越，但从访谈得知，其几乎没有合作伙伴，同行间以竞争为主，与高校科研单位、旅游协会、旅游局的交流也很少。

珠海旅行社的数量在 1999 年到 2006 年 7 年间增长迅速，已由 1999 年的 32 家增加到 2006 年的 73 家。旅行社一线导游流动比较频繁，有的企业每年交换力度达 1/3 以上，促进了集群内部的交流与沟通。部分旅行社与珠海市旅游职业学校保持着长期合作，接纳学生的实习和就业，与酒店、景点之间的联系主要通过折扣价来实现的。但旅行社行业间存在着低水平和无序竞争，旅行社与其他企业和机构的联系和交流基本存在于大型企业和机构之间。珠海市的餐饮、购物和娱乐场所主要分布在吉大和拱北，与周围的酒店、旅行社、景点和相关机构共同构成了旅游产业集群。餐饮、购物和娱乐主要由工商管理部门管理，由于餐饮等企业的规模较小而难以被其他企业重视，与旅游企业和机构均缺少联系和合作。通过以上对要素供应层的分析看，以酒店、旅行社为主体的珠海旅游集群的要素供应层集聚现象明显、发展比较成熟，但也存在着诸多阻碍集群发展的问题。比如旅游人才缺乏、专业劳动力市场不完善，集群不能很快地融合吸收新的企业和机构；同行业之间仍然以竞争为主，不同行业之间的合作也仅限于签署价格合同；要素供应层与旅游者和政府之间的互动比较明显，与相关辅助层的交流比较少，缺乏与高校科研单位的联系。

（四）相关辅助层

旅游产业集群的相关辅助层是指对核心层和要素供应层具有支持作用的企业和相关组织机构，包括政府、旅游协会、大型集团管理公司、房地产公司、媒体、金融保险、高校科研单位和教育培训机构等。这些要素对旅游者的旅游体验和旅游集群的发展提供了保障，是旅游集群的重要参与者。相关辅助层还能充分展现旅游业的拉动能力，是产业集群促进区域经济发展方面的见证。本文选取了珠海市旅游局、珠海市旅游协会、九州港务集团公司、日东集团有限公司和珠海市旅游职业技术学校为相关辅助层的主要访谈对象。经过对相关访谈进行分析可知，目前珠海旅游集群的相关辅助层发展比较成熟，政府、协会、大型集团管理公司、房地产公司、教育培训机构等企业和机构都参与到了旅游集群中，促进了珠海旅游集群的形成和发展。

通过上述分析可以看出，珠海旅游产业集群是一种政府主导型的发展模式：相关辅助层内部各要素之间围绕政府联系比较密切；各要素层之间的联系也主要由政府主导，可以说政府的影响力贯穿于整个集群中。珠海旅游局作为珠海市旅游业的政府管理机构，对于旅游产业集群的形成和发展起到了主导作用，比如通过制定珠海市的旅游发展规划、构建珠海旅游目的地营销系统、推行质量管理和质量标准等推动了珠海旅游业产品多样化发展、技术创新和信息交流。但是政府对于集群发展的意识性和主动性不强也在一定程度上影响了集群的完善和升级。此外，旅游产业集群中比较关键的两个要素——旅游协会和高校科研单位在珠海没有发挥其应有的作用，这便是珠海旅游集群企业间交流互动较少、集群创新不足的主要原因。

二、珠海旅游产业集群的现状总体评价

（一）集群要素齐备，政府主导型的旅游产业集群初步形成

珠海市区集聚了各类旅游企业和相关产业以及组织机构，并且区域内的行为

主体在地域上发生着紧密的经济联系，相互信任度也比较高，这说明珠海市旅游产业集群已经初步形成，可以判定珠海旅游产业集群存在的假设是成立的。另外，政府在集群形成和发展中起到了重要的推动作用，尤其是推动了核心层的构建，政府与其他要素层之间的相互关联度也比较高，珠海旅游产业集群是一种政府主导型的发展模式。

（二）集群要素的空间集聚度高，要素供应层和旅游者层发展比较成熟

珠海旅游产业集群的基本要素齐备，且集聚度很高。此外，集群中以酒店、旅行社为主体的要素供应层发展成熟；以珠三角和日本为主体的游客市场具有“挑剔”的旅游需求，这大大推动了珠海旅游集群的形成和发展。

（三）旅游产业集群的竞争优势初步显现

珠海旅游产业集群的初步形成使得2000年以后珠海的旅游经济快速增长。产业集群的竞争优势比如吸引更多的投资和人口、开拓市场促进创新、促进新企业的衍生、创造就业机会、提高区域竞争力等在珠海已有不同程度的表现。

（四）集群各要素力量不平衡，相关辅助层和核心层较弱

珠海旅游集群的核心层较弱，旅游产品创新滞后，不能满足游客需求的多样化与个性化；相关辅助层中除了政府的强势力量以外，协会和高校都没有发挥出其应有的作用，这也是集群中的信息交流较少、创新滞后的主要原因。

（五）集群各层之间的关联程度不平衡

除了政府与核心层之间的关联度较高以外，其他各层间的信息交流很少。旅游企业之间没有充分意识到知识信息交流的好处，只局限在经济方面的浅层次联系，同行业间还是以竞争为主，旅游协会协调作用不明显。

（六）竞合关系不畅，集群门槛较高

珠海市旅游企业间的竞合关系不畅，特别是旅行社和酒店同行业间的竞争激烈，这与产业集群的“质量而非价格的竞争”存在着较大差距。研究中发现，虽然大、中、小型企业和相关机构集聚在一起，但是集群的实际门槛过高，真正参与集群构建、享用集群成果的只是一些大型企业，小型餐饮店和娱乐业无法实质性的参与到集群中。

（七）集群不能快速融合新的企业和机构

在研究中发现，虽然珠海旅游集群带来了很多新企业和组织机构，但是集群并不能很快融合吸收这些新的企业和机构，比如2000年后进驻珠海的各大高校科研单位和2000年后新开业的多家酒店仍处于自身发展状态。

（资料来源：摘编自徐红罡、相阵迎《珠海旅游产业集群的案例研究》，《人文地理》2007年第6期）

案例思考题：

1. 本案例对产业集群要素的划分有何意义？

2. 根据案例中对珠海旅游产业集群现状的总体评价，试提出解决其存在问题的对策措施。

案例 4

中国旅游产业结构的演变

一、产业现状与问题

（一）法律基石不牢、政策不配套是旅游资源资本化的障碍

市场化旅游产业发展的第一个障碍，就是旅游资源资本化的障碍，这也是企业在境外上市的障碍，是旅游企业与民营资金合作的障碍。民营资金将成为旅游开发的主流。国家一般不可能投资开发旅游产品，资源又被认为是被国家保护，在国家体制与法律基础上存在着的这个重大缺陷，已经成为这个产业发展的第一个障碍。

旅游资源，首先应属于土地资源，没有土地也就没有生命，也就不可能有旅游资源（当然文化资源可以作为另一类资源），风景旅游资源是附着于土地之上的一种资源形态，它应该归口国土资源部统一进行管理，才符合资源管理的基本规范。现在关于国有资源，已形成了土地的租赁、土地使用权，其他的矿藏有开采权。旅游资源除了它本身的土地价格之外，当土地不能进行建设性开发的时候，其上的旅游资源以什么方式出现？以旅游经营权或者旅游特许经营权的方式出现完全是有可能的。一旦标准化，形成法律法规，如“五十年特许经营权”这样的概念，就可以像采矿权一样，就解决了一个很重要的问题。

旅游资源是无价之宝，但无价之宝也是有价值的。有价资源的价值评估并非旅游资源的生态评估，是对其经济价值的评估、投资价值的评估，资源有价才可以变成资本。只有对旅游资源的经济价值有了评估并有了准确的价值结构，进一步延伸才能够资本化。资本化以后，才可以成为一个公司的投资、可以成为股权，也才可以和其他的现金投资结合形成资本结构上的安排。这个问题目前是旅游开发中的重要障碍。而由于没有法律依据，旅游资源的价格无法评估，也不允许评估。

（二）畸形投资行为与投资心态

迄今为止，地方政府与投资商签订的联合开发协议，特别是国家级风景名胜区和国家级自然保护区，都存在一个没有法律依据、合同违法的问题。按风景名

胜区现有的规定，资源是不允许出让的，所以任何投资商签订了这个合同以后，都面临着随时有可能被撵出局的危险，因为毕竟没有真实的法律依据。投资商在这样一个法律前提下，其投资行为作为一个非纯国有的行为，特别是非本地政府的投资行为，更会面临无法克服的障碍。

旅游投资的特点是投资额非常大、收益期比较长、收回投资的速度比较慢、前期投资成本很高，如果又在一个缺少法律依托的环境下进行投资，投资商的投资风险性就会很大。因此，所有的投资商都希望先投入少一点，然后尽量用银行的钱来投，同时争取在投资中用各种方法把自己的投资基本收回，这是目前普遍的投资商心态。

投资商就一个旅游景点的投资动作问题与政府谈判的时候，政府的要求一般是可以资源无偿地给你，希望你在三年五年投入多少进来，达到什么目标。但是投资商并不愿意这样做，他有个非常强的目标就是如何在短期内获取收益把他的自有投入资金收回，同时尽量通过融资扩大规模，用别人的钱来运作项目。所以，很多投资商委托策划项目的时候，其中很重要的一点就是要帮助他们把融资做到最大，在一两年内把他们的投资先收回来，这个目标，非常具体。

（三）政府能否主导旅游

在旅游发展中实际上起主导作用的应该是市场，政府的职责是制定好对产业的整体布局、生产力布局、土地利用等的规划和保护，资源的保护、环境的保护、文物的保护以及监管，包括市场的行为监管。政府在旅游目的地发展和推广中有很大的作用，政府应该制定目的地规划、引导目的地推广、监管市场、保护资源，而由市场主导旅游产业的发展，主导它的结构、要素配置、产品的形成。

二、旅游的产业构成

旅游涉及的行为非常多，我们大体上将其分为八大类别、十三个行业：

1. 游憩行业：景区、公园、娱乐区、游乐区、主题公园、体育园区、康疗区、旅游商业区等的经营管理和运作的行业。

2. 接待行业：宾馆、饭店、餐饮、会议、展览等。

3. 营销行业：旅游商务行业、旅游媒介广告行业。主要是旅游营销渠道方面，包括旅游文件、旅游广告等相关的方面。

4. 交通行业：公路客运、铁路客运、航运、水运等。

5. 建设行业：园林绿化、生态恢复、古建、艺术装饰等建筑行业。

6. 生产行业：车船交通工具生产、游乐设施生产、土特产品加工、旅游工艺加工、饭店用品生产。

7. 商业行业：旅游购物商业、购物休闲商业等。其中购物休闲商业就是 SHOPPING MALL 的概念，如北京 68 万平方米的金源购物中心，超大规模的商业休闲场所，足足可以玩三天，它已完全超越了一般的商场提供多样的购物选择的概念，而成为一个购物、观赏和娱乐完全结合在一起的场所，我们把这一类商业项目都作为与旅游相关联的项目看待。例如步行街，是一个商业旅游中很重要的产品，一边观物、一边游览，步行街中必须要有文化、小品以及其他的一些娱乐化的概念，这一类的产品是旅游产业发展的一个新的阶段。

8. 旅游智业：规划、策划、管理、投融资、景观设计等咨询行业。

上述八大类别基本形成了旅游产业链，即我们所谓的大旅游视野概念：就是把旅游产业链作为一个更加全面的、互动的结构清理出来，形成一个大的构造，即为旅游大视野中核心的部分，它包括：

（1）与旅游直接相关的产业：宾馆酒店业、餐馆业、运输业、文化业、娱乐业、体育业、保健美容疗养业、博彩业、会展业、生态与观光农业、加工工业、技术产业。

（2）综合提升的产业：旅游与其相关联的目的地的结构导致了旅游整合而形成的相关结构，其中：第一是旅游房地产业，以度假结构为依托，第二居所和第三居所等所体现的旅游度假酒店、旅游公寓、别墅区等形态，将旅游与房地产相结合的旅游房地产业；第二种是城市游憩型商业，如步行街、SHOPPING MALL、中央游憩区（典型的如上海的新天地、北京的三里屯、什刹海等）是城市休闲的核心区及旅游小城镇，这就把旅游的产业链与城市经营、城市运营结合在一起，也就是把旅游和城市名片的打造、城市旅游、城市周边旅游、景区旅游结合在一起，形成整个以旅游产业为依托的城市经营的理念。

这样把旅游不同层面结合起来之后，当我们作一个旅游产品、作一个片区开发、作一个旅游规划的时候，应该不再只局限于一个景区、一个景点，不再只局限于一种类别，而应该将产品的多个层面、多种类别和城市整体发展相关联、互动起来形成一个整体结构；当考虑一个旅游项目的时候，我们可能会参与到完全不同的产业结构里面去，也可能因此形成完全不同的赢利结构，有可能与旅游房地产为赢利前提，有可能以商业房地产为赢利前提（商业房地产包括中央游憩区、步行街等），也有可能以小城镇建设为赢利模式，以及区域开发的赢利模式，等等，这些赢利模式最后与旅游产业结构中的分类要素相结合，旅游项目的开发思路就不仅限于现有的景区景点的运作了。

三、旅游产业结构分级

旅游产业结构依其形态依次分为五级：

1. 一级形态（分离产业形态）：观光、游乐为核心，各自独立。

2. 二级形态（多元产业形态）：满足多种需求，出现各类产品，形成观光、游乐、美食、修学、康体、娱乐及其他休闲等多元结构。

3. 三级形态（一体化产业形态或目的地形态）：以旅游目的地为核心打造的一个包含旅游多要素、多层面混合的进行区域开发的形态。

4. 四级形态（度假产业形态）：以较长时间的工作与度假分离节奏安排为基础，私人度假资产的普及为依托，形成的产业形态。

5. 五级形态（生命体验形态）：当旅游开发达到一个非常高的境界的时候，不再是做一个简单的产品，而是在做一种人类生存方式和生命体验形成的旅游开发模式，这也是旅游策划人追求的一个目标：能够开发一种生活方式。比较典型的例子就是丽江古城模式，去丽江古城一般不仅仅是看它的纳西古乐、瞧它的古建筑，游客也不仅仅对它的民俗、旅游商品、商业感兴趣，还对它的酒吧文化感兴趣。丽江的酒吧文化是一种非常奇特的东西，包括有外国人参与的方式与民俗文化风格相结合而形成的文化内容，所以很多人到丽江会待下来，待一个星期，甚至留在丽江开酒吧。他们在追求一种文化，一种体验另外生命的生活方式。

从规模上、从一体化的形式上到一种境界的提升上逐渐地构成了这么多旅游产业的结构形态，这是一个逐步进步的进化结构，这是旅游产业纵向发展的进化论。

四、目前旅游产业结构的调整方向

我国旅游产业整体正在处于调整阶段，目前正处于二级向三级过渡，多元化和一体化构成的产业中间，并开始萌生四级、五级雏形的阶段，即度假旅游开发和以生命体验为中心的生活方式开发相结合的状态。具体表现在以下几个方面：

1. 产品深度化与多元化结构调整：加速开发交叉产品、边缘化产品、深度化产品，满足多元需求的产品要求。

2. 产业一体化调整：全力推广一体化整合，向整体开发、综合开发、规模开发、多产业融合方向发展。

3. 目的地产业化调整：强化旅游目的地整合理念，向区域优化、特色化、城镇旅游化方向引导，形成产业目的地化及目的地产业化的双向趋势。

4. 启动度假产业：启动度假制度、度假产品、度假资本品的法律制度建设与产品市场开发。

5. 探索体验与生活方式新理念：遵循人本主义方法，推进生活方式变迁。

（资料来源：摘编自林峰《中国旅游产业结构的演变》，《中国旅游报》，2004－12－27）

案例思考题：

1. 本案例对中国旅游产业现状、构成及结构分级的分析有何合理和不足之处？

2. 如何采取具体措施对中国旅游产业结构进行调整？

案例5

中国旅游饭店业的竞争格局和态势

中国的旅游饭店业是改革开放后较早开放的行业之一。作为旅游业的三大支柱产业之一，20多年来取得了长足的发展。到2001年年底，我国共有星级饭店7 358家。然而，在表面强大的市场阵容下面，经济效益的状况却不容乐观。据有关资料显示，自1995年后，我国旅游饭店的利润额呈直线下降趋势，至1998年旅游饭店业则出现全行业亏损的局面；2000年亏损虽较1999年有大幅度减少，但亏损总额仍达26亿元。随着加入WTO，国内市场国际化、国际竞争国内化的态势将进一步加剧。面对国内日趋激烈的竞争现状和国际竞争的强大压力，需全方位分析中国旅游饭店业的竞争格局与发展态势，及时讨论出并提出有效的对策措施。

一、我国旅游饭店业的竞争格局与态势

（一）从产业结构上看，我国旅游饭店业出现了严重的结构性过剩

我国旅游涉外饭店在过去的20多年中总体规模不断扩张，到2000年年底，我国共有涉外饭店10 481家。饭店数量的增幅明显高于客人的增幅，从而出现了总量相对过剩的局面。不仅如此，由于旅游饭店结构性不合理，直接导致了严重的结构性过剩的局面。这主要表现在以下两个方面：

1. 旅游饭店的档次结构不合理。到2001年年底，我国的高、中、低档饭店数分别是570家、6 025家、753家，比例为0.8:8.2:1.0，与发达国家1:4:5的比例存在着较大的差距，明显存在档次结构上的失调，高档、中档饭店过于集中。虽然按C4法计算的产业集中度标准测算，我国的饭店市场的产业集中度远远低于垄断标准，但在高档次市场上，一些知名的品牌已占据了一定的市场，造成相对垄断的局面。因此，旅游饭店发展失控，主要是高档饭店的数量太多，增长速度太快，进而引起业内发展消极的连锁反应。

2. 旅游饭店业的区域结构不合理，空间分布结构不均衡。我国旅游饭店相对集中于东部地区，中西部地区分布较少，特别是高档饭店主要分布在北京、上海、广东三省市。这造成了部分区域出现结构过剩的局面。旅游饭店业结构过剩，是导致行业内竞争激烈、经济效益低下的主要原因之一。

（二）从竞争的态势上看，过度竞争的表面下，竞争空间拓展存在相对不足

我国旅游饭店业竞争激烈，处于过度竞争的态势，对此已经有许多论文作了充分论证，但也应看到，我国旅游饭店业还存在着巨大的发展空间，主要表现在以下方面：

1. 我国旅游饭店的低档市场进入企业少，存在着巨大的市场空间。到2001年年底，我国仅有一星级饭店753家。随着国内游的兴起和人民生活水平的提高，市

场对低档次经济型饭店的需求将日益显露，这远远不能满足日益增长的市场需求。

2. 我国的中西部旅游饭店分布较少。随着西部大开发的进一步开展，特别是西部旅游发展战略的实施，中西部对旅游饭店需求将进一步扩大。

3. 我国旅游饭店业的竞争手段不足。旅游饭店业的竞争手段可分为价格竞争和非价格竞争（如服务、品牌、技术、知识、文化等），然而，我国旅游饭店的竞争主要还集中在价格竞争层面上，非价格竞争程度低。因此，旅游饭店可以通过创新现代企业管理及营销理念来增强企业的新竞争能力；通过市场细分来确定企业目标市场，开展专业化经营；通过品牌化提高饭店知名度；等等。这些都将为我国旅游饭店以后的发展提供广阔的空间。

（三）从竞争的产权主体上看，国有旅游饭店在竞争中处于劣势，内资旅游饭店整体竞争力不强

从下表中我们可以看到，我国国有饭店比重大，但多数竞争力不强，出租率仅为55.13%。另据统计，2001 年国有饭店的全员劳动生产率只有 5.78 万/人，而国际集团的全员劳动生产率则是13.12 万/人，后者是前者的2.26 倍。此外，集体饭店、私营企业等内资饭店的客房出租率要远远低于股份制、外资及港澳台商投资企业。伴随着入世规则的实施，外资入驻我国市场的脚步将进一步加快，国内市场国际化、国际竞争国内化的态势将进一步加剧。如何提高我国国有旅游饭店及内资饭店的竞争力是急需考虑的问题。

2001 年不同经济类型星级饭店规模及经营状况

经济类型	饭店数（家）	客房数（万间）	床位数（万张）	营业收入（亿元）	客房出租率（%）
国有经济	4 339	42.83	84.93	316.98	55.13
集体经济	790	6.38	11.77	42.19	59.25
股份合作企业	115	4.24	5.81	15.96	60.71
联营企业	97	1.02	1.93	10.85	57.44
有限责任公司	477	5	9.19	48.81	62.38
股份有限公司	276	3.84	6.98	46.14	64.73
私营企业	351	2.77	5.37	12.83	56.52
其他内资企业	321	2.95	5.54	20.68	59.42
港澳台商投资企业	324	6.78	11.7	135.91	64.65
外商投资企业	268	5.82	10.07	112.96	64.15
合计	7 358	81.63	153.31	763.32	58.45

（资料来源：摘编自潘肖澎、张丽《我国旅游饭店业的竞争格局及对策初探》，《旅游调研》2003 年第 2 期）

案例思考题：

1. 应采取何种对策措施来改善中国旅游饭店业的竞争格局？
2. 如何提高国有饭店及内资饭店的竞争力和经济效益？

四、练习题参考答案

（一）名词解释

1. 经济结构就是国民经济系统各组成部分的构成状况、数量比例及其相互联系、相互作用的内在形式。

2. 旅游经济结构是指旅游产业内部各组成部分的数量比例关系及其相互联系、相互作用的形式。

3. 旅游市场结构反映的是旅游产品供给和需求之间的规模及比例关系，它反映了各种旅游客源市场之间所形成的比例关系。

4. 旅游企业规模结构是指旅游企业大、中、小结构比例和旅游企业集团化发展的状况。

5. 旅游产品结构即市场上不同旅游产品及要素之间的各种组合关系。

6. 旅游区域结构是指在一定范围内旅游业各要素的空间组合关系，即从地域角度所反映的旅游市场、旅游区的形成、数量、规模及相互联系和比例关系，也成为现代旅游业的生产力布局。

7. 旅游需求结构是具有支付能力且可能购买旅游产品的数量总和。

8. 旅游供给结构是在一定时期内愿意并能够向旅游业提供的各种旅游产品的总和。

9. 旅游投资结构是指投资额在不同旅游建设项目之间、不同旅游目的地之间的比例关系。

10. 旅游经济管理结构是从宏观角度所表现的有关旅游行业的政策保障体系、行业管理体制及实施手段体系的状况。

11. 旅游产业结构是指以食、住、行、游、购、娱为核心的旅游业内部各行业间的经济技术联系与比例关系，也就是旅游业的部门结构。

12. 旅游经济结构合理化是指在现有经济技术基础上，旅游经济内部各种结构保持较强的互补性和协调性，具有符合现代旅游经济发展要求的比例关系。

13. 旅游经济结构高度化是指在旅游经济合理化的基础上，充分运用现代科学技术成果，有效利用社会分工的优势，不断提高旅游业的技术构成和旅游生产要素的综合利用率，促进旅游产出向高附加值方向发展，不断提高旅游经济的综合效益。

14. 旅游经济结构优化是指通过对旅游经济结构的调整，使整个旅游经济结构实现合理化和高度化，从而保持旅游经济协调发展，不断满足社会日益增长的旅游需求的过程。

15. 旅游经济集聚是大量旅游相关行业、企业、部门围绕优势旅游资源或区位条件优越的旅游目的地而形成的空间地域集聚体，它是基于对不同区域的资源因素、区位因素、市场因素、社会经济因素及政策、法规因素等的分析，形成旅游景区点的空间布局结构，是促进实现整个区域旅游竞争力不断提高和持续发展的过程。

16. 旅游经济区域集聚是指与旅游活动联系密切的大量行业、企业及相关支撑机构，根据自然和社会资源优势在一定的区域内集中布局，从而将某一区域的旅游产业要素有效地组织起来，构成自发性企业群落，通过衍生、扩张、拓展为更大范围、更大影响的区域布局，带动生产要素集聚和释放规模经济效应，形成旅游经济核心竞争力和发展优势的现象。

17. 旅游经济产业集聚是指具有竞争力或竞争潜力的旅游企业为链核，以产品、技术、资本等为纽带，通过包价或零售方式将旅游产品间接或直接地销售给旅游者，以助其完成客源地与目的地之间的旅行和游览，从而在旅行社、饭店、餐饮、旅游景区、旅游交通、旅游商店等行业之间形成产业链条的关系。

（二）判断题

1. √ 2. √ 3. √ 4. × 5. × 6. ×

（三）单项选择题

1. A 2. B 3. A 4. C 5. C 6. A 7. A 8. B 9. D 10. B

（四）多项选择题

1. ABCD 2. ABCD 3. ABCD 4. BCD

（五）简答题

1. 现代旅游经济结构是指旅游产业内部各组成部分的数量比例关系及其相互联系、相互作用的形式。现代旅游经济结构既有一般经济结构所具有的共同特征，又有不同于其他经济结构的典型特征，主要表现在现代旅游经济结构的整体性、功能性、动态性和关联性。

2. 现代旅游经济结构的内容有旅游市场结构，旅游产品结构，旅游产业结构，旅游区域结构，旅游投资结构，旅游经济管理结构和旅游管理体制结构。

3. 旅游产业结构包括旅行社业、旅游饭店业、旅游交通业、旅游景区景点、旅游娱乐业和旅游购物业结构。

4. 旅游区域结构包括旅行社区域结构、旅游饭店区域结构、旅游交通区域结构、旅游商品区域结构、旅游资源区域结构、旅游市场区域结构、旅游市场区域结构和旅游投资区域结构。

5. 评价旅游经济区域集聚主要包括旅游经济发展实力、旅游品牌效应、旅游企业间联系和政府部门间协作几个指标。

6. 旅游产业集聚的影响因素包括资源禀赋与区位因素、客源市场的发展变化、产业链作用和制度因素。

（六）论述题

1. 旅游经济结构的影响因素包括旅游资源因素，包括旅游资源状况、资金和劳动力状况、创新能力和信息自由状况，旅游资源是旅游业赖以存在和发展的基础，其所具有的数量和质量决定着旅游业的发展规模和水平以及旅游经济结构的功能和属性；旅游市场因素包括旅游市场的需求和供给，这是决定和影响旅游经济结构的关键因素；科技进步因素，影响旅游经济结构的变动、人们需求结构的变化以及旅游业的经营和管理；社会经济因素，一个地区社会经济发展水平及其为旅游业发展所提供的有利条件或限制因素会直接影响该地区旅游经济结构及旅游业的发展；政策和法律因素包括政策因素、法律因素和体制因素，运用经济政策和法律法规，不仅能够加快旅游资源的优化配置，促进旅游经济在数量扩张、结构转换和水平提高几方面同时发展，实现旅游经济的良性发展，而且有利于促进旅游经济结构的合理化，减少地区间的经济差异，实现总体效率与空间平等的统一。

2. 旅游经济结构优化的标志有旅游资源配置的有效性，即合理的旅游经济结构应能够充分、有效地利用旅游资源以及人力、物力、财力等要素，能够较好地利用国际分工的条件，发挥自身的比较优势，实现旅游资源要素的最佳配置，能够促进旅游资源的保护和适度开发，尽量保持旅游资源的有效使用和永续利用；旅游产业结构的协调性，即合理的旅游经济结构应能够使旅游业内部各要素、各部门保持合理的比例关系，能够相互配合、促进地协调发展，能够有效地促进旅游生产、流通、分配及消费的顺利进行，能够不断地调整旅游供给和需求，从而使其处于协调发展的状态，使旅游业的综合生产力不断提高，促进整个旅游经济动态协调发展；旅游产业布局的合理性，即合理的旅游经济结构应遵循旅游经济发展的客观要求，形成合理的旅游产业布局，从而提高整个国家或地区旅游经济的整体形象和综合生产能力，提高整个旅游业的综合经济效益；旅游经济发展的持续性，即合理的旅游经济结构应能够促进旅游经济持续稳定的发展，促进社会经济效益的不断提高，促进生态环境的保护，促使国家经济实力的不断增强，并成为出口创汇的重要产业；生态环境的融合性，即合理的旅游经济结构应能够促进生态环境的保护和改善，随着旅游经济的发展，不仅保护自然旅游资源和人文旅游资源，且能够进一步美化和改善生态环境，使旅游业发展与生态环境的保护有机融为一体，实现经济、资源和环境的良性循环。

实现旅游经济结构优化的措施有加强旅游产品开发，即在充分考虑市场需求的前提下，对各种单项旅游产品的开发都给予重视，加强线路旅游产品的设计和组合，完善旅游产品结构，形成综合的旅游产品体系；优化旅游产品结构，即要时刻关注旅游者需求的变化，及时对旅游需求结构作出准确的预测，以适时调整现有旅游产品结构，同时注意对现有旅游产品潜力的充分挖掘，进行深层次开发和更新换代，保持旅游产品结构的优化；培育品牌旅游产品，即要重视对具有特色、吸引力强的旅游产品的开发建设，打造品牌旅游产品，也要注意丰富旅游产品的类型和数量，为培育品牌旅游产品奠定基础。

3. 旅游经济集聚是大量旅游相关行业、企业、部门围绕优势旅游资源或区位条件优越的旅游目的地而形成的空间地域集聚体，它是基于对不同区域的资源因素、区位因素、市场因素、社会经济因素及政策、法规因素等的分析，形成旅游景区点的空间布局结构，是促进整个区域旅游竞争力不断提高和持续发展的过程。

旅游经济集聚的特征有产业分工明确，旅游产业由一系列企业、部门以不同的方式组合在一起，旅游企业围绕着核心吸引物集聚，外围还围绕着对这些企业起支持和服务作用的供应者和有关组织、团体机构，这些企业和部门虽然彼此联系紧密，但分工明确，在旅游活动过程中仅满足游客一方面或几方面的需求，不同层次旅游产业的集聚形成结构完整的产业集聚，包括产品供应商、客户、销售渠道和专业化的基础设施提供者，并拓展到提供专业的培训、教育、信息、研究等支持的政府和其他机构和组织；经济联系密切，旅游经济产业集聚源于各种相关的旅游经济活动的集中而带来的效益，主要表现为产业集聚内的企业所共享的规模经济、范围经济和外部经济；发展环境共享，旅游企业在产业链上的高度集中，吸引了大量服务供应商和专业人才的存在，降低了使用专业性、辅助性服务和信用机制的交易成本，而且专业人才的流动和知识外溢效应可以促进旅游企业的创新，并带动运输、电信、教育、卫生、金融、保险等行业的发展，同时，由于大量旅游产品的产业链较为集中，可以迅速提升旅游目的地产品的区域竞争力，形成区域品牌，为旅游产业的发展创造良好的外部大环境。

第12章 现代旅游经济效益与评价

一、学习指导

（一）总体要求

通过本章的学习，必须了解现代旅游经济效益的基本概念、特点和影响因素，掌握现代旅游经济效益评价的主要内容，熟悉旅游微观经济效益和旅游宏观经济效益的分析指标和评价方法，并结合实际探索不断改善和提高旅游经济宏观效益和微观效益的途径，以促进现代旅游经济健康、持续、快速地发展。

（二）主要内容和知识点

1. 现代旅游经济效益

（1）现代旅游经济效益。

现代旅游经济效益是指旅游经济活动的有效成果与劳动占用和消耗之间的比较，即从事旅游活动的投入与产出的比值。讲求和提高旅游经济效益，要求在从事旅游经济活动时，要以尽可能少的劳动占用和消耗，产出尽可能多的、符合社会需要的有用成果（产品、服务和收益）。

（2）现代旅游经济效益的特点。

现代旅游经济效益的特点主要表现在宏观效益与微观效益的统一，具有质和量的规定性，其衡量标准也是多方面的。

（3）现代旅游经济效益的影响因素。

影响旅游经济的因素是多方面的，包括旅游者数量及构成、旅游物质技术基础及其利用率、旅游活动的组织和安排、旅游业的科学管理和旅游收入漏损的防范等等。

（4）现代旅游经济效益评价的内容。

对旅游经济效益的评价必须重视对以下方面的比较分析：旅游经济活动的有效成果同社会需要的比较，旅游经济活动的有效成果同劳动消耗和占用的比较，旅游经济活动的有效成果同旅游资源利用的比较，旅游经济宏观效益与微观效益的比较。

2. 旅游微观经济效益与评价

(1) 旅游微观经济效益的概念。

现代旅游微观经济效益是指在旅游经济活动中，旅游企业向旅游者提供旅游产品和服务而花费的物化劳动和活劳动同取得的经营收益的比较，也就是旅游经营收益同成本的比较。旅游微观经济效益的好坏，不仅决定着旅游企业的生存和发展，而且是整个旅游宏观经济效益的基础。

(2) 旅游微观经济效益的评价指标。

现代旅游微观经济效益评价是通过分析旅游企业以及旅游经营者的收入、成本、利润的实现，以及它们之间的比较来体现的。旅游营业收入是指旅游企业在出售旅游产品或提供旅游服务中所实现的收入，包括基本业务收入和其他业务收入；旅游经营成本是旅游企业从事旅游经济活动所耗费的全部成本费用之和，也是旅游企业的固定成本和变动成本之和；旅游经营利润是指旅游企业的全部收入减去全部成本，并缴纳税收后的余额，其包括营业利润、投资净收益和营业外收支净额。

(3) 旅游微观经济效益的评价方法。

根据旅游微观经济效益评价指标，运用不同的评价方法就可以对旅游企业经济效益进行评价。旅游微观经济效益常用评价方法主要有利润率分析法、盈亏平衡分析方法、边际分析法等。

(4) 提高旅游微观经济效益的途径。

通常，旅游收入和旅游成本的差距越大，则旅游企业的经济效益越好。因此提高现代旅游微观经济效益的重点，一是提高旅游收入，二是降低旅游销售成本。具体途径主要有开拓旅游市场，扩大旅游客源；提高劳动生产率，降低旅游成本；加强经济核算，提高经济效益；提高旅游员工素质，改善服务质量；加强管理基础工作，不断改善经营管理。

3. 旅游宏观经济效益与评价

(1) 旅游宏观经济效益的概念。

现代旅游宏观经济效益是指在旅游经济活动中，以尽可能少的劳动和资源的占用与耗费为全社会带来的综合成果和收益，即通过对旅游宏观成本和宏观收益进行比较，而获得尽可能多的经济效益、社会效益和生态环境效益。旅游宏观经济效益不仅体现了旅游业自身的直接效益，而且体现了由旅游业的带动而引发的国民经济中相关产业部门以及社会经济发展和生态环境改善的间接效益等。

旅游宏观成本是指为开展旅游经济活动而形成的整个社会的耗费和支出，即旅游的社会总成本，分为有形成本和无形成本两部分，有形成本是指为开展旅游经济活动必须付出的直接成本，主要体现在经济上的支出；无形成本是指为发展旅游业而导致对社会、经济和生态环境等方面产生负面影响所花费的成本，即间接支付的成本。旅游宏观收益是反映通过发展旅游业而为全社会带来的成果和收益，分为有形收益和无形收益。有形收益是指发展旅游业而给社会带来的直接经济利益；无形收益是指发展旅游业给旅游目的地国家或地区的社会经济带来的无法量化的收益。

（2）旅游宏观经济效益的评价指标。

现代旅游宏观经济效益涉及面很广，内容丰富，通常要求从多方面、用多种指标进行分析和评价。旅游宏观经济效益的评价指标包括旅游创汇收入和旅游总收入、旅游就业人数、旅游投资效果系数、旅游投资回收期和旅游带动系数。

（3）旅游宏观经济效益的评价内容。

旅游宏观经济效益的评价主要是评价旅游产业的发展对整个国民经济发展的贡献，具体可从以下三方面进行综合评价：一是对旅游产业自身经济效益的评价，二是对旅游产业的社会经济效益的评价，三是对旅游产业的社会非经济效益的评价。

（4）提高旅游宏观经济效益的途径。

提高旅游宏观经济效益涉及许多方针政策、法律法规及相关部门。因此，从大旅游、大产业、大市场、大服务的角度出发，提高旅游宏观经济效益应该重点搞好以下几个方面的工作：一是改善宏观调控，完善旅游产业政策；二是改革旅游经济管理体制，建立现代企业制度；三是加快旅游设施建设，提高旅游服务质量；四是抓好旅游市场管理，加强旅游法制建设。

（三）重点与难点

本章要重点掌握旅游经济效益、旅游微观经济效益、旅游宏观经济效益、旅游宏观成本、旅游固定成本、变动承包、可控成本、不可控成本、营业收入、经营成本、经营利润、旅游投资效果系数、旅游带动系数、旅游收入漏损等概念；理解旅游经济效益的含义、旅游企业经济效益的分析指标体系和方法以及旅游经济效益的评价；能够运用相关旅游经济效益与评价的知识，对旅游经济活动中的相关具体问题进行分析与判断。

二、练习题

（一）名词解释

1. 现代旅游经济收益
2. 现代旅游微观经济收益
3. 现代旅游宏观经济收益
4. 旅游收入

5. 国际旅游收入
6. 国内旅游收入
7. 基本旅游收入
8. 非基本旅游收入
9. 商品性旅游收入
10. 劳务性旅游收入
11. 旅游固定成本
12. 变动成本
13. 可控成本
14. 不可控成本
15. 有形成本
16. 无形成本
17. 营业收入
18. 经营成本
19. 经营利润
20. 旅游宏观效益
21. 旅游宏观成本
22. 旅游投资效果系数
23. 旅游带动系数
24. 旅游收入漏损

（二）判断题

1. 现代旅游经济效益质和量的规定性是一个整体。（　）

2. 若为一定的旅游者服务而劳动占用和耗费不断增加，则旅游经济效益就差。（　）

3. 盈亏平衡分析法是通过模型来预测产品消费、定价、收益等指标的现代管理方法。（　）

4. 旅游者的数量、规模、大小对旅游经济效益具有间接的影响作用。（　）

5. 若旅游劳动效率低，则旅游劳动的成果就少，相应旅游经济效益就好。（　）

6. 资金利润率反映了旅游经营利润与成本投入的关系，说明旅游企业以及旅游经营者劳动占用的经济效益。（　）

（三）单项选择题

1. 固定费用（成本）主要包括折旧、管理费用和（　）

A. 原材料　　B. 基本工资　　C. 流通费用　　D. 产品

2. 旅游就业人员指标，反映了旅游产业发展过程中，为社会提供（ ）的总量

A. 增加人数　　B. 减少人数　　C. 旅游人数　　D. 劳动就业人数

3. 对国民经济相关产业的带动，一般是通过计算旅游产业同其他相关产业的关联性（ ）等指标来反映旅游业的重要作用

A. 投资回收期　　B. 投资效果系数　　C. 就业人数　　D. 带动系数

4. （ ）是指为开展旅游经济活动而必须付出的直接成本，主要体现在经济上的支出

A. 固定成本　　B. 变动成本　　C. 有形成本　　D. 无形成本

5. 劳动生产力的提高与（ ）的有效应用紧密相关

A. 现代科学管理　　B. 管理制度　　C. 控制方法　　D. 计划方法

6. 旅游人数规模的统计主要是通过两个方面来计量（ ）

A. 国内人数　　B. 海外人数　　C. 增加与减少　　D. 服务人数

7. 旅游成本按照费用分类可分为营业成本、管理费用和（ ）

A. 固定成本　　B. 可控成本　　C. 财务费用　　D. 价值形态

8. 旅游经济活动必须以（ ）为基础，以市场为导向，充分有效地利用各种资源

A. 经济效益　　B. 旅游资源　　C. 人文风情　　D. 经济规律

9. 提高现代旅游微观经济效益的主要途径，一是提高旅游收入，二是（ ）

A. 加大基础建设投资　　B. 提高服务水平

C. 降低旅游销售成本　　D. 降低旅游流通费用

10. 投资收益，一般包括旅游企业向外进行投资而获得的利息、股息、（ ）及转让款项高于账面投资净值的差额

A. 财务费用　　B. 净收益　　C. 净损失　　D. 投资回收

（四）多项选择题

1. 财务费用是指旅游企业为筹集经营资金所发生的各种费用，主要包括（ ）

A. 利息支出　　B. 汇兑损失

C. 金融机构手续费　　D. 筹资发生的其他费用

2. 旅游经济效益是指（ ）和（ ）的比较关系

A. 旅游有效成果　　B. 旅游劳动占有和消耗

C. 旅游支出　　D. 旅游收入

3. 按照旅游成本费用类别，可将旅游成本划分为（ ）三大类

A. 营业成本　　B. 管理费用

C. 财务费用　　D. 旅游收入

4. 旅游物质技术基础主要包括（　　　）

A. 各种旅游景观　　　　B. 旅游接待设施

C. 旅游交通和通信　　　　D. 旅游辅助设施

5. 现代旅游经济效益评价主要包括（　　　）

A. 对旅游管理体制结构的评价

B. 对旅游产业自身经济效益的评价

C. 对旅游产业社会经济效益的评价

D. 对旅游产业社会非经济效益的评价

（五）简答题

1. 如何进行旅游企业以及旅游经营者成本的分类？

2. 比较旅游企业以及旅游经营者微观经济效益评价的方法。

3. 旅游经营收益由哪些部分组成？

4. 旅游微观经济效益的评价指标有哪些？

（六）论述题

1. 旅游宏观经济效益的评价指标包括哪些？如何提高旅游宏观经济效益？

2. 提高旅游微观经济效益的途径有哪些？

3. 试述旅游经济效益的概念、特点、影响因素和评价标准。

（七）计算题

1. 某旅游饭店拥有标准客房200间，每间客房平均销售价格120元，平均变动成本为40元，全年固定总成本为125万元，营业税率为5%，试计算该旅游饭店保本点销售量和销售收入；若该旅游饭店预计当年实现利润210万元，试预测该旅游饭店当年应完成销售量和销售收入多少？若每年以360天计算，试计算平均每天应该实现的销售量、销售收入和客房出租率（预计同行业的客房出租率为60%）。

2. 某旅行社的固定资金为1 000万元，流动资金为200万元，预计今年该旅行社的营业收入是700万元，经营成本为400万元，经营利润为100万元，试计算该旅行社的资金利润率、销售利润率和成本利润率（预计今年全行业的资金利润率、销售利润率和成本利润率的平均水平分别为10%、15%和25%）。

3. 某饭店有客房200间，平均房价为100元，变动成本占房价的15%；餐厅每天平均销售600份饭菜，平均每份售价35元，其中变动成本占售价的40%；商品部每天平均销售商品200件，平均每件价格按25元计算，变动成本为20元。客房、餐厅和商品部固定费用分摊每天各为2 500元、1 800元和800元。试计算该饭店每天的保本销售额。

三、经典案例

案例 1

浙江发展高效益型旅游业

中国旅游业从1986年正式列入经济产业范畴以来发展迅速，中国已进入世界旅游大国行列。中国旅游业的产业特征和产业格局日益明显，在国民经济中的作用日益显现，成为全面建设小康社会的重要内容。

但是，长期以来，旅游业内打价格战，旅游产品和服务比较粗放的局面没有得到根本的改变。究其原因，一是有相当一部分旅游企业的竞争不是靠降低成本和提升质量，二是旅游管理部门尚未从根本上树立科学的旅游发展观，尚未从根本上以提质增效的理念取代对规模、速度的片面追求。浙江旅游业也有此共性。

中国旅游业发展“十一五”规划纲要中确定的发展方针是：“十一五”期间，旅游产业要转变增长方式，调整结构，统筹三大市场，构建全面、协调、可持续发展的模式。因此，加快旅游业向高效益型旅游业转型是产业发展的迫切要求，也是中国从旅游大国向旅游强国迈进的必由之路。

一、浙江旅游业高效发展的必要性

浙江作为中国沿海旅游经济发达的区域之一，全面落实党的十六大和十六届五中、六中全会精神，坚持科学发展观，加快了旅游业发展的步伐。近年来，浙江的旅游业取得了跨越式发展，旅游经济总量、旅游外汇收入及旅游业增加值等旅游经济指标均有较大幅度增加。全省旅游总收入相当于GDP（15 648.9亿元）的比重达到10.8%，旅游经济综合实力位居全国第五位。但是，浙江旅游业仍有以下四个方面的不协调。一是旅游经济总量与第三产业发展尚不协调，二是入境旅游人次、创汇能力与外贸增长差距很大，三是旅游业态正在调整之中，但总体层面偏低，四是对外开放取得初步成效，但深度、广度及水平亟待提升。

浙江要实现从旅游大省向旅游强省的跨越，实现全省旅游业质量效益型增长，就应该尽快调整思路，按照科学发展观的要求，设定更高层次的发展目标，完善旅游设施，提供高效益型产品和优质旅游服务，提高市场竞争力。

二、浙江发展高效益型旅游业的目标与举措

高效益型旅游业的高附加值及溢出效应决定了它的高效益性。大力发展高效益型旅游业将促使形成新的业务增长点，形成旅游产业高度化、融合化、专业化的发展趋势，为浙江省基本建成旅游产业发达、旅游设施完善、旅游服务优良、开放度较高、市场竞争力位居全国前列的旅游经济强省提供有力支撑。

基于浙江省旅游总体规划，发展高效益型旅游业应确定两大目标。作为近期目标（2007—2010年），提升高效益型旅游业在浙江服务业中的地位，形成市场导向，使旅游业收入以每年10%的速度递增。作为中远期目标（2011—2020年），依托浙江自然、人文、现代化产业等丰富的旅游资源和相对优秀的旅游业人力资源，将杭州、宁波、温州构筑成为“长三角”会展经济带，将浙江省建成国内一流的旅游产业基地。

既要充分发挥市场机制在高效益型旅游业发展中的作用，又要发挥政府在旅游业科学发展中的宏观调控作用，努力形成统一、开放、竞争、有序的市场体系。为此，建议实施以下十大举措：

1. 扩大开放。高效益型旅游业是外向型很强的旅游产业形态，必须高度开放。要鼓励和引导民间资本和国外资本投向高效益型旅游业，促进投资来源多元化。要大力引进并吸收国际知名高效益型旅游业服务机构及企业进驻浙江，以带动产业经营理念和管理技术的提高，提升浙江旅游业的竞争力。

2. 产品转型。浙江旅游业已经出现融合性发展、专业性发展的新趋势，为此，要以市场导向的理念大力培育反映这一趋势的会展旅游、奖励旅游、商务旅游、节事旅游等高效益型旅游产业形态。

3. 网络营销。旅游企业是旅游产业的基础，旅游企业要根据需求，调整和改善传统的营销模式，建立起适应这一新型业态的营销网络。通过网上发布信息，提供个性化服务，建立起品牌信誉，以赢得客户。

4. 建立机构。要使旅游业中的一些新兴业态，如会奖、商务、咨询等行业健康发展，应在浙江省及重点城市设立专门的政府管理机构，通过政府主导进一步开发这一类市场的潜力，使之充分增效。

5. 调整门槛。市场准入门槛对一个产业发展有重要作用。鉴于高效益型旅游业的知识密集特点，要放宽境外企业进入我国的门槛，以引进更多的管理技术及客源。要适当提高境内从事此类业务企业的准入门槛，避免无序竞争。

6. 财政扶持。浙江的高效益型旅游产业尚处于初级阶段，迫切需要政府财政扶持。要通过适度财政政策，建立引导性发展基金，以吸收更多社会资金对生产性旅游业投入，尤其是对基础设施建设的投入。要在可能的范围调整税收政策，调整征税税种，以鼓励高效益旅游业的尽快发展。

7. 人才培养。高效益型旅游业是知识密集型产业。政府应出资或吸引社会资本加入，大力培养各类人才。要以特别薪酬机制稳固高技能人才队伍。

8. 区域合作。在“长三角”地区，尤其是与上海相比，浙江的高效益型旅游业发展在规模、设施、网络、信息等方面有明显差距。要充分利用苏浙沪旅游经济合作机构这一平台，强化区域合作，促进浙江高效益型旅游业发展到一个新的水平。

9. 法制保证。高效益型旅游业要有完善的法规、规章、标准来保证。要在即将修改出台的《浙江省旅游管理条例》中体现这一基本要求。要加强制定有关会奖旅游、商务旅游等新型业态的行业标准。要建立突发性危机预警和防范系统，以确保高效益型旅游业健康发展。

10. 评估体系。要以科学发展观为指导，对各级旅游管理机构及旅游企业实施正确的绩效评价。鉴于高效益型旅游业的特征，要摒弃单纯以规模、数量、速度作为评价主体的思维定式，建立全面反映效益、成本、质量、贡献的指标体系，以达到凝聚和提升综合竞争力之目的。

（资料来源：摘编自任鸣《浙江发展高效益型旅游业的思考》，《中国旅游报》，2007－7－11）

案例思考题：

1. 浙江发展高效益型旅游业的关键是什么？
2. 还可以通过哪些措施来发展浙江的高效益型旅游业？

案例2

2005 年我国旅游行业经营统计报告

2005 年，我国旅游业持续健康、快速发展，产出水平和经济效益出现了不同幅度的增长。

一、旅游企业规模情况

（一）企业数量

2005 年，全国共有旅行社、星级饭店、旅游区（点）等类旅游企事业单位 35 280 家，比上年末增长 8.09%，具体构成是：旅行社 16 245 家（其中：国际旅行社 1 556 家，国内旅行社 14 689 家）；星级饭店 11 828 家（客房 133.21 万间）；旅游区（点）、旅游车船公司等其他旅游企业 7 207 家。

（二）从业人员情况

到 2005 年末，全国旅行社、星级饭店、旅游区（点）等旅游企事业单位从业人员 260.42 万人，比上年末增长 6.35%，具体构成是：旅行社 24.89 万人；星级饭店 151.71 万人；旅游区（点）、旅游车船公司等其他旅游企事业单位 83.82 万人。

2005 年末，全国旅行社、星级饭店、旅游区（点）等旅游企事业单位从业人员居于前 10 位的省（区、市）是：（1）广东：49.18 万人；（2）浙江：22.76

万人；(3) 北京：15.87 万人；(4) 四川：14.56 万人；(5) 山东：14.47 万人；(6) 江苏：12.51 万人；(7) 辽宁：11.13 万人；(8) 内蒙古：10.70 万人；(9) 上海：10.40 万人；(10) 河北：10.10 万人。

(三) 固定资产

到2005年末，全国旅行社、星级饭店、旅游区（点）等旅游企事业单位拥有固定资产原值6 233.07 亿元，比上年末增长31.86%，其中60.26%的固定资产集中于星级饭店。

在拥有的6 233.07 亿元固定资产中，旅行社419.26 亿元，占6.73%；星级饭店3 756.04 亿元，占60.26%；旅游区（点）、旅游车船公司等其他旅游企事业单位2 057.77 亿元，占33.01%。

到2005年末，拥有旅行社、星级饭店、旅游区（点）等旅游企事业单位固定资产原值居于前10位的省（区、市）是：(1) 广东：1 474.41 亿元；(2) 北京：767.92 亿元；(3) 上海：504.35 亿元；(4) 江苏：384.10 亿元；(5) 浙江：351.19 亿元；(6) 四川：328.56 亿元；(7) 山东：294.54 亿元；(8) 辽宁：281.22 亿元；(9) 湖北：161.67 亿元；(10) 河北：144.99 亿元。

二、旅游企业经营情况

由于统计调查方法的不同，本"旅游企业的经营情况"仅反映旅行社、星级饭店、旅游区（点）、旅游车船公司、其他旅游企业等35 280 家纳入全面统计报表的基层单位的经营情况。

(一) 总体情况

2005年，35 280 家旅游企事业单位年营业收入达3 196.37 亿元，向国家上缴营业税143.95 亿元。

2005年，上述几类旅游企事业单位实现营业收入居于全国前10位的省（区、市）是：(1) 广东：720.54 亿元；(2) 北京：401.15 亿元；(3) 上海：314.54 亿元；(4) 江苏：223.92 亿元；(5) 浙江：203.70 亿元；(6) 山东：125.19 亿元；(7) 四川：120.50 亿元；(8) 辽宁：95.20 亿元；(9) 云南：81.23 亿元；(10) 贵州：70.27 亿元。

2005年，上述几类旅游企事业单位向国家上缴营业税居于全国前10位的省（区、市）是：(1) 上海：43.78 亿元；(2) 广东：25.36 亿元；(3) 北京：11.67 亿元；(4) 浙江：8.16 亿元；(5) 江苏：7.08 亿元；(6) 辽宁：5.99 亿元；(7) 四川：4.55 亿元；(8) 山东：4.18 亿元；(9) 河南：3.66 亿元；(10) 福建：2.42 亿元。

(二) 旅行社

2005年，全国16 245 家旅行社共实现营业收入1 116.59 亿元，比上年增长9.70%；向国家上缴税金8.12 亿元，比上年增长16.82%；旅行社实现利润

1.27 亿元；旅行社的全员劳动生产率为 44.86 万元/人；全年人均实现利税 0.38 万元/人。

2005 年，旅行社营业收入居于全国前 10 位的省（区、市）是：（1）北京：223.29 亿元；（2）广东：169.70 亿元；（3）上海：127.68 亿元；（4）江苏：87.64 亿元；（5）浙江：77.57 亿元；（6）云南：41.37 亿元；（7）山东：36.06 亿元；（8）福建：34.36 亿元；（9）四川：30.40 亿元；（10）湖南：28.31 亿元。

2005 年，旅行社向国家上缴税金超过 1 000 万元的省（区、市）是：（1）广东：18 054 万元；（2）北京：13 379 万元；（3）上海：10 382 万元；（4）浙江：5 138 万元；（5）江苏：4 999 万元；（6）山东：3 478 万元；（7）福建：2 432万元；（8）云南：2 172 万元；（9）重庆：1 989 万元；（10）广西：1 888 万元；（11）黑龙江：1 727 万元；（12）湖南：1 628 万元；（13）江西：1 322 万元；（14）四川：1 318 万元；（15）湖北：1 313 万元；（16）河南：1 223 万元；（17）辽宁：1 133 万元；（18）天津：1 082 万元；（19）陕西：1 005 万元。

（三）星级饭店

到 2005 年末，全国共有星级饭店 11 828 家，比上年末增加 940 家；其中内资饭店 11 280 家，外资饭店 548 家。全国星级饭店共实现营业收入 1 346.69 亿元；上缴营业税金 77.16 亿元；全员劳动生产率 8.88 万元/人。

2005 年，星级饭店营业收入位居全国前 10 名的地区是：（1）上海 170.84 亿元；（2）北京 166.06 亿元；（3）广东省 148.72 亿元；（4）浙江 110.37 亿元；（5）江苏 103.44 亿元；（6）山东 78.84 亿元；（7）辽宁 53.23 亿元；（8）四川 42.53 亿元；（9）云南 39.86 亿元；（10）湖北 36.62 亿元。

2005 年，星级饭店上缴营业税金位居全国前 10 名的地区是：（1）广东 10.29 亿元；（2）北京 9.76 亿元；（3）上海 7.97 亿元；（4）浙江 6.43 亿元；（5）江苏 5.70 亿元；（6）辽宁 4.40 亿元；（7）山东 3.60 亿元；（8）河南 3.23 亿元；（9）四川 2.08 亿元；（10）福建 2.05 亿元。

（四）其他旅游企业

2005 年，纳入统计范围的主要旅游区（点）、旅游车船公司等"其他旅游企业"有 7 207 家，全年共实现营业收入 733.09 亿元，向国家上缴营业税金 58.66 亿元，实现利润 43.77 亿元。

（资料来源：国家旅游局政策法规司：《2005 年旅游行业经营统计报告》，《中国旅游报》，2006－11－10）

案例思考题：

1. 根据本案例的统计结构，试对中国旅游企业的经营状况作一个总体评价。
2. 应采取何种措施进一步提高中国旅游企业的经营效益？

案例3

旅游业对云南省经济增长的作用

旅游业是第三产业的重要组成部分，也是推动世界经济快速增长的重要产业。中国现代旅游业经过20多年的发展，如今已经成为亚洲旅游大国。旅游业的产业地位已经得到确立，全国很多省份都把旅游业作为促进地方经济发展的重要产业。云南是在全国最早提出把旅游业作为支柱产业来发展的省份，经过二十多年的努力，资源得到了较为集中的开发和利用，产业规模不断扩大，旅游业对云南省的经济也作出了相当的贡献，全省旅游业完成增加值占全省GDP的比重从1997年的3.2%上升到2004年的5.9%。同时，作为中国连接东南亚、南亚的大通道，云南在国内出境游和国际入境游方面还有很大的发展潜力，因而，旅游产业在云南省的国民经济中的地位不可忽视。

一、云南省旅游业的基本现状

云南省自1995年把旅游业作为支柱产业以来，产业规模不断扩大，产业体系已经基本形成，产业地位日渐巩固，现在逐步开始由资源驱动的原始资本积累阶段向资本运作驱动的阶段转变，由单一推进型向区域联合推进型转变，旅游业已经成为支撑云南经济发展的新亮点，在全省国民经济中的作用日益明显。总的来说，云南省旅游业的发展现状基本如下：

（一）旅游业各项指标保持高速增长。旅游总收入从2000年的211.4亿元增长到2005年的430.14亿元，其中旅游外汇收入从3.39亿美元增加到5.28亿美元，国内旅游收入从183亿元增加到386亿元；接待游客数量从2000年的3 941万人次增长到2005年的7 011万人次，其中海外游客从100万人次增加到150万人次，国内游客从3 841万人次增加到6 861万人次。可以说明，全省旅游业一直呈现持续健康发展的良好势头。

（二）旅游接待条件逐步优化，包括旅游基础设施的建设、旅游接待单位的改善和相关人力资源的培训等等。2003年，被誉为“黄金旅游河道”的澜沧江—湄公河航运开通；到2004年末，全省公路里程达到16万多公里，包括各条通往旅游区的高等级公路；云南目前拥有的机场数目位居全国之首，开通了直达东南亚、日本、港澳地区等海外客源地及国内主要客源市场的航线90多条。目前，全省拥有旅游基本单位9 300多户，固定资产达320多亿元，包括旅游行政管理机构78家，旅行社430家，旅游住宿单位8 571家（包括旅游星级饭店610余家，客房总数4.77万间，床位10万余张）等：已经投入接待经营的各类旅游景区（点）500余处，其中A级景区86个，国家和省级旅游度假区10个；现已初步形成了一个包括饭店旅馆业、旅行社业、旅游交通业、餐饮娱乐业、旅游风景区和旅游商品购物在内的综合产业体系。另外，全省旅游人才学历教育稳步发展，年输送旅游专业人才近2万余人，相关旅游服务人员8 000余人，旅游行业员工培训不断得到加强，从业人员的素质逐步提高。

（三）积极参与区域旅游合作，开发旅游资源。1992年大湄公河次区域经济合作项目正式启动以来，云南作为代表中国参与的主要省份之一，一直都积极推动该项目的进行。旅游是该合作项目的优先区域之一，而云南又是中国的旅游大省，拥有丰富的旅游资源，现在已经初步完成了次区域旅游合作与开发规划，使得云南与东南亚国家和地区的旅游交流与合作进入了实质性实施阶段。同时，川、滇、藏联合开发的“大香格里拉旅游区”进展顺利，逐步开始发挥其旅游品牌效应，使云南在参与国内区域旅游合作方面也取得了新进展。

二、数据、模型及分析

选取云南省2000—2005年6年的数据，以旅游业总收入为研究变量，实证分析其与云南省GDP的关系，从而说明旅游业总收入对云南省经济增长的作用。2000年以来，云南省的GDP总体持续增长（见下表），尤其是2004年以来GDP的增长十分显著，在2005年突破了3 000亿元。旅游业总收入主要由旅游外汇收入和国内旅游收入构成，2000—2005年间也保持高增长，2003年突破了300亿元。

云南省2000—2005年国内生产总值、旅游业总收入简表

年份	国内生产总值（单位：亿元）	增长率（%）	旅游业总收入（单位：亿元）	增长率（%）
2000	1 955.09	—	211.4	-
2001	2 074.71	6.1	257.1	21.6
2002	2 232.32	7.6	289.9	12.8
2003	2 465.29	10.4	306.64	5.7
2004	2 959.48	20.0	369.27	20.4
2005	3 472.34	17.3	430.14	16.9

（数据来源：2000—2005云南统计年鉴；国家统计局统计公报）

为了定量分析，建立以云南省旅游业总收入为解释变量，云南省 GDP 为被解释变量的回归模型。

通过回归模型可以得出，在其他变量不变的情况下，旅游业总收入每增加 1 个单位，将使云南省的 GDP 增加 7. 308 个单位。

三、结论

根据以上分析可知，旅游业对云南省经济增长的贡献是巨大的。旅游业总收入每增加 1 个单位，就会带来 7. 308 个单位 GDP 的增加，这就意味着旅游业的发展在极大地推动着云南省经济的发展。然而，虽然旅游业在云南已经是重要的支柱产业，旅游业各项指标持续增长，旅游接待条件也不断优化，在资源方面和配套设施方面都具备了规模化经营的基础，但是在发展的同时也存在不少问题，例如许多景点景区仍存在服务质量问题，对自然文化遗产保护力度不够，大规模无节制开发造成原来文化的流失，等等。

（资料来源：摘编自钱玥《旅游业对云南省经济增长的作用实证分析》，《商场现代化》2007 年第 14 期）

案例思考题：

1. 试从其他角度分析旅游业对云南经济增长的贡献。
2. 试提出促进云南旅游业增长的对策和建议。

案例 4

影响我国可持续旅游扶贫效益的因子分析

自 20 世纪 80 年代我国提出旅游扶贫政策以来，旅游以其独特优势取得了扶贫的显著业绩，催生了一批具有市场卖点的品牌景点，使部分贫困地区脱贫致富。旅游扶贫是一种全新的扶贫模式，即在旅游资源条件较好的贫困地区通过扶持旅游发展带动地区经济发展的一种区域经济发展模式。旅游扶贫旨在使落后地区经济、文化、精神面貌等各方面得以全面发展。与以往实行的财政扶贫、信贷扶贫、民政救济扶贫和物资捐助扶贫等“输血”式扶贫相比，旅游扶贫并非借助于单项救济而脱贫，而是一种借助于旅游经济对区域经济的带动作用而脱贫，是增强“造血功能”式的扶贫。

一、影响旅游可持续扶贫效益的因子分析

可持续旅游扶贫效益的实现需要处理好政府部门、旅游企业、当地居民和游客四者之间的利益分配关系，使其共同达到一个利益均衡点。

（一）政府部门方面影响可持续扶贫效益的因子分析

1. 在观念上，政府对一些问题认识不够到位

（1）旅游和扶贫之间的关系。

（2）资源、旅游资源和经济效益之间的关系。

2. 扶贫过程中出现扶贫目标被置换的现象

3. 扶贫过程中存在着扶贫资金被非法占用的现象

（二）当地居民利益受损导致扶贫效益难以持续

1. 区位的先天性不足限制了当地居民受益最大化

2. 当地居民受益不均严重挫伤其参与旅游的积极性

（1）贫困地区的受益排挤了贫困人口的受益地区旅游业的整体发展水平。

（2）贫困人口之间存在受益不均。

（3）外来投资者剥夺了贫困人口部分受益机会。

（4）其他产业与旅游业之争导致居民利益受损。

（三）旅游企业方面影响持续扶贫效益的因子分析

1. 企业经营客观方面的因素对可持续扶贫形成冲击

（1）旅游漏损的存在弱化乘数效应。

（2）科技介入弱化了就业乘数效应。

2. 企业经营主观方面的因素违背了可持续扶贫的原则

（1）旅游企业急功近利的心态与可持续旅游扶贫背道而驰。

（2）旅游产品开发同质化严重，丧失特色。

二、影响我国可持续旅游扶贫效益的因子分析框架

可持续扶贫效益的实现决不是某一个方面一厢情愿就可以做到的，而是需要目的地政府、旅游企业、当地居民和游客这4个相互制约、相互影响又相互促进的利益相关群体的通力协作、相互平衡才能做到的（如图1）。任何一方不予配合，就会导致“4－1＜0”这样一种供需双方都不愿看到的不良后果。

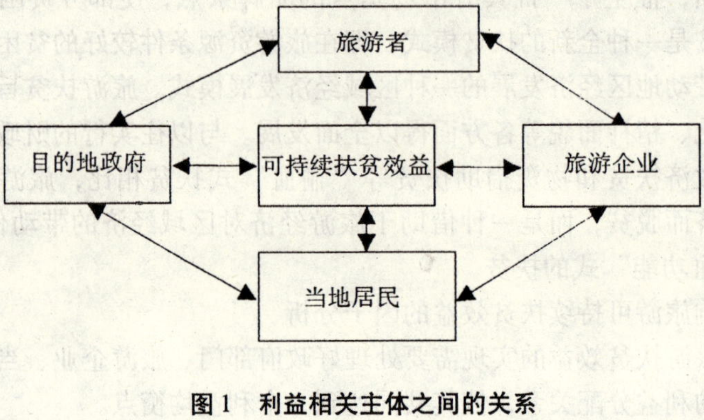

图1　利益相关主体之间的关系

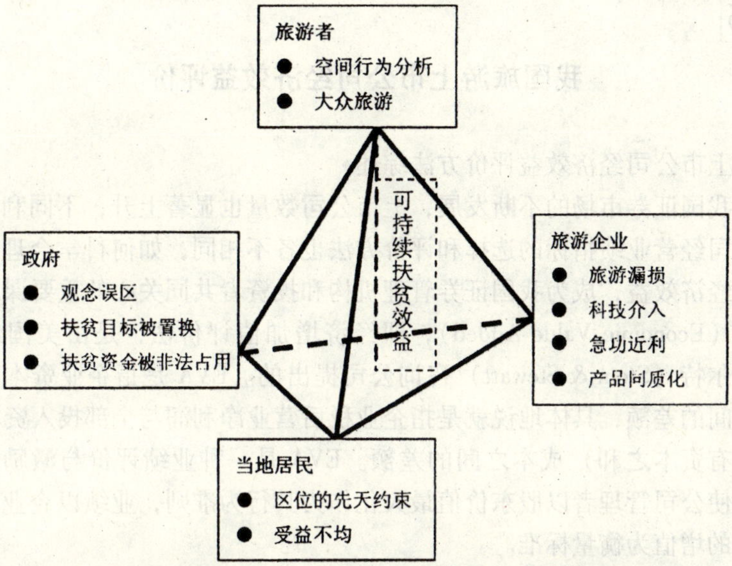

图2　影响我国可持续旅游扶贫效益的因子分析框架

该模型由两部分组成，一是处于顶端的以游客（产品需求方）为代表的客源地系统，一是处于底面的以政府、居民和旅游企业（产品供给方）为代表的目的地系统。只有目的地方面共同协作，政府在宏观上予以正确的指导旅游企业在产品开发过程中应尽可能照顾到当地居民的利益，当地居民也积极主动地参与到旅游开发中来，实现“1+1+1>3”的联动效应，共同打造优质产品，才能吸引足够的游客，实现游客流和资金流同时注入目的地，从而保证旅游的可持续发展，进而为旅游扶贫这座“公益大厦”夯实基础。有了游客的注入，再加上目的地积极实施有效管理，可持续扶贫效益就会上升到一个崭新的高度。

（资料来源：摘编自李刚、徐虹《影响我国可持续旅游扶贫效益的因子分析》，《旅游学刊》2006年第9期）

案例思考题：

1. 本案例对影响旅游可持续扶贫效益因子的分析有何利弊？为什么？
2. 试提出提高可持续旅游扶贫效益的对策建议。

案例 5

我国旅游上市公司经济效益评价

一、上市公司经济效益评价方法综述

随着我国证券市场的不断发展，上市公司数量也显著上升，不同利益相关者对上市公司经营业绩指标的选择和评价方法也各不相同，如何科学合理地评价上市公司的经济效益，成为我国证券管理机构和投资者共同关心的重要课题之一。

EVA（Economic Value Added），即经济增加值评价法，是由美国纽约斯特恩·斯图尔特（Stem & Stewart）咨询公司提出的。EVA 是指企业资本收益与资本成本之间的差额，具体地说就是指企业税后营业净利润与全部投入资本（借入资本和自有资本之和）成本之间的差额。EVA 是一种业绩评价与激励系统，其目的在于使公司管理者以股东价值最大化作为其行为准则，业绩以企业现有资产经济价值的增值为衡量标准。

EVA 评价方法在计算之前要对会计信息来源进行必要的调整，以便尽量剔除会计失真对评价的影响，增加了计算的复杂性和难度；现代公司治理结构理论上要求所有者将其决策权下放给经理层，而在中国这种管理理论、技术、市场、竞争环境均发展不够成熟的情况下，并不能很好地解决所有者和经营者之间的协调问题，也不能很好地反映企业经营业绩所涉及的各个方面的问题。由美国的詹姆斯·都德（James Dodd）和陈世民（Shimin Chen）对 1983—1992 年间的 566 家公司经营业绩进行的一项实证研究的结果并不能证明 EVA 提供比其他指标更多的信息，也就是难于证明 EVA 强于其他指标。

20 世纪 90 年代美国学者罗伯特·卡普兰（Robert Kaplan）和大卫·诺顿（David Norton）创建了用于绩效评价的平衡计分卡（Balance Score Card，简称为 BSC）。该方法是站在企业战略规划管理的立场上，从企业的财务、客户、内部经营过程和学习与成长 4 大方面来综合衡量和评价企业的经营业绩。非财务指标难以量化是平衡计分卡法的致命缺陷；平衡计分卡只是提供了一种思路、构建了一种理论框架，不是一种普遍适用的评价体系。企业在应用时都须根据自身战略管理的要求及外部环境的特点来选取不同的角度和指标进行平衡计分卡的设计，确定指标权重和业绩评价标准；4 个方面的评价标准缺乏共同的尺度；指标不仅需要收集大量信息，还要经过充分的加工后才有实用价值，对企业信息传递和反馈系统提出了很高的要求，平衡计分卡只具有相对的准确性。

在上市公司经营业绩的评价方面，目前国内享有较高声誉的是中国诚信证券评估有限公司与《中国证券报》合作推出的“中国上市公司经营业绩综合排序”，该排序自 1996 年以来每年都在《中国证券报》公布。其评价方法为：选择"净资产收益率"、"资产总额增长率"、"利润总额增长率"、"负债比率"、"流动比率"、和"全部资本化比率"作为评价指标，每家公司的每项指标的评分乘以该指标的权数后相加则得到总得分。加权加法评分合成法是综合评价中常用的一类方法，但这种方法的一个突出问题就是权数选择的主观性；同时这种方法未能考虑各指标间的相关程度，即各指标提供信息的重复程度，而实际中的各种指标间往往存在不同程度的相关。

因子分析法是从研究相关矩阵内部的依赖关系出发，把众多关系复杂的观测变量进行结构化处理，并最终归结为少数几个主因子（不相关）的高效统计分析方法。其基本思想是根据相关性大小把变量分组，使得同组内的变量之间相关性较高，不同组的变量之间相关性较低。每组变量代表一个基本结构，这个基本结构称为公共因子或主因子。

设 p 个可观测的指标为 x_1，x_2，…，x_p，m 个不可观测的因子为 F_1，F_2，…，F_m。则因子分析的数学模型可表示为：

$x_1 = \alpha_{11}F_1 + \alpha_{12}F_2 + \cdots + \alpha_{1m}F_m + \varepsilon_1$

$x_2 = \alpha_{21}F_1 + \alpha_{22}F_2 + \cdots + \alpha_{2m}Fm + \varepsilon_2$ （1）

……………………………………

$x_p = \alpha_{p1}F_1 + \alpha_{p2}F_2 + \cdots + \alpha_{pm}Fm + \varepsilon_p$

其中：$m < p$，

F_j（$j=1$，2，…，m）是公共因子，且两两之间正交。

ε_i（$i=1$，2，…，p）是特殊因子，只对 x_i 起作用。

α_{ij}是公共因子的荷载，是第 i 个指标在第 j 个因子上的荷载，或者说是相关系数。荷载较大，说明第 i 个指标与第 j 个因子的关系越密切；荷载较小则说明第 i 个指标与第 j 个因子的关系越疏远。因子分析法的目标就是要求能够控制原始指标的因子变量 F_{ij}，让其尽可能多地包含原始指标的信息，从而达到明确观测内容、简化观测系统的目的，从而来克服传统评价分析中存在的指标相关性和人为赋权等缺陷。

因子分析法利用数据本身得到各个指标在综合评分中的权重，很好地体现了经营业绩评价的客观性和公允性。虽然，选取时期的不同、样本的不同以及样本所处行业的不同会影响到最后的综合评价函数，但却不会降低在同一样本或时期公司经营业绩的可比性，这也是对传统评价方法中"权重一旦确定便很少变动"缺陷的克服。因此，利用因子分析法进行上市公司经济效益评价，无论作为单独的评价方法还是作为其他评价方法的参考和补充，都有着广泛的应用前景。

二、我国旅游上市公司的范围

我国证券市场建立初期，相关部门没有对上市公司进行统一的行业分类，上海、深圳交易所根据各自工作的需要，分别对上市公司进行了简单划分：上海交易所将上市公司分为工业、商业、公用事业和综合等4类；深圳交易所则分为工业、商业、公用事业、金融和综合等5类。沪深两市过于简单的划分结果直接导致了长期以来人们对旅游上市公司囊括范围的极大分歧。尤其是近几年来，旅游上市公司包含的具体数量在同一时期的不同文献中更是由二十几家到三十几家不等。造成这种情况的主要原因，一是旅游业涵盖范围广，涉及食、住、行、游、购、娱六个方面；二是公司上市初期的主营业务是旅游业，随着公司的发展和产业结构的调整，主业结构发生变化；三是一些上市公司涉足旅游业；四是一些公司的主业项目中具备旅游功能，如中视传媒的无锡影视城、东方明珠的电视塔。正是这四方面的因素，出现了多种对旅游板块上市公司的不同界定。

根据中国证监会（CSRC）于2001年4月颁布的《上市公司行业分类指引》中规定，以上市公司营业收入比重为分类标准，由证券交易所根据上市公司经会计师事务所审计的合并报表数据对上市公司进行分类。分类的原则和方法是当公司某类业务的营业收入比重大于或等于50%，便将其划入该业务相对应的类别；当公司没有哪类业务的营业收入比重大于或等于50%时，但某类业务营业收入比重比其他业务收入比重均高出30%，便将该公司划入此类业务相对应的行业类别，否则将其划为综合类。根据这一指引，最后统计的沪深两市旅游上市公司为32家，见下表。

中国旅游上市公司一览表

股票代码	公司名称	股票代码	公司名称	股票代码	公司名称
600258	首旅股份	000033	新都酒店	000835	四川圣达
600138	中青旅	000069	华侨城A	000610	西安旅游
600358	国旅联合	000524	东方宾馆	000043	深南光A
000428	华天酒店	000721	S西饮食	600749	西藏圣地
000430	S张家界	000500	建投能源	600593	大连圣亚
000888	峨眉山A	600754	锦江股份	000802	北京旅游
000978	桂林旅游	000691	ST寰岛	600515	S*ST一投
600054	黄山旅游	600650	锦江投资	000679	大连友谊
000639	金德发展	000711	天伦置业	000613	S*ST东海
000419	通程控股	000501	鄂武商A	002033	丽江旅游
600175	美都控股	600873	五洲明珠		

旅游上市公司的经营范围基本上是饭店、旅行社和景点娱乐业及与旅游业密

切相关的旅游商品开发等方面，上市公司都是进行资本经营的公司，其目的是净资产收益率的最大化，在组建上市公司和上市筹得资金后，都将资产转向了最能带来利润的行业，因此很难将旅游上市公司归到哪一类里面，最早上市的业务相对单一的公司，经过多年的经营，目前也包括了旅游业的其他方面，甚至是旅游业之外的行业。从公司上市时间的分布来看，1995年以前上市的公司以饭店类为主，1996年、1997年以景区、旅行社为主，1998年后以综合配置旅游要素的公司为主。

三、我国旅游上市公司经济效益评价

基于上述分析，在研究国内外已有的评价体系的基础之上，可以选择反映上市公司的盈利能力、偿债能力、营运能力、成长能力等10个指标，构建上市公司经营业绩评价指标体系。

（一）盈利能力指标

盈利能力对公司的业绩至关重要，所以用净资产收益率和总资产净利润率来分别描述。此外，以主营业务利润率作补充，因为在利润总额和净利润中常常会存在不稳定因素，如土地使用权转让、免税等，而主营业务利润率正是排除这些不稳定因素的指标，能较好地反映企业的真实盈利能力。

（二）偿债能力指标

短期负债方面，以流动比率和速动比率相互参照，而不是只选用常用的流动比率作为中心指标。流动比率可以反映一定的短期偿债能力，但流动比率高，并不等于企业已有足够的现金和存款来还债。短期偿债能力到底如何，还应参考速动比率，即按现行的财务通则或财务制度的规定从流动资产中剔除存货和预付费用后作为速动资产与流动资产的比率。

长期负债方面，采用资产负债率而不是利息保障倍数。二者虽然都是反映公司长期负债能力的重要指标，但鉴于利息保障倍数计算时需要利用利息费用一项，而我国现行利润表中未规定单列利息费用，而是将其混在财务费用中，外部分析者无从精确测算该指标，操作性差，因此，选用资产负债率。

（三）营运能力指标

考察资产运营方面最重要的两个方面是应收账款和存货周转效率。因此选取应收账款周转率和存货周转率。

（四）成长能力指标

考虑盈利和规模方面，因此选用每股收益增长率和总资产增长率。

（资料来源：摘编自刘立秋、赵黎明、段二丽《我国旅游上市公司经济效益评价》，《旅游学刊》2007年第4期）

案例思考题：

1. 根据本案例提出的评价指标和体系，中国旅游上市公司存在哪些问题？
2. 如何提高中国旅游上市公司的经济效益？

四、练习题参考答案

（一）名词解释

1. 现代旅游经济收益是指旅游经济活动的有效成果与劳动占用和消耗之间的比较。

2. 现代旅游微观经济收益是指在旅游经济活动中，旅游企业向旅游者提供旅游产品和服务而花费的物化劳动和活劳动同取得的经营收益的比较，也就是旅游经营收益同成本的比较。

3. 现代旅游宏观经济收益是指在旅游经济活动中，以尽可能少的劳动和资源的占用与耗费，而为全社会带来的综合成果和收益，即通过对旅游宏观成本和宏观收益进行比较，而获得尽可能多的经济效益、社会效益和生态环境效益。

4. 旅游收入是指旅游目的地国家或地区在一定时期内（以年度、季度、月度为单位），通过向旅游者销售旅游产品及相关商品和服务所得到的全部货币收入的总和。

5. 国际旅游收入是指旅游目的地国家或地区的旅游企业通过经营国际旅游业务，向国际旅游者提供旅游产品所取得的外国货币收入，通常称为旅游外汇收入。

6. 国内旅游收入是指旅游目的地国家或地区通过经营国内旅游业务，向国内旅游者提供旅游产品而取得的本国货币收入。

7. 基本旅游收入是指旅游目的地国家或地区向旅游者提供旅游交通、食宿、游览景点等旅游产品和服务所获得货币收入的总和，这也是每个旅游者在旅游过程中必须的旅游消费支出。

8. 非基本旅游收入是指在旅游活动过程中，旅游目的地国家或地区的旅游相关部门和企业，通过向旅游者提供医疗、电信、购物、美容、银行、保险、娱乐等服务所获得的货币收入的总称，也是旅游者在旅游过程中可能发生的各种费用支出。

9. 商品性旅游收入是指为国内外旅游者提供物质形态的旅游产品而得到的收入，主要包括销售旅游商品和提供餐饮等所获得的收入。

10. 劳务性旅游收入是指为旅游者提供各种劳务性旅游服务而获得的收入，

包括交通、住宿、游览、邮电通讯、文化娱乐及其他各种服务性收入。

11. 旅游固定成本是指在一定的业务范围内随业务量的增减变化而固定不变的成本。

12. 变动成本是指随着业务量增加变化而发生相应变化的成本。

13. 可控成本是指在一个会计期间某个责任单位有权确定开支的成本。

14. 不可控成本是指在一个会计期间内责任单位对成本费用的发生无法控制的成本。

15. 有形成本是指为开展旅游经济活动必须付出的直接成本，主要体现在经济上的支出。

16. 无形成本是指为发展旅游业而导致对社会、经济和生态环境等方面产生负面影响所花费的成本，即间接支付的成本。

17. 营业收入是指旅游企业在出售旅游产品或提供旅游服务中所实现的收入，包括基本业务收入和其他业务收入。

18. 经营成本是旅游企业从事旅游经济活动所耗费的全部成本费用之和，也是旅游企业的固定成本和变动成本之和。

19. 经营利润是指旅游企业的全部收入减去全部成本，并缴纳税收后的余额，其包括营业利润、投资净收益和营业外收支净额。

20. 旅游宏观收益是反映通过发展旅游业而为全社会带来的成果和收益，分为有形收益和无形收益。有形收益是指发展旅游业而给社会带来的直接经济利益；无形收益是指发展旅游业给旅游目的地国家或地区的社会经济带来的无法量化的收益。

21. 旅游宏观成本是指为开展旅游经济活动而形成的整个社会的耗费和支出，即旅游的社会总成本，分为有形成本和无形成本两部分。

22. 旅游投资效果系数是指旅游投资项目所获得的盈利总额同投资总额的比值，是反映旅游投资效益的重要指标。

23. 旅游带动系数是指旅游直接收入的增加对国民经济各部门收入增加的促进作用。

24. 旅游收入漏损是指旅游目的地国家或地区为了维持和发展旅游经济而支付外汇或因其他原因造成的旅游外汇的流失。

（二）判断题

1. ×　2. √　3. √　4. ×　5. ×　6. ×

（三）单项选择题

1. B　2. D　3. D　4. C　5. A　6. C　7. C　8. B　9. C　10. A

（四）多项选择题

1. ABCD 2. AB 3. ABCD 4. ABCD 5. BCD

（五）简答题

1. 旅游经营成本，按照费用类别可划分为营业成本、管理费用和财务费用；按照成本性质可划分为固定成本和变动成本；按照管理责任分类，可划分为可控成本和不可控成本。

2. 旅游企业和旅游经营者进行微观经济效益评价的方法主要有利润率分析法、盈亏平衡分析法和边际分析法。利润率分析法通过对一定时期内旅游企业的经营利润同经营收入、劳动消耗和劳动占用之间相互关系的比较，从不同角度反映旅游企业以及旅游经营者的经济效益状况；盈亏平衡分析法是对旅游企业的成本、收入、利润三者的关系进行综合分析，从而确定旅游企业的保本点营业收入，并分析和预测在一定营业收入水平上可能实现的利润水平；边际分析法是通过比较边际收入与边际成本来分析旅游企业实现最大利润的经营规模的方法。

3. 旅游经营收益包括旅游经营利润和旅游经营税收，旅游经营利润通常由营业利润、投资净收益和营业额外收支净额三部分组成；旅游经营税收是指旅游企业以及旅游经营者从事旅游经营活动而依法向国家缴纳的营业税、所得税和各种附加税等。

4. 旅游微观经济效益的评价指标有旅游营业收入，是指旅游企业在出售旅游产品或提供旅游服务中所实现的收入，其包括基本业务收入和其他业务收入；旅游经营成本，是旅游企业从事旅游经济活动所耗费的全部成本费用之和，也是旅游企业的固定成本与变动成本之和；旅游经营利润，是指旅游企业的全部收入减去全部成本，并缴纳税收后的余额，其包括营业利润、投资净收益和营业外收支净额。

（六）论述题

1. 旅游宏观经济效益的评价指标有旅游创汇收入和旅游总收入，旅游创汇收入指标，反映了旅游目的地国家或地区通过发展国际旅游，直接从国际旅游者的旅游消费支出中所得到的外汇收入，旅游总收入指标，是指旅游目的地国家或地区通过开展旅游经济活动从国际、国内旅游者的支出中所得到的全部收入，包括旅游外汇收入和国内旅游收入，反映了旅游产业发展的总规模收益，是评价旅游宏观经济效益的主要指标之一；旅游就业人数指标，反映了旅游产业发展过程中，为社会提供的劳动就业人数的总量；旅游投资效益系数，是指旅游投资项目所获得的盈利总额同投资总额的比值，是反映旅游投资效益的重要指标；旅游投资回收期，是指一项旅游投资项目回收的年限，是投资效果系数的倒数，也是反映旅游投资效益的重要指标之一；旅游带动系数，是指旅游直接收入的增加对国民经济各部门收入增加的促进作用。

旅游宏观经济效益的提高途径有改善宏观调控和完善旅游产业政策，即要求国家不断改善和加强宏观调控，对整个旅游产业的发展做出统一、科学合理的规划，制定和完善旅游产业政策，充分利用和发挥经济、行政、法律等调控的手段，调动社会各方面的积极性，促进整个旅游产业的发展；改革旅游经济管理体制和建立现代企业制度，即须对传统经济管理体制进行改革，按照市场经济的要求，建立适应社会主义市场经济的现代企业制度和旅游经济管理体制；加快旅游设施建设和提高旅游服务质量，旅游业的发展和旅游宏观经济效益的提高，离不开旅游“硬件”建设和“软件”建设，旅游“硬件”是指旅游产业的基础设施和接待设施等方面，旅游“软件”，就是指旅游服务质量；抓好旅游市场管理和加强法制建设，针对目前我国旅游市场建设和发展中存在的问题，一方面必须加快旅游业的法制化建设，建立健全旅游法规，使旅游业的发展有法可依、违法必究、执法必严，促进旅游业健康持续地发展，另一方面，要依法规范旅游市场主体行为，提高旅游市场管理水平，严厉打击各种违法经营行为，制止各种不正当竞争手段，使旅游行业管理逐步实现法制化、规范化和国际化，加快与国际旅游市场的接轨，促进旅游服务质量和旅游经济效益的不断提高。

2. 提高旅游微观经济效益的途径有开拓旅游市场和扩大旅游客源，即要随时掌握旅游客源市场的变化，对现有客源的流向，潜在客源的状况，以及主要客源国的政治经济现状及发展趋势进行调查、研究和分析，以便有针对性地进行旅游宣传和促销，不断开拓旅游市场，扩大旅游客源，并提供合适的旅游产品和服务，增加旅游企业的经营收入，不断提高旅游经济效益；提高劳动生产率和降低旅游成本，提高劳动生产率，就要提高旅游从业人员的素质，加强劳动的分工与协作，提高劳动组织的科学性，尽可能实现以较少的劳动投入完成同样的接待任务，或者以同样的投入完成更多的接待任务，以节约资金占用、减少人力财力物力的消耗；同时，提高劳动生产率还有利于充分利用现有设施，提高旅游设施设备的利用率，不断扩大营业收入，降低旅游产品成本，达到提高旅游经济效益的目的；加强经济核算和提高经济效益，加强旅游经济核算，有利于发现旅游经济活动中的薄弱环节和问题，分析其产生的原因和影响因素，有针对性地采取有效的对策和措施，开源节流，挖掘潜力，减少消耗，提高经济效益；提高旅游员工素质和改善服务质量，提高旅游员工的政治素质、专业知识、业务技能和道德修养，不断改善和提高服务质量，才能很好地满足旅游者的需求，促使他们增加逗留时间，增加旅游消费支出，从而相应提高旅游企业的经济效益；加强管理基础工作和改善经营管理，一是要加强标准化工作，促使各项活动都能纳入标准化、规范化和程序化的轨道，建立良好的工作秩序，二是要加强定额工作，制定先进合理的定额水平和严密的定额管理制度，充分发挥定额管理的积极作用，三是加强信息和计量工作，通过及时、准确、全面的信息交流和反馈，不断改善和提高服务质量，四是加强规章制度的制定和实施，严格各种工作制度、经济责任制度和奖惩制度，规范员工行为，促进经营管理的改善和提高。

3. 现代旅游经济效益是指旅游经济活动的有效成果与劳动占用和消耗之间的比较，简言之，即从事旅游经济活动的投入与产出的比值。

现代旅游经济效益的特点有旅游经济效益是宏观和微观效益的统一，即旅游经济效益不仅体现出旅游企业以及旅游经营者的经济效益，使旅游经济活动的主体及其组织得以生存和发展，而且还要体现整个旅游产业的宏观经济效益，并通过旅游经济活动及其较强的产业带动效应，把旅游经济活动所产生的经济辐射作用渗透到其他产业和部门，带动更大范围的社会经济的发展；旅游经济效益具有质和量的规定性，旅游经济效益的质的规定性，主要表现为取得旅游经济效益的途径和方法必须在国家有关法律、法规和政策的范围内和指导下，通过技术进步、加强管理和改善服务质量来实现，旅游经济效益的量的规定性是指旅游经济效益不仅能用量化的指标来反映，而且还能通过对指标体系的比较分析，发现旅游经济活动中存在的问题，从而寻求提高旅游经济效益的途径和方法；旅游经济效益的衡量标准是多方面的，即可采用多种指标进行综合分析和评价，如接待游客人数、游客逗留天数、旅游收入、旅游外汇收入、旅游利润和税收、客房率、游客人均消费、游客投诉率、资金利润率、成本利润率以及服务质量等多项指标。

影响现代旅游经济效益的因素有旅游者数量及构成，旅游者数量的多少与旅游活动中所占用和耗费的劳动量之间存在着一定的比例关系，若以较少的劳动占用和耗费，为更多的旅游者及时提供了优质的旅游产品和服务，则旅游经济效益就好，反之，若为一定的旅游者服务而劳动占用和耗费不断增加，则旅游经济效益就差，因此，旅游者数量的多少对旅游经济效益具有直接的影响；旅游物质技术基础及其利用率，旅游物质技术基础是指对各种旅游景观、旅游接待设施、旅游交通和通讯、旅游辅助设施的总称，各种旅游物质技术基础与旅游经济效益具有直接的关系，旅游物质技术基础条件好，则吸引的旅游者就多，从而使旅游收入增多，使劳动占用和耗费相对减少；旅游活动的组织和安排，旅游活动全过程涉及旅游者的食、住、行、游、购、娱等多方面的需求，这些需求是相互联系、衔接配套的，因此，在旅游活动中能否有效地提供旅游产品和服务，能否高质量地组织和安排好旅游者的旅游活动，就直接影响着旅游经济效益；旅游业的科学管理，旅游经济效益的提高最根本的是劳动生产率的提高，而劳动生产率的提高与现代科学管理的有效应用紧密相关，因此，旅游行业必须科学地组织劳动分工与协作，把食、住、行、游、购、娱等方面衔接配套好，才能有效地提高劳动生产率；旅游收入的漏损和防范，从一定意义上来说，旅游业本质上是开放性的行业，旅游目的地要与客源地以及其他地区建立一定的甚至紧密的联系，在此过程中，必然有部分旅游目的地的收入由于当地居民储蓄、纳税、旅游企业以及旅游经营者从外地甚至国外进口物资等而流出旅游目的地，在事实上会造成旅游目的地旅游收入的漏损，从而削弱、减少了应有的旅游经济效益，客观上会影响旅游目的地国家或地区的国民收入和国民经济的发展。

现代旅游经济效益的评价内容有旅游经济活动的有效成果同社会需要的比较，旅游产品同样具有价值和使用价值，只有当旅游产品能够有效地满足旅游者的需求，才能实现其价值，因此，必须把旅游经济活动的有效成果同满足社会需求相比较，生产和提供旅游者满意且又物美价廉的旅游产品，才能促进旅游经济效益的不断提高；旅游经济活动的有效成果同劳动消耗和占用的比较，作为旅游企业和经营单位，为了向旅游者提供旅游产品，必然要耗费社会劳动，占用资金，从而形成旅游经济活动的成本和费用，如果旅游经济活动只考虑满足社会需求，而不计成本高低，则是违背客观经济规律的，因此，要讲求经济效益就必须把旅游经济活动的有效成果（主要是利润和税金）同劳动占用和消耗进行比较，以评价旅游经济活动的合理性和旅游经济效益的高低；旅游经济活动的有效成果同旅游资源利用比较，旅游经济活动必须以旅游资源为基础，以市场为导向，充分有效地利用各种资源，通过把旅游经济活动的有效成果同旅游资源的利用相比较，可以揭示利用旅游资源的程度和水平，从而寻找充分利用旅游资源的途径和方法；旅游经济宏观效益与微观效益的比较，如果旅游经济活动只考虑旅游企业以及旅游经营者的经济效益，而不顾旅游业整体的宏观效益，则旅游企业以及旅游经营者的持续经济效益将缺乏有力的支持和保障，因此，讲求旅游经济效益必须把旅游经济活动的微观效益同宏观效益统一起来，才能保证旅游经济效益有效实现和不断提高。

（七）计算题

1.（1）保本点销售量：1 250 000 ÷ ［120 ×（1 − 5%）− 40］≈16 892（间）

保本点收入额：120 × 16 892 = 202.70（万元）

（2）如果要实现目标利润 210 万元，则应完成销售量和收入额

预计销售量：（1 250 000 + 2 100 000）÷［120 ×（1 − 5%）− 40］= 45 270（间）

预计收入额：120 × 45 270 = 543.24（万元）

（3）平均每天销售量：45 270 ÷ 360 ≈ 126（间）

平均每天销售收入额：126 × 120 = 15120（元）

平均每天客房出租率：126 ÷ 200 = 63%

2.（1）资金利润率：［100 ÷（1 000 + 200）］× 100% = 8.3%

（2）销售利润率：（100÷700）×100%＝14.3%

（3）成本利润率：（100÷400）×100%＝25%

3.（1）客房保本销售量：2 500÷［100－（100×15%）］≈30（间）

餐厅保本销售量：1 800÷［35－（35×40%）］≈86（份）

商品部保本销售量：800÷（25－20）＝160（件）

（2）保本销售额：100×30＋35×86＋25×160＝10 010（元）

第 13 章

现代旅游经济可持续发展

一、学习指导

（一）总体要求

通过对本章教材的学习及对习题、案例的掌握，可以了解旅游经济增长和发展的概念，分析比较不同旅游发展模式的特点，正确掌握旅游经济可持续发展的概念和重要性，旅游经济可持续发展的特点及规律，明确实现旅游经济可持续发展的观念、职责和重点。

（二）主要内容和知识点

1. 旅游经济增长与发展

（1）旅游经济增长的概念。

①概念：旅游经济增长是指一个国家或地区在一定时期内，旅游经济在数量上的增加和规模上的扩大，具体表现为旅游接待规模上扩大和旅游经济总产出数量增加，其反映了一个国家或地区旅游经济总量的变化状况。其通用衡量指标是旅游总收入增长率，同时，采用旅游经济的国民（内）生产总值（GNP 或 GDP）增长率来反映旅游经济增长变化状况。

② 影响旅游经济增长的因素。

A. 旅游资源开发及利用。

B. 旅游投资增长和效率。

C. 旅游就业数量和质量。

D. 旅游科技进步和应用。

E. 旅游业对外开放水平。

F. 旅游经济体制及管理。

（2）旅游经济发展的内涵。

①旅游经济增长与旅游经济发展。

旅游经济增长是推动旅游经济发展的首要因素，并为旅游经济发展奠定必要的物质条件和经济基础，但片面追求经济增长，容易造成旅游经济结构失调，需正确处理两者关系。

②旅游经济结构与旅游经济发展。

旅游经济结构主要包括旅游产品结构、市场结构、消费结构、产业结构、区域结构、管理结构等，在旅游经济发展中，必须在旅游经济增长的同时努力实现旅游经济结构的合理化和高度化。

③旅游资源利用和旅游经济发展。

通过对旅游资源的有效开发和利用，使旅游资源的价值真正得以充分体现，才能不断促进旅游经济发展。

④自然生态环境与旅游经济发展。

在旅游开发和经济发展中，都要把生态环境保护放在重要的位置，以加强环境保护为旅游开发创造良好的条件，以旅游开发促进生态环境的保护，实现旅游经济与生态环境保护的协调发展和良性循环。

⑤人们生活质量与旅游经济发展。

一方面，现代旅游经济活动是一种以文化和精神消费为主的活动，随着人们对高层次精神文化消费比重的提高，必然增加旅游产品的消费支出，从而促进旅游经济的不断发展。另一方面，旅游经济发展不断创造新的物质文化消费内容和方式，为人们的高层次文化和精神消费提供丰富的内容，不断改善和提高人们的生活质量。

（3）旅游经济发展模式。

旅游经济发展模式是指旅游经济发展的基本运行方式和管理体制。

①旅游经济发展的常规模式和非常规模式。

A. 旅游经济发展的常规模式源于西方经济发达国家，是建立在先发展国内旅游再逐步向国际旅游延伸发展的旅游经济发展模式。从旅游经济发展的条件及运行方式看，旅游经济常规发展模式实质上是一种依托发达的经济基础和旅游设施条件，以国内旅游充分发展为基础的发展模式；从其管理体制看，大多数是以旅游企业为主导，以旅游市场为基础，采取半官方或非官方的旅游管理体制。

B. 旅游经济发展的非常规模式是发展中国家普遍采取的旅游发展模式，是建立在先发展国际旅游，再由国际旅游向国内旅游延伸的旅游经济发展模式。

②旅游经济发展的大国模式和小国模式。

A. 旅游经济发展的大国模式是指国土面积较大的发达和发展中国家，其旅游经济发展呈现出一种非均衡发展的典型特征。

B. 旅游经济发展的小国模式是指国土面积较小的经济发达和发展中国家，是一种以丰富的旅游资源和发达的国际旅游为基本特征的旅游经济发展模式。

③政府主导型旅游发展模式。

政府主导型旅游发展模式本质上是把政府行为和市场导向有机结合起来，根据旅游市场发展趋势，通过政府强有力的行政干预，推进旅游经济的发展。可设置强有力的旅游行政管理部门；制定鼓励旅游业优先发展的产业政策；多方筹集资金，加大对旅游开发和建设的投入；加强对旅游行业的宏观管理。

2. 旅游经济可持续发展的特点和规律

（1）旅游经济可持续发展的重要性。

①旅游经济可持续发展有利于对旅游资源的保护和持续利用。

②旅游经济可持续发展有利于促进经济与社会、环境协调发展。

③旅游经济可持续发展有利于旅游市场的繁荣和稳定。

④旅游经济可持续发展有利于促进旅游经济增长方式的转变。

⑤旅游经济可持续发展有利于促进贫困地区尽快脱贫致富。

（2）旅游经济可持续发展的特点。

①旅游经济可持续发展的目标是满足人们的多样化需求。

②旅游经济可持续发展的重点是保护资源和环境。

③旅游经济可持续发展的前提是合理规划和开发。

④旅游经济可持续发展的保障是加强旅游行业管理。

（3）旅游经济可持续发展的规律。

①环境保护优先规律。

②环境承载力规律。

③综合协调发展规律。

④创新发展规律。

3. 旅游经济可持续发展的观念和重点

（1）旅游经济可持续发展的观念。

①旅游经济可持续发展的系统观。

②旅游经济可持续发展的资源观。

③旅游经济可持续发展的市场观。

④旅游经济可持续发展的产业观。

⑤旅游经济可持续发展的效益观。

（2）旅游经济可持续发展的职责。

①政府部门的职责。

②非政府部门的职责。

③旅游企业的职责。

④旅游者的职责。

（3）旅游经济可持续发展的重点。

①有效开发和合理利用旅游资源。

②重视和加强旅游环境的保护。

③加大对旅游经济可持续发展的资金投入。

④加快旅游经济可持续发展所需人才的培养。

⑤制定促进旅游经济可持续发展的政策。

（三）重点与难点

1. 教学重点

掌握旅游经济增长、旅游经济发展、旅游发展模式、常规发展模式、非常规发展模式、大国模式、小国模式、政府主导型发展模式、旅游经济可持续发展、环境保护超前规律、环境承载力规律、综合协调发展规律、创新发展规律等概念；明确旅游资源与旅游经济发展的关系、旅游环境与旅游经济发展的关系；重点掌握旅游经济可持续发展的重点内容；深刻认识旅游经济可持续发展的规律性；最终树立旅游经济可持续发展的观念、明确职责义务并在实际行动中体现。

2. 教学难点

相关概念的掌握以及如何培养学生树立旅游经济可持续发展的观念，最终实现旅游经济的可持续发展。

二、练习题

（一）名词解释

1. 旅游经济增长
2. 旅游经济发展
3. 旅游经济发展模式
4. 常规发展模式
5. 非常规发展模式
6. 大国模式
7. 小国模式
8. 政府主导型发展模式
9. 旅游经济可持续发展
10. 环境保护超前规律
11. 环境承载力规律
12. 综合协调发展规律
13. 创新发展规律

（二）判断题

1. 由于旅游总收入指标中不仅仅是新增价值，还包含了转移价值，它完全可以反映旅游经济新增总量的变化状况。（　）

2. 具有丰富旅游资源的地区可开发出优质的旅游产品，吸引众多的国内外旅游者，促进旅游经济的增长。（　）

3. 创造良好的对外开放条件，积极参与国际旅游市场的分工与竞争，吸引和招徕大量的外国旅游者是促进本国旅游经济增长的重要途径之一。（　）

4. 通常，旅游经济的增长离不开旅游投资的推动。在其他条件不变的情况下，旅游经济增长率一般与旅游投资增长率和投资效率呈负相关关系。（　）

5. 没有旅游经济增长就没有旅游经济发展，旅游经济增长是旅游经济发展的前提条件。（　）

6. 旅游经济发展的非常规模式是建立在先发展国内旅游，再逐步向国际旅游延伸发展的旅游经济发展模式。（　）

（三）单项选择题

1. 改善旅游环境的政策包括建立旅游警察部队、加强旅游执法监督、制定旅游行业标准和（　）等方面的促进政策，以形成良好的旅游环境

A. 落地签证　　B. 加强旅游人才培训
C. 建立旅游企业　　D. 引进外国旅游管理公司

2. 旅游经济发展的非常规模式通常是先发展（　），通过接待和满足外国旅游者需求，来全面带动国内旅游资源的开发和旅游设施的建设，逐渐形成国际旅游接待服务体系

A. 入境旅游　　B. 出境旅游　　C. 国际旅游　　D. 国内旅游

3. 旅游经济可持续发展的出发点和重点是（　）

A. 合理规划和开发　　B. 加强旅游行业管理
C. 保护资源和环境　　D. 满足人们多样化需求

4. 旅游经济可持续发展的保障是（　）

A. 满足人们多样化需求　　B. 保护资源和环境
C. 合理规划和开发　　D. 加强旅游行业管理

5. 以下不属于鼓励旅游业开发政策的是（　）

A. 建立和开发旅游景区　　B. 吸引国内外旅游投资
C. 购置旅游设施设备的优惠政策　　D. 提高旅游服务水平

6. 以下不属于旅游经济管理体制的是（　）

A. 所有制形式　　B. 旅游经济运行和发展计划
C. 信贷　　D. 工资

7. 现代旅游经济可持续发展的前提是（　）

A. 保护资源和环境　　B. 合理规划和开发
C. 满足人们多样化需求　　D. 加强旅游行业管理

8. 在其他条件不变的情况下，旅游经济增长率一般与旅游投资增长率和

（ ）呈正相关关系

A. 投资风险 B. 投资效率 C. 现金流量 D. 投资机会

9. 以下不属于旅游经济形式安排的是（ ）

A. 所有制形式 B. 产权制度 C. 税收 D. 经营方式

10. 以下不属于政府主导型发展模式特点的是（ ）

A. 设置强有力的旅游行政管理部门

B. 制定鼓励旅游业优先发展的产业政策

C. 加强对旅游行业的宏观管理

D. 完全按照市场的规律发展旅游经济

（四）多项选择题

1. 下列因素中影响旅游经济增长的有（ ）

A. 旅游资源开发及利用 B. 政府决策与投资

C. 旅游企业数量与质量 D. 旅游科技进步和应用

2. 旅游经济发展模式主要有（ ）

A. 常规与非常规模式 B. 大国与小国模式

C. 政府主导与市场主导型模式 D. 企业主导型模式

3. 创新发展规律从创新构成内容上分析主要包括（ ）

A. 人才创新 B. 技术创新 C. 制度创新 D. 政策创新

4. 旅游经济可持续发展的观念主要有（ ）

A. 系统观 B. 资源观 C. 技术观 D. 效益观

5. 一般讲，旅游资源从旅游资源的形成可分为（ ）

A. 恒定性资源 B. 循环性资源 C. 再生性资源 D. 非再生性资源

（五）简答题

1. 现代旅游经济增长的影响因素有哪些？
2. 简述现代旅游经济发展的内容。
3. 现代旅游经济可持续发展的特点。
4. 现代旅游经济可持续发展的规律。
5. 阐述旅游资源与旅游经济发展的关系。
6. 阐述旅游环境与旅游经济发展的关系。
7. 旅游经济可持续发展有哪些特点？
8. 旅游经济可持续发展有何重要意义？
9. 推进旅游经济可持续发展应树立哪些观念？
10. 旅游经济可持续发展应抓好哪些重点内容？

（六）论述题

1. 结合实际谈谈现代旅游经济可持续发展的观念和重点。
2. 论述各部门在旅游经济可持续发展中的职责和义务。

三、经典案例

案例 1

泰国可持续旅游发展战略

泰国的国际旅游业是亚洲发展中国家的佼佼者，泰国旅游业收入占泰国 GDP 的 7% 以上，是泰国最大的外汇收入来源之一。从 20 世纪末到 21 世纪初的头几年，全世界范围内不断发生天灾人祸，从 1997 年亚洲金融危机、2001 年“9·11”恐怖事件、2003 年美伊战争和亚洲地区的 SARS 疫情、2004 年泰国南部地区暴乱及禽流感的漫延，到 2004 年底的东南亚发生的海啸，这些都给泰国旅游业带来了巨大的挑战，但泰国旅游业总能战胜困难，继续以较高速度增长。这其中的原因，除了泰国政府应对得当，泰国原先形成的管理规范化和坚持以客为本的理念等之外，还有泰国政府制定的整体旅游业发展战略，尤其是泰国可持续旅游发展战略起到了不可或缺的作用。

一、泰国旅游局制定《1997—2003 年促进旅游业发展的政策》，该政策充分地考虑了旅游的可持续发展，包括以下几点内容。

1. 加强环境的保护与管理

（1）将促进艺术、文化的复兴及环境旅游资源的保护放在可持续发展旅游业的首要位置，使之能在保持国家原有风貌的基础上符合长期增长的旅客需求。

（2）增进公共与私人部门之间的合作，政府和当地团体一起承担、解决旅游业的相关问题，加强对旅游资源的管理，尽可能减少旅游资源的损失，促进旅游业的可持续发展。

（3）利用先进的技术手段支持基础设施的发展，尤其是通过计算机网络技术提供地区的相关资讯，推广泰国各地的景点。

（4）采用经济手段对旅游景点加以控制，如热门景点采取限制游客人数，增收使用税，采取不同价格体系和建立商业准入许可证等方式，目的是使游客量不超过景点的承受能力，将旅游对环境的负面影响减到最小。

（5）在努力开发新市场的同时，以不同形式开发旅游产品满足不同层次游客的需求。

2. 在促进旅游人才培养的同时，提高旅游服务质量

3. 提升旅游业在国民经济中的地位

4. 加强区域旅游业的合作

二、为了保证政策的连续性，2001 年泰国政府制定了《关于可持续旅游发展的国家议程》，《议程》中规划了 2002 年至 2006 年泰国旅游业发展战略。其中，可持续旅游发展战略是其核心战略之一。可持续发展战略包括的主要内容为如下四个方面。

1. 政府运用宏观调控及法律法规方面

（1）通过各种税收和经济手段，包括转让开发权等紧急措施来控制环境质量，减少污染，使地方政府有权对那些由于保护环境以及由于土地使用控制措施而蒙受商业损失者进行补偿。

（2）鼓励有关的政府机构贯彻实施全国生态旅游委员会制定的全国生态旅游行动计划，使该计划在全国得到和谐有效的实施。

（3）各省要提供更多的公用绿化区和露天活动场所。

（4）为保护生态系统制定法规和标准，以便对那些对环境带来不利影响的旅游行业进行治理。

（5）在根据《旅游法》确定旅游开发区之前的过渡阶段，政府应该根据 1992 年的《全国环境质量提高与保护法》，在那些旅游增多而无序并缺乏充足基础设施的沿海度假区内确定“污染控制区”和“环境保护区”。

2. 对旅游景点和景区的要求

（1）通过确认旅游需求来扩大旅游景点的承载力，这些需求往往超过并大于当地居民本身的需求，尤其是固体垃圾和废水处理能力。

（2）准确宣布关于对国家公园以及野生动物保护区内提供服务的政策，并公开服务计划、法规、服务时间和费用等。

（3）制定并公布准确的关于保护区内服务和娱乐区的生态、旅游管理规划，详细说明允许开发的地理区域、允许开展的活动以及允许开展活动所需要达到的标准，必须确保规划得以严格实施，以便在试点项目中树立一个良好的样板。

3. 加强宣传方面

向旅游者、学生和公众传播关于在生态旅游中正确行为的知识，并鼓励他们参与各种自然景点、历史景点、文化景点的环境保护工作。另外，还创建一个全国性的环境监测网络。

4. 信息技术手段的运用

（1）建立一个生态旅游开发信息中心。该中心将收集有关政府机构和其他在生态旅游相关领域工作的研究人员所做的研究工作的信息和技术信息。信息放在一个电子数据库系统上，以方便那些需要这些信息准备进行旅游开发和管理计

划的人获取。这一措施将有助于确保泰国的旅游业能以一种高效率的方式，在一个坚实的技术基础上发展。

（2）编写《生态旅游景点名录》。《名录》的内容包括有关生态旅游活动的信息，举行这些活动的旅游景点以及其他方面的详细情况，例如：现有设施、可进入性、特点以及特定旅游景点所面临的问题等。这些信息有助于建立一个关于全国各地旅游景点生态旅游开发与管理的数据库。

（3）完成泰国旅游局已经着手建立的旅游资源监测系统。有关在监测中发现的严重环境问题的信息，提供给全国旅游开发促进委员会办公室。此外，和地方环境团体一起创建一个网络，通过大众媒体传播这些信息，以造成社会压力，使那些相关人士在国家旅游资源的保护中承担起更多的责任。

（资料来源：王育谦：《泰国可持续旅游发展战略及借鉴》，《东南亚纵横》2006 年第 10 期）

案例思考题：

1. 政府在可持续旅游发展过程中应起到什么样的作用？

2. 根据泰国的实践来看，你认为法律法规对可持续旅游发展的实现起到的作用是什么？

3. 加强宣传教育和运用信息技术手段在推进旅游业可持续发展的过程中是否有必要？它们的作用表现在哪些方面？

案例 2

美国黄石公园可持续发展战略

自 1872 年美国国会批准建立黄石公园以来，作为世界上第一个真正意义上的国家公园，黄石公园在 130 多年的漫长岁月中得到了有效的保护。与此同时，建园时提出的“供人民游乐之用和为大众造福”这一宗旨也基本上变成了现实，黄石公园也做到了国家公园的可持续发展。从黄石公园的发展历程、运营方式和经营管理等方面来看，可以为我国旅游业的发展提供一系列值得借鉴之处。

一、制定可持续发展战略

黄石公园制定了如下的战略目标，以此作为实现可持续发展的行动指南：

1. 保护公园资源

（1）黄石公园的自然、文化及相关价值在良好的环境中得到保护、修复和维护，并且在广义上的生态系统和文化氛围中得到很好的经营。

（2）黄石公园在帮助人们获取自然、文化资源及相关价值的知识方面作出巨大贡献；关于资源和游客的管理决策是基于充分的科学信息的前提下做出的。

2. 成为向公众提供娱乐和游客体验的场所

（1）游客能安全地游览，并对可进入性、可获得性、多样性以及公园设施、服务的质量和娱乐机会感到满意。

（2）黄石公园的游客、所有美国人、全世界人民都能够理解并且赞赏为了当代以及子孙后代而对黄石公园的资源进行保护。

3. 确保机构运作的高效率

（1）黄石公园运用正确且高效率的管理实践、管理系统和管理技术以实现其使命。

（2）通过吸引合作伙伴、采取主动以及从其他机构、组织和个人获得支持来增强其管理能力。

二、多方筹资，获得最大的财政支持

除了依靠通常的门票、展示、展览项目的收入以外，黄石公园还努力拓展筹措资金的渠道，比如举办各种各样丰富多彩的文化娱乐活动、对垂钓爱好者发放垂钓许可证、接受来自社会各界的无偿捐款等等，这较好地解决了资金预算不足的问题，从而使可持续发展战略的实施有了较为充裕的资金支持。

三、随时随地的公众教育

无论是在游客到来之前，还是在公园的入口处，或是在各旅游景点，黄石公园的工作人员都会借助各种宣传媒介，通过所能得到的各种设施、设备对游客以及其他公众进行耐心、细致而又充满趣味的宣传、教育和讲解。其结果是，黄石公园对其自然、文化资源及相关价值的保护得到了公众的普遍认同和赞赏，随之而来的，就是这些听众或观众或读者从各个方面、以多种方式支持黄石公园对资源所采取的保护措施。

四、注重对员工的科学管理，使具有高素质的专业人员去实施可持续发展战略

从招聘新员工开始，公园的管理当局就十分注重员工的敬业精神、专业化水平。在工作过程中，公园还会定期或不定期地从公园内外聘请有关方面的专家对员工进行业务方面、资源保护方面的专业化培训，以提高员工对资源保护的意识和能力。

五、开展各种科学研究工作，获得技术支持

一方面，公园独特的地质地貌和一些珍稀的野生动物对许多科研人员和高校学生具有很大的吸引力；另一方面，公园采取各种措施为来访的科研人员提供便利条件。因此许多的科研项目得以在公园内顺利地开展并取得了一些科研成果。其中不少科研成果还取得了可观的经济效益和社会效益，这本身就是可持续发展

的体现；此外，科研成果对于可持续发展战略的实现也是一种技术上的支持。

六、建立完善的规章制度，加大实施力度

尽管有《国家公园服务法》以及其他与保护公园的自然、文化资源有关的法律、法规，构成了黄石公园实施可持续发展战略的良好的法律环境，黄石公园也根据其自身特点建立了较为完善的规章制度，它不仅仅涉及对游客的行为举止及其他活动进行限定、约束以及在必要的时候采取处罚措施，而且也涉及如何对公园的工作人员进行科学有效的管理。

（资料来源：邹统钎：《旅游景区开发与经营经典案例》，旅游教育出版社2003年版）

案例思考题：

1. 我国目前有哪些比较著名的主题公园？
2. 美国黄石公园的经营管理可以为我们提供哪些宝贵的经验？
3. 我国旅游景区景点应该如何结合当地实际情况实现旅游业可持续发展？

案例3

云南迪庆转变旅游发展模式，实现可持续发展

国家公园是对重要生态区域进行合理开发和保护，在世界各地广泛采用的有效管理体制，是一个能以较小面积为公众提供欣赏自然和了解历史文化的场所，具有较好的经济效益，能够繁荣地方经济、促进科学和国民环境教育，并使自然环境和生物多样性得到有效保护，实现人与自然的可持续发展。

迪庆州按照云南省委、省政府确立的迪庆旅游发展规划，进一步总结推广国家公园模式，打造迪庆国家公园集群，全面提升迪庆香格里拉品牌，打造世界级的精品旅游胜地。建设香格里拉五大国家公园是在云南省委、省政府的关心重视下，迪庆州委、州政府主导推出的一种全新的旅游景区开发建设保护模式。

2007年中国内地首个国家公园普达措国家公园的建成投入使用，使迪庆旅游业有了质的提高，以全新理念打造的国家公园为龙头的旅游开发模式正在成为引领迪庆旅游“二次创业”，提质增效的强劲动力。普达措地处“三江并流”腹地，拥有世界一流的地质遗迹、自然风光、生物种群和众多的人类文化遗产。普达措国家公园面积近2 000平方公里，包括属都湖、碧塔海、霞给藏族文化生态旅游村三部分。这是中国目前唯一的国家公园，也是美国设立黄石国家公园以来，“国家公园”的概念首次在中国出现。

2008年以来，迪庆州进一步总结和推广国家公园模式，集中力量建设五大国家公园，其中，普达措国家公园一期计划总投资90 000万元，2008年计划完成投资2 000万元，目前完成投资267万元，员工宿舍、属都湖段迎奥运专项栈道建设也均完成并投入使用；梅里雪山国家公园，计划总投资130 000万元，2008年计划完成投资10 000万元，实际完成投资300万元。现已完成项目的所有规划、可研、环评报告、项目核准、地勘、使用林地的可研报告等的编制和审批工作，完成了各标段的指标、合同谈判、公证等工作，建设用地的征地拆迁、勘测定界工作和架设电线、安装变压器等各项工作正有序展开。此外，三个标段的施工队伍已进场开工；塔城滇金丝猴国家公园目前完成投资400万元，进入了全面施工阶段，各项工程已按计划顺利实施；虎跳峡国家公园也完成该项目的可行性研究报告，正加紧办理各项报批手续。国家公园的相继开工建设使迪庆香格里拉旅游拥有了极佳的支撑，使迪庆实现由主要依托资源型旅游发展向依靠资源与知识科技相结合、提升旅游品质和内涵转变；由把过去强调旅游硬件建设向软硬件建设并重、营造更加良好的旅游环境转变；由主要是吸引国内大众游客向主要吸引国内外高端游客转变；由单纯依靠保护生态环境向创造生态环境转变的四个转变有了现实的基础。

（资料来源：《云南迪庆建设国家公园转变旅游发展模式》，中国旅游网，2008年8月）

案例思考题：

1. 迪庆建设国家公园对当地旅游业的可持续发展的积极作用表现在哪些方面?

2. 我国其他地方政府、企业应该从迪庆州的做法中吸取什么样的宝贵经验?

案例4

青海创新旅游发展新思路

当前青海省旅游业正处于加快发展的关键时期，青海省旅游局联合全省各旅游部门着力以科学发展观开发旅游资源，以促进旅游产业全面协调可持续发展。青海省委、省政府明确提出发挥比较优势、发展特色经济的战略指导思想，把旅游业作为新的经济增长点来培育。青海旅游工作指导思想也发生了重大转变，由原来单纯的行政管理逐步转变到面向全省从宏观上指导产业发展。

要以青海湖、鸟岛、沙岛为支撑点，结合“环青海湖国际公路自行车赛”

品牌和当地民族文化，开发一批具有鲜明地域特色、民族特色和观赏性、娱乐性的民族文化、体育健身活动项目，将青海湖建成以湖光山色草原风情和体育健身为特色的青海旅游形象品牌。

要进一步完善西宁市的城市旅游功能，提高城市文化品位，发展观光、度假、避暑、商务、朝觐、购物旅游，打造“中国夏都”品牌，使西宁市成为全省的旅游中心和“青藏线”旅游者的主要集散地。同时，整合西宁周边区域旅游资源，重点推出塔尔寺、日月山、热贡艺术、柳湾彩陶、互助土族风情、海晏原子城、金银滩草原等自然和人文景观，构建西宁市旅游的“后花园”。

要以“贵德”为核心，以“清清黄河”为主线，加快开发黄河沿岸的自然风光、撒拉族风情、温泉疗养、宗教文化等旅游产品，形成黄河文化旅游带；开发连接龙羊峡、公伯峡、李家峡等梯级电站的黄河明珠工业旅游线，发展工业旅游。

要加强与西藏自治区的协作，全面规划西宁至拉萨旅游线，充分展现青藏高原独特的历史文化、雄浑的山河、丰富的高原生态、浓郁的民族风情和神秘的宗教文化。近期要重点开发盐湖旅游资源，着力推出中国盐湖城工业旅游品牌；挖掘整理昆仑文化，开发昆仑山、西王母瑶池等景点，建设完善玉珠峰登山基地。

要探索极限生态环境下的旅游开发和保护相结合的有效方式和途径，在保护好“三江源”生态环境的前提下，深挖高原奇特的自然景观和特色文化，积极推进“三江源”世界文化遗产和玉树玛尼文化景观的申报工作，开发观光、生态、科考、猎奇、探险、登山等旅游产品，把“三江源”培育成青海旅游的重要增长点。

青海省将充分利用自然风光、历史文化和民族风情资源，突出高原旅游、生态旅游、健康旅游，促进旅游产业从低水平、粗放型向高层次、集约型转变。进一步加强旅游基础设施、重点景区建设和相关配套服务设施建设，积极开发具有文化底蕴和民族特色的旅游资源、旅游产品，加强旅游业的区域协作。重点打造环西宁“中国夏都”旅游圈、环青海湖风光和体育旅游圈、青藏铁路世界屋脊旅游带、黄河上游水上明珠旅游带和三江源生态旅游区，促使旅游业尽快成长为第三产业龙头。

（资料来源：《新起点、新思路、新青海：旅游业腾飞正当时》，《青海日报》，2007－05－31）

案例思考题：

1. 青海省旅游业发展的思路是如何将可持续发展观融入其中的？
2. 试分析政府主导型旅游发展模式在青海旅游发展中的作用。

案例5

碧峰峡景区开发与管理

2000年，碧峰峡景区作为创新旅游开发的先驱，以其独到的开发模式、先进的开发理念、准确的市场定位、门对门的全过程市场营销观念走出了一条旅游景区可持续发展的资源开发之路。

碧峰峡的资源开发过程，可以看出，其最大的特色就在于不断创新。正如万贯集团董事长陈清华所说“创新是旅游开发的灵魂”。万贯集团在开发碧峰峡的过程中，一直坚持创新的原则。一次性买断风景区50年的经营权，由企业独家开发国有旅游资源，是万贯创新的投资模式；开发国内第一家生态动物园，碧峰峡又实现了产品的创新；开展门对门的全程营销是创新的营销观念；社区化的管理模式是碧峰峡的又一创新点。可以说，在碧峰峡开发经营的全过程中，创新一直和景区的发展同步而行。此外，碧峰峡景区的资源开发和景区管理模式主要是采取以下方式：

一、开发模式

1. 碧峰峡模式：1998年1月，雅安市与成都万贯集团签订合同，在雅安市政府的监督下，依照保护、开发、建设、利用的原则，由万贯集团出资独家开发碧峰峡风景区，期限为50年，在此期限内，万贯集团付资源保护金500万元。这就是让中国旅游业界为之争执不休的旅游资源开发模式——碧峰峡模式。这种开发模式的主要特征就是：政府出资源，企业出资本，在保护生态的前提下，授权一家民营企业在相当长的一段时期内对资源整体控制和开发，即旅游资源的国有民营模式。

2. 新碧峰峡模式：随着碧峰峡景区的日益发展，万贯集团在原有模式的基础上，不断创新，使原有模式在资源开发、经营、管理、生态保护等方面日趋成熟，新碧峰峡模式可概括地表述为：就是在一个风景旅游区内，由政府统一规划、授权一家企业较长时间内独立经营和管理，组织一方或多方投资建设，统一规范、有序经营，达到资源优化配置、永续利用，使景区的社会效益、经济效益、生态效益协调发展。

二、准确的市场定位

碧峰峡景区通过市场调查，把市场定位为大都市中迫切需要放松身心、把旅游作为生活重要组成部分的城市居民。他们注重精神享受，渴望贴近自然，希望通过旅游学习新的事物，享受旅游活动本身带来的舒畅感觉。针对这一市场定位，开发了一系列生态旅游产品，同时更好地满足游客需求，碧峰峡还把欢乐的概念引入景区的每一个环节，使旅游者在旅游活动中能尽量体验参与的乐趣、贴近自然的美感、深度思考带来的震撼、与动物和谐相处的愉悦之情。

三、可持续发展理念的运用

碧峰峡景区把可持续发展的理念落实到景区开发经营的全部过程中。万贯集团深知资源是企业的生命线，而生态的好坏则决定了企业的可持续经营，没有生态资源和自然资源，万贯集团就无法在50年的时间内持续创造效益，因此从景区规划开始，公司就把生态保护放在开发之前；在日常管理中，注重对生态的维护和对广大参与者的生态教育；在经营中，开发生态型旅游产品；把生态效益放在经济效益之前，从而确保了景区的可持续发展。这是碧峰峡景区开发与传统景区开发截然不同的地方，使得碧峰峡景区成功地开创了旅游景区保护和开发、环境与效益相结合的完美典范。

（资料来源：邹统钎：《碧峰峡景区：民营资本塑造生态乐园》，载于《旅游景区开发与经营经典案例》，旅游教育出版社2003年版）

案例思考题：

碧峰峡景区在推进旅游可持续发展方面有哪些值得借鉴的经验？由此可思考中国旅游业应该通过什么样的途径实现可持续发展。

四、练习题参考答案

（一）名词解释

1. 旅游经济增长是推动旅游经济发展的首要因素，并为旅游经济发展奠定必要的物质条件和经济基础。

2. 旅游经济发展不仅包括旅游经济总量的增长，还包括旅游服务水平提升、旅游经济结构优化、旅游资源有效利用、旅游生态环境改善、旅游经济效益提高和人们生活质量不断改善等，即整个旅游经济质的变化和提升。

3. 旅游经济发展模式是以旅游经济发展的主要内容为目标，在一定的社会经济条件下所形成的旅游经济运行方式和管理体制。

4. 常规发展模式是建立在先发展国内旅游，再逐步向国际旅游延伸发展的旅游经济发展模式。

5. 非常规发展模式是建立在先发展国际旅游，然后由国际旅游向国内旅游延伸的旅游经济发展模式。

6. 大国模式指国土面积较大的国家，包括经济发达国家和发展中国家，其旅游经济发展呈现出一种非均衡发展的典型特征。

7. 小国模式包括国土面积较小的经济发达国家和发展中国家在内，是一种以丰富的旅游资源和发达的国际旅游为基本特征的旅游经济发展模式。

8. 政府主导型发展模式指根据对采取政府主导型发展模式的分析和考察，其本质特征是把政府行为和市场导向有机结合起来，根据旅游市场发展趋势，通过政府强有力的行政干预，推进旅游经济的发展。

9. 旅游经济可持续发展是指在充分考虑旅游与自然资源、社会文化和生态环境相互作用和影响的前提下，把旅游开发建立在生态环境承受能力之上，努力谋求旅游业与自然、文化和人类生存环境协调发展，并福及子孙后代的一种经济发展模式，其目的在于为旅游者提供高质量的感受和体验，提高旅游目的地人民的收入水平和生活质量，并切实维护旅游者和旅游目的地人民共同依赖的环境质量。

10. 环境保护优先规律是指旅游资源和环境的破坏往往不易引起人们的重视和注意，只有当旅游业发展对资源和环境的破坏程度超过一定的界限，甚至持续一段时间，使人们的视觉消费受阻，难以享受到外界的快感，才会普遍产生社会性的旅游环境保护意识和行为，因此，环境保护必须超前于旅游资源开发。

11. 环境承载力规律指旅游经济的可持续发展必须以不超过旅游目的地环境承载力为前提，并以此作为旅游业各方面发展的依据。

12. 综合协调发展规律指以旅游活动各环节或各要素为纽带，在统一管理、统一协调的前提下，谋求旅游业与其他行业或部门以及旅游业内部各方利益的最大一致化。

13. 创新发展规律就是旅游活动中有关环节或要素在内外因素的作用下，减少了旅游活动内部矛盾并促使旅游活动呈现出更高级的特征，提高了旅游经济的运行质量和效果，从而带动旅游经济健康、持续地发展。

（二）判断题

1. × 2. √ 3. √ 4. × 5. √ 6. ×

（三）单项选择题

1. B 2. A 3. C 4. D 5. D 6. A 7. B 8. B 9. C 10. D

（四）多项选择题

1. AD 2. ABC 3. BC 4. ABD 5. ACD

（五）简答题

1. 现代旅游经济增长的影响因素主要有：

（1）旅游资源开发及利用，旅游资源作为旅游活动的对象是客观存在的，其禀赋状况不仅决定了一个国家或地区能否开发和发展旅游业，而且直接影响到旅游经济的增长。

（2）旅游投资增长和效率，旅游投资是旅游经济活动的各种投入要素的价值体现，是实现旅游经济增长的基本前提条件。通常旅游经济的增长离不开旅游投资的推动，在其他条件不变的情况下，旅游经济增长率一般与旅游投资增长率和投资效率成正相关关系。

（3）旅游就业数量和质量，劳动力不仅是经济增长的主要生产要素，也是推动旅游经济增长的重要因素，因为在其他条件不变的情况下，国内生产总值就是一定时期内劳动就业量与社会平均劳动生产率的乘积，因此旅游就业人数的数量和质量直接对旅游经济增长产生影响作用。

（4）旅游科技进步和应用，在现代科学技术发展日新月异的情况下，旅游经济能否实现持续的增长还取决于对科学技术的应用。尤其旅游业是一个以现代科技应用为核心内容的新兴产业，不论是包括食、住、行、游、购、娱在内的旅游产品的开发，还是整个旅游活动过程的组织和管理都离不开对现代科学技术的广泛应用。

（5）旅游业对外开放水平，现代旅游活动已经发展成一种全球性的经济活动，决定了旅游经济必然是一种开放型经济，离不开国际之间的交流和往来，因此旅游经济增长必然受到一个国家或地区对外开放条件和水平的作用和影响。

（6）旅游经济体制及管理，旅游经济体制是社会生产关系的具体形式，即旅游经济运行关系，它也是影响旅游经济增长的重要因素，尤其是我国从计划经济体制向市场经济体制的转型过程中，旅游经济体制改革和制度创新不仅对现实旅游经济增长具有直接的推动作用，而且在未来较长时期内仍将成为推动旅游经济增长的重要因素。

2. 现代旅游经济发展的主要内容有：

（1）旅游经济增长与旅游经济发展，旅游经济增长是推动旅游经济发展的首要因素，并为旅游经济发展奠定必要的物质条件和经济基础，但片面追求经济增长，容易造成旅游经济结构失调，需正确处理两者关系。

（2）旅游经济结构与旅游经济发展，旅游经济结构主要包括旅游产品结构、市场结构、消费结构、产业结构、区域结构、管理结构等，在旅游经济发展中，必须在旅游经济增长的同时努力实现旅游经济结构的合理化和高度化。

（3）旅游资源利用和旅游经济发展，通过对旅游资源的有效开发和利用，使旅游资源的价值真正得以充分体现，才能不断促进旅游经济发展。

（4）自然生态环境与旅游经济发展，在旅游开发和经济发展中，都要把生态环境保护放在重要的位置，以加强环境保护为旅游开发创造良好的条件，以旅游开发促进生态环境的保护，实现旅游经济与生态环境保护的协调发展和良性循环。

(5) 人们生活质量与旅游经济发展，一方面，现代旅游经济活动是一种以文化和精神消费为主的活动，随着人们对高层次精神文化消费比重的提高，必然增加旅游产品的消费支出，从而促进旅游经济的不断发展。另一方面，旅游经济发展不断创造新的物质文化消费内容和方式，为人们的高层次文化和精神消费提供了丰富的内容，不断改善和提高了人们的生活质量。

3. 现代旅游经济可持续发展的特点包括：

(1) 旅游可持续发展的目标是满足人们多样化的需求，因为人类需求一般包括物质生活的需求，精神文化的需求和良好生态环境的需求。尤其是随着社会经济的发展，人们对无污染的空气、洁净的水和食品，优美的居住环境及自然景观的追求将日益迫近。

(2) 现代旅游经济可持续发展的重点是保护资源和环境，旅游经济可持续发展的实质是谋求旅游与自然、文化与人类生存环境融合为一个和谐的整体，因此对资源和环境的保护就成为旅游经济可持续发展的基本出发点。

(3) 现代旅游经济可持续发展的前提是合理规划和开发，合理的规划与开发是旅游经济实施可持续发展的前提条件，是保护资源和环境的手段。

(4) 现代旅游经济可持续发展的保障是加强旅游行业管理，加强对旅游行业的管理与合理的旅游规划和开发是同等重要的，从旅游经济可持续发展的角度看，甚至比旅游规划和开发更为重要。

4. 现代旅游经济可持续发展的规律：

(1) 环境保护超前规律环境承载力规律，首先要树立良好的旅游环境保护意识，其次要抓好旅游资源开发和旅游业发展中的环保立法与执法工作，再次要增大旅游环境保护中投入，建立良性的循环机制。

(2) 环境承载力规律，所谓环境承载力原是指一定的草场能稳定地支持畜牧的规模大小，以保证牧草的再生能力，这一概念的引用和延伸，就把生态环境与人口规模结合起来，研究人口规模在何等程度时能保证生态环境的持续性。

(3) 综合协调发展规律，旅游经济发展牵涉面广，与其他行业或部门的融合度较高，从而要求旅游经济的发展必须获得其他相关行业或部门的支持为前提，而旅游经济发展的结果又要体现出多方面的效益和积极的结果，使支持旅游业发展的其他行业或部门也获得应有的经济效益和积极的结果。

(4) 创新发展规律，旅游经济可持续发展实质上是动态的综合发展，发展的过程既要体现出旅游业实力的不断增强和经济效益的不断提高，又要体现出社会、资源、环境等方面的质量不断改善。

5. 旅游资源是能够为旅游业所利用的一切自然资源和人文资源的集合；旅游经济发展是指人们以经济效益为目的，以满足旅游者需求为重点，为了充分发挥旅游资源的吸引力，而围绕旅游资源所进行的一系列开发和建设活动。通常对旅游资源开发合理得当，会使旅游资源得到有效利用，相反会造成对旅游资源的破坏和毁损，因此，必须处理好旅游资源和旅游经济发展的关系，通过对旅游资源的有效开发和利用，使旅游资源的价值真正得以充分体现，才能不断促进旅游经济发展。

6. 旅游经济发展与旅游环境是紧密联系在一起的。一方面，良好的旅游环境是旅游经济发展的前提和基础，因为旅游活动都是人类与周围环境进行物质和能量交换的过程，没有良好的旅游环境就没有旅游；另一方面，旅游经济发展的实质就是利用优美的自然环境条件，按照人们的要求进行一定的改善和提高，形成各种各样的风景旅游区和良好的旅游环境，满足人们不断增长的旅游需求。

7. 旅游经济可持续发展的特点包括：

（1）旅游可持续发展的目标是满足人们多样化的需求，因为人类需求一般包括物质生活的需求，精神文化的需求和良好生态环境的需求。尤其是随着社会经济的发展，人们对无污染的空气、洁净的水和食品，优美的居住环境及自然景观的追求将日益迫近。

（2）现代旅游经济可持续发展的重点是保护资源和环境，旅游经济可持续发展的实质是谋求旅游与自然、文化与人类生存环境融合为一个和谐的整体，因此对资源和环境的保护就成为旅游经济可持续发展的基本出发点。

（3）现代旅游经济可持续发展的前提是合理规划和开发，合理的规划与开发是旅游经济实施可持续发展的前提条件，是保护资源和环境的手段。

（4）现代旅游经济可持续发展的保障是加强旅游行业管理，加强对旅游行业的管理与合理的旅游规划和开发是同等重要的，从旅游经济可持续发展的角度看，甚至比旅游规划和开发更为重要。

8. 旅游经济可持续发展的意义：

（1）可持续发展有利于对旅游资源的保护和持续利用，旅游资源作为旅游业存在和发展的基础，开发和利用的种类越多，级别越高，对旅游者的吸引力越大。

（2）可持续发展有利于促进经济与社会、环境协调发展，可持续发展是一种综合、系统的发展观，它不同于传统经济学中“经济增长”的含义。“经济增长”只是指人均国民生产总值的提高，而可持续发展还包含社会经济结构的进化与环境发展目标的实现。

（3）可持续发展有利于旅游市场的繁荣和稳定，旅游市场是旅游业得以存在和发展的前提。旅游市场的繁荣、发展将使得旅游经济的活动范围不断扩大、实力不断增强。

（4）可持续发展有利于促进旅游经济增长方式的转变，旅游业发展的重要前提之一就是要有充裕的客源市场，因而旅游者人数的多少在一定程度上决定着旅游目的地的旅游业发展水平。

（5）可持续发展有利于促进贫困地区尽快脱贫致富，在中国，绝大多数高品位、有特色的旅游资源，主要分布在少数民族贫苦地区，许多资源也面临着由于贫困而导致的破坏。因此，通过旅游资源开发而促进贫困地区脱贫致富，提高生活质量是可持续发展的重要内容。

9. 旅游经济可持续发展的观念包括：

（1）旅游经济可持续发展的系统观，是把自然圈、生物圈和社会圈视为一个完整的生态系统，其核心是强调人与自然、人与环境、人与社会相互依赖、相互和谐的共生共存关系。

（2）旅游经济可持续发展的资源观，旅游业作为一种以观光、休闲为主的产业，旅游资源是其发展的基础和条件，损坏旅游资源就是损坏旅游经济的发展基础。因此旅游经济要实现可持续发展，就必须确立新的资源观念。

（3）旅游经济可持续发展的市场观，没有市场需求的旅游资源开发及各种旅游设施建设，不仅不能形成有吸引力的旅游产品和旅游目的地，而且还会造成对旅游资源的浪费和生态环境的破坏。

（4）旅游经济可持续发展的产业观，从产业经济的角度看，任何经济发展的过程都可以看成是某些支柱产业形成和充分发挥其作用的过程。

（5）旅游经济可持续发展的效益观，提高效益，促进生产力水平的发展是社会经济发展的根本目标。旅游业作为一项经济产业，在其发展中应始终把提高经济效益、社会效益和环境效益作为主要的目标，推动整个社会生产力的发展。

10. 旅游经济可持续发展应抓以下重点内容：

（1）有效开发和合理利用旅游资源，恒定性旅游资源，再生型旅游资源，非再生型旅游资源。

（2）重视和加强旅游环境的保护，旅游目的地向旅游者提供各种景点、公园及景观时，不能损坏当地的生态环境和社会经济环境，必须使旅游活动与自然环境、社会文化形成一个和谐、有机的整体，形成一个符合人类愿望的、可持续发展的旅游业；各旅游目的地在接待旅游者时，不能超过旅游景区、景点的承载力；围绕旅游景区、景点和旅游地的开发建设，发展适当的交通系统，重点放在公共交通工具和无污染的交通手段；尽可能保护地方文化的本质特征及真实性，维护各种历史文物古迹等。

（3）加大对旅游经济可持续发展的资金投入，积极争取国家各种专项建设资金的扶持；建立各级政府的旅游发展专项基金；积极引进国内外资金；多形式的筹集社会资金。

（4）加快旅游经济可持续发展所需人才的培养，一是要根据旅游经济可持续发展的战略和目标，结合各地区旅游人才的需求状况、层次结构、专业比例，制定相应的旅游人才培养的发展规划；二是依托大专院校、中专职业学校及利用各种社会办学条件，多形式地加快旅游人才的培养；三是依托有关院校，培养具有旅游业相关技能的各类人才；四是制定行之有效的人才使用和管理的制度，形成合理的人才流动机制积极吸引国内外各类旅游人才流入，从而促进旅游经济的可持续发展。

（5）制定促进旅游经济可持续发展的政策，遵循各种经济关系相互作用的规律性，运用各种财政、金融、税收、价格政策及手段调节旅游经济活动，促进旅游资源的开发和环境保护，保证旅游经济的可持续发展；积极采取行政政策和手段进行调控；我国旅游业起步晚，发展速度快，因此加强旅游法制建设和法律政策研究，努力运用旅游法规和法律政策来调控和管理各种旅游经济活动，才能使整个旅游业做到有法可依、有法必依、执法必严、违法必究，从而把旅游经济的发展纳入法制的轨道，使旅游经济能在法制化的轨道上健康发展。

（六）论述题

1.（1）现代旅游经济可持续发展的观念包括：①旅游经济可持续发展的系统观是把自然圈、生物圈和社会圈视为一个完整的生态系统，其核心是强调人与自然、人与环境、人与社会相互依赖、相互和谐的共生共存关系。②旅游经济可持续发展的资源观，旅游业作为一种以观光、休闲为主的产业，旅游资源是其发展的基础和条件，损坏旅游资源就是损坏旅游经济的发展基础。因此旅游经济要实现可持续发展，就必须确立新的资源观念。③旅游经济可持续发展的市场观，没有市场需求的旅游资源开发及各种旅游设施建设，不仅不能形成有吸引力的旅游产品和旅游目的地，而且还会造成对旅游资源的浪费和生态环境的破坏。④旅游经济可持续发展的产业观，从产业经济的角度看，任何经济发展的过程都可以看成是某些支柱产业形成和充分发挥其作用的过程。⑤旅游经济可持续发展的效益观，提高效益，促进生产力水平的发展是社会经济发展的根本目标。旅游业作为一项经济产业，在其发展中应始终把提高经济效益、社会效益和环境效益作为主要的目标，推动整个社会生产力的发展。

（2）现代旅游经济可持续发展的重点：①有效开发和合理利用旅游资源，恒定性旅游资源，再生型旅游资源，非再生型旅游资源。②重视和加强旅游环境的保护，旅游目的地向旅游者提供各种景点、公园及景观时，不能损坏当地的生态环境和社会经济环境，必须使旅游活动与自然环境、社会文化形成一个和谐、有机的整体，形成一个符合人类愿望的、可持续发展的旅游业；各旅游目的地在接待旅游者时，不能超过旅游景区、景点的承载力；围绕旅游景区、景点和旅游地的开发建设，发展适当的交通系统，重点放在公共交通工具和无污染的交通手段；尽可能保护地方文化的本质特征及真实性，维护各种历史文物古迹等。③加大对旅游经济可持续发展的资金投入，积极争取国家各种专项建设资金的扶持；

建立各级政府的旅游发展专项基金；积极引进国内外资金；多形式的筹集社会资金。④加快旅游经济可持续发展所需人才的培养，一是要根据旅游经济可持续发展的战略和目标，结合各地区旅游人才的需求状况、层次结构、专业比例，制定相应的旅游人才培养的发展规划；二是依托大专院校、中专职业学校及利用各种社会办学条件，多形式地加快旅游人才的培养；三是依托有关院校，培养具有旅游业相关技能的各类人才；四是制定行之有效的人才使用和管理的制度，形成合理的人才流动机制积极吸引国内外各类旅游人才流入，从而促进旅游经济的可持续发展。⑤制定促进旅游经济可持续发展的政策，遵循各种经济关系相互作用的规律性，运用各种财政、金融、税收、价格政策及手段调节旅游经济活动，促进旅游资源的开发和环境保护，保证旅游经济的可持续发展；积极采取行政政策和手段进行调控；我国旅游业起步晚，发展速度快，因此加强旅游法制建设和法律政策研究，努力运用旅游法规和法律政策来调控和管理各种旅游经济活动，才能使整个旅游业做到有法可依、有法必依、执法必严、违法必究，从而把旅游经济的发展纳入法制的轨道，使旅游经济能在法制化的轨道上健康发展。

2. (1) 政府部门的职责和义务：一是通过制定旅游经济发展规划，来体现政府对旅游业可持续发展的支持。二是通过制定各种法律、法规来保护各种自然和文化遗产，制止对各种历史文物的倒卖和交易，避免对自然和文化的美学价值的损害，减少或消除对生态环境的破坏等。三是通过各种公共活动向公众进行教育，以提高对旅游经济可持续发展的认识；通过各种宣传媒体向有关政府部门或企业介绍旅游业可持续发展的计划，以确保旅游业的综合效益等。四是通过组建各种旅游咨询机构，以吸引各方面的人才参与旅游业可持续发展的决策和相关活动等。

(2) 非政府组织的职责和义务：一是通过参加政府的各种活动，对旅游开发项目进行评估，对旅游环境进行评价，以促使政府支持合适的可持续发展的旅游开发项目；二是通过非官方的活动，组织有关人士参与旅游业可持续发展的研究，并监督旅游经济发展对环境文化的影响，监督其他行业部门活动是否有利于旅游经济的可持续发展；三是组织和参与各种教育公关的活动，以促使人们认识旅游经济可持续发展的社会意义及生态环境意义，提高人们对实施旅游经济可持续发展的保证和支持。

(3) 旅游企业的职责和义务：一是在旅游开发和经营中，尽量保证对土地、森林、水资源的可持续使用，努力减少废气、废水、废物对环境的污染破坏；二是积极开发和经营对旅游者身心健康有利的活动，尽量减少和避免对旅游者身心健康威胁的活动和环境，必要时应对趋于恶化的环境进行修复和改善；三是定期对旅游环境进行评价，并确保环境价值在管理决策中得到体现，要通过发展旅游来促进保护，通过保护提高旅游经营的效益；四是保证向旅游者、政府及其他组织提供完整、准确、可靠的信息，确保旅游者在旅游活动中的舒适、愉悦和安全；五是积极支持有利于环境改善的旅游项目建设，积极倡导与环境和谐的旅游活动和绿色营销等。

（4）旅游者的职责和义务：一是旅游者应积极支持旅游目的地的资源和环境保护活动，尽可能地了解和尊重目的地的人文的自然遗产，如各种地理、历史、古迹和民族文化等；二是旅游者要抱着对自然环境和文化遗产高度负责的态度进行旅游活动，并且要有效防止和制止那些对旅游目的地造成不良影响，破坏生态环境的不正当行为；三是旅游者要尊重旅游目的地国家或地方的政策、法规，尽量不买或不使用危害当地生态环境和文化的各种产品和服务，并在旅游中尽量选择具有良好声誉和对环境负责的旅游企业。